LONDON

GRIEBEN-REISEFÜHRER

Michael's Guide

London

GRIEBEN-VERLAG GMBH
STUTTGART · BERN · WIEN

Grieben Verlag

©1993
Inbal Travel Information
Ramat Gan 52521

ISBN 3-7744-0391-0

Übersetzung:
Andrea Farthofer

Produced and printed in Israel

I NHALT

E INLEITUNG   13

L ONDON   47

KARTENVERZEICHNIS

Vorwort

London ist nicht nur eine beliebige Station auf der Reiseroute des modernen Touristen; London ist vielmehr eine der touristischen Hauptattraktionen und hat eine unglaubliche Anziehungskraft. Die Hauptstadt Großbritanniens steht nicht nur für Big Ben und das British Museum, sie hat noch viel mehr zu bieten. London steht für den typischen Engländer, das Theater, die Warenhäuser, die Parks, das Wetter, die Houses of Parliament, die Musikveranstaltungen, die Zeremonie der Wachablösung der Königlichen Garde und vieles mehr und ist eine der facettenreichsten und dynamischen Städte auf der ganzen Welt und ein internationales Kultur-, Unterhaltungs-, Handels- und Einkaufszentrum. London ist eine Stadt, die jeden Besucher faszinieren und in ihren Bann ziehen wird.

In diesem Sinne haben wir einen äußerst detaillierten und umfassenden Reiseführer erstellt, der allen Ansprüchen jenes Besuchers gerecht wird, der mit dieser Stadt so vertraut wie nur möglich werden will. Ob Sie nun zum ersten Mal nach London kommen oder zu den regelmäßigen Besuchern zählen, dieser Reiseführer bietet in detaillierter, informativer und vergnüglicher Form eine Fülle an Informationen und Einblicken, sodaß Sie die Sehenswürdigkeiten, Facetten und Menschen dieser Stadt auch mit begrenzten finanziellen Mitteln und wenig Zeit optimal kennenlernen können.

Wir haben bei der Erstellung dieses Führers keine Mühe gescheut. Ein Team von Londonexperten und -freunden hat das Material recherchiert, zusammengestellt, organisiert und überprüft.

Mein Dank gilt besonders Yael Gilboa, der den Reiseführer verfaßt hat, Amir Shichor und Eliezer Zaks, die die Informationen erweitert haben und dem gesamten Team von Inbal Travel Information (1983) Ltd.

Wir hoffen, daß sich Ihre Liebe zu London während Ihres Aufenthalts noch vertieft und Sie von Ihrer Reise bleibende Erinnerungen mit nach Hause nehmen.

Michael Shichor

Zum Gebrauch dieses Reiseführers

Dieser Reiseführer soll Ihnen helfen, sich in London zurechtzufinden und auf möglichst zeit- und geldsparende Weise mit möglichst geringem Aufwand so viel wie möglich zu sehen.

Alle "MICHAEL'S GUIDE" Reiseführer sind so aufgebaut, daß zuerst praktische Informationen über die Stadt gegeben werden, danach folgt ein in einzelne Rundgänge gegliederter Überblick über die Sehenswürdigkeiten und Stadtteile.

Die Einleitung sollte genau gelesen werden, da sie wichtige Details enthält, die Ihnen bei der Planung Ihrer Reise behilflich sein werden. Wenn Sie diesen Reiseführer gründlich studiert haben, werden Sie bereits bei Ihrer Ankunft mit London vertraut sein und sich sofort wohl fühlen.

Die nach geographischen Gesichtspunkten zusammengestellten Rundgänge führen den Besucher durch die Straßen Londons mit all ihren Sehenswürdigkeiten und weisen gleichzeitig auf alle Details hin, die das Verständnis für die Stadt vertiefen. Die ergänzenden Pläne wurden sorgfältigst erstellt und zeigen genau, wie man die in den Rundgängen beschriebenen Wahrzeichen und Sehenswürdigkeiten am besten erreicht.

Nach den Rundgängen folgt eine Auswahl von Ausflügen an Plätze außerhalb Londons, die innerhalb weniger Stunden leicht erreichbar sind. Diese Ausflüge sind ideal, um die Stadt einmal für einen Tag zu verlassen und ihn auf angenehme Weise außerhalb zu verbringen.

Danach folgt eine kurze Liste aller unbedingt zu besichtigenden Attraktionen, ohne die ein Londonaufenthalt einfach nicht vollständig wäre.

Da London ein Anziehungspunkt für alle Freunde von Kultur und Unterhaltung, Einkaufsbummeln und gutem Essen ist, gibt es spezielle Kapitel, die Ihnen helfen, das Beste aus Ihrem Aufenthalt zu machen. Sie finden hier eine reiche Palette an Vorschlägen, die Ihren persönlichen Interessen und Ihren zeitlichen und finanziellen Möglichkeiten gerecht werden.

Um den Umgang mit diesem Reiseführer noch weiter zu vereinfachen, gibt es im Anhang einen detaillierten Index.

Während Ihres Aufenthalts werden Sie vieles sehen und erleben. Für Aufzeichnungen Ihrer persönlichen Beobachtungen, Gedanken und Reaktionen haben wir einige leere Seiten am Ende dieses Führers vorgesehen.

Generell gilt es, gerade bei einer solch dynamischen Stadt wie London, sich an Ort und Stelle nach Öffnungszeiten, Telefonnummern und ähnlichem zu erkundigen. Obwohl wir unser Bestes getan haben, um alle Informationen auf ihre Richtigkeit zu überprüfen, sind wir uns dennoch darüber im klaren, daß es zu Änderungen kommen kann und einige der angegebenen Informationen vielleicht nicht mehr aktuell sind. Dafür möchten wir uns bereits im vorhinein entschuldigen.

Um immer möglichst aktuelle Informationen bieten zu können, würden wir hier auch die Mithilfe all jener schätzen, die von diesem Führer profitieren konnten. Zu diesem Zweck befindet sich im Anhang ein kurzer Fragebogen, für dessen Ausfüllung und Rücksendung wir äußerst dankbar wären. Diejenigen, die sich die Zeit nehmen und deren Beiträge in der nächsten Auflage berücksichtigt werden, erhalten von uns als Zeichen der Anerkennung ein Freiexemplar der überarbeiteten Ausgabe.

Wir wünschen Ihnen eine angenehme und aufregende Reise. Bon voyage!

E INLEITUNG

Teil eins — Ein Überblick

2000 Jahre Geschichte

Unter den Betonmassen der City of London liegen die Reste einer kleinen römischen Kolonie — jener Kern, aus dem sich die Weltstadt London entwickelte.

54 v. Chr. eroberte der römische Feldherr Julius Caesar die von den Kelten bewohnten britischen Inseln. Die Römer konnten die eroberten Gebiete jedoch nicht verteidigen und so fiel die römische Armee zur Zeit von Kaiser Augustus im Jahre 43 n. Chr. noch einmal ein. Kurz nach der zweiten Invasion gründeten die Römer eine Kolonie mit dem latinisierten keltischen Namen "Londinium". Durch ihre strategisch günstige Lage an der Themse entwickelte sich diese Kolonie zu einem geschäftigen Handelsplatz.

Sehr bald nach der Gründung wurde Londinium jedoch im Jahre 61 n. Chr. von der Königin der keltischen Icener, Boadicea, überfallen. Ihre Armee plünderte die Stadt und richtete unter den Einwohnern ein Blutbad an, bevor die Römer die Stadt schließlich zurückeroberten.

London wurde von den Römern wiederaufgebaut und wuchs sehr rasch. Im zweiten Jahrhundert wurde ein Wall um die Stadt gezogen und die nächsten tausend Jahre hindurch befand sich der Großteil der Stadt innerhalb dieser Quadratmeile.

Unter der Römerherrschaft des vierten Jahrhunderts entwickelte sich London zum bedeutendsten Handelszentrum in Südengland. Im Jahr 368 erhielt es die Bezeichnung "Augusta" oder "Imperial" (die Kaiserliche).

Über die Zeit zwischen dem Untergang des römischen Reiches im fünften Jahrhundert und der Besetzung der Stadt durch die Sachsen ist nur wenig bekannt. Anfang des siebenten Jahrhunderts wurde ein Bischof nach London entsandt, obwohl sich der eigentliche Bischofssitz im südlich von London gelegenen Caterbury befand. Im achten Jahrhundert beschrieb der englische Mönch und Geschichtsschreiber Beda der Ehrwürdige in seiner Geschichte Englands London als aufstrebendes Handelszentrum.

Im Jahr 836 fielen die Wikinger Skandinaviens, die von den Engländern als Dänen bezeichnet wurden, in England ein. Die Dänen siedelten sich im östlichen Teil der Insel, im sogenannten "Danelaw", an. Sie eroberten auch London und versetzten die Einwohner Londons in Angst und Schrecken. 886, also etwa 50 Jahre später, wurden sie von den Sachsen aus der Stadt vertrieben. Die Sachsen standen unter der Führung von

König Alfred dem Großen; dieser hatte sich diesen Beinamen durch die Befreiung Londons von den Dänen und den anschließenden Aufbau der Stadt verdient.

Die Bedrohung durch die Dänen hielt jedoch auch die nächsten 150 Jahre hindurch an und schließlich wurde ihr König Knut 1016 als Herrscher von ganz England anerkannt. Nach seinem Tod kam es zu großen Unruhen, die sich aber wieder legten, als Eduard der Bekenner 1042 zum König von London gewählt wurde. Zu diesem Zeitpunkt war London bereits die größte Stadt Englands. Eduard war der erste König, der die Grenzen der City of London verließ, als er westlich der City in Westminster ein neues Regierungsviertel schuf.

Eduard wuchs in der Normandie auf, was den starken normannischen Einfluß unter seiner Herrschaft erklärt. Er hinterließ keinen Thronfolger, aber Wilhelm, der Graf der Normandie, beanspruchte den Thron für sich. Er behauptete, daß ihm dieser von Eduard versprochen worden war. Die Londoner, die bereits Harold gekrönt hatten und eine normannische Herrschaft ablehnten, waren damit nicht einverstanden. Sie wurden allerdings in der Schlacht von Hastings 1066 von Wilhelm dem Eroberer besiegt und mußten diesen als ihren König annehmen.

Wilhelm festigte seine Herrschaft, indem er den Bürgern Londons eine Charta gewährte, in der er ihre Gesetze anerkannte. Dafür akzeptierten sie ihn als einzige weltliche Autorität. Wilhelm brachte frischen Wind in die Struktur von Staat und Gesellschaft. Er gewährte den Bürgern eine Vielzahl von Rechten und zeigte dadurch eine gewisse Kompromißbereitschaft. Er ordnete eine Untersuchung über die Besitzverhältnisse der Kronvasallen, des Landes und der Bevölkerung an, deren Ergebnis im sogenannten "Domesday Book" (Reichsgrundbuch) festgehalten wurde. Er veranlaßte die Erbauung einer Reihe von Burgen zum Schutz seines Königreichs. Die berühmteste ist der White Tower, der älteste Teil des Towers von London, der heute noch steht.

Die Bürger der City of London nahmen die neuen Rechte auch in Anspruch. Nach dem Tod von Heinrich I. bestimmten sie ihren König und krönten 1135 Stephan. Am Ende des Jahrhunderts wählten die Londoner ihren eigenen Bürgermeister; daran hat sich seither nichts geändert. Auch heute noch muß der englische König die Erlaubnis des Bürgermeisters einholen, bevor er einen offiziellen Besuch in die City of London antreten darf. Die Geschäfte der City of London wurden von der Corporation of London geführt.

Im Mittelalter stellten die Einwohner Londons ihre Unabhängigkeit unerbittlich unter Beweis. Zwei der hochrangigsten Einwohner gelten als Verantwortliche für die Einsetzung der historischen Magna Charta, die 1215 von König Johann herausgegeben wurde. Diese besiegelte die Grundfreiheiten der Kirche, der Adeligen und Bürgerlichen. 1265 unterstützten sie Simon de Montfort in seiner Auseinandersetzung mit Heinrich III. wegen der Einmischung der Adeligen in die Regierungsangelegenheiten des Königreichs. Dies führte schließlich zur Gründung des weltweit ersten Parlaments. Im Bauernaufstand 1381 unterstützten die Londoner die Bauern, die ihre Rechte durch die Abschaffung diskriminierender Gesetze ausweiten wollten. Trotz der

Unterstützung durch die Londoner bei der Besetzung der Stadt verlief der Aufstand aber erfolglos.

Durch die Aktivitäten der Gilden und der Kirche florierte die Wirtschaft Londons im Mittelalter. Die großen Mönchsorden, die sich in London niederließen, brachten es zu einem beachtlichen Vermögen und förderten die Entwicklung der Stadt durch den Bau großer Kirchen. Dazu gehört auch die imposante gotische St. Paul's Cathedral, damals die größte Kathedrale in Europa. Zu dieser Zeit wurde auch die aus Holz gebaute London Bridge aus Stein nachgebaut, was den Handel mit den Gebieten südlich der Themse stark belebte.

Im sechzehnten Jahrhundert kam es zum Aufstieg der Tudors, die im Königreich und in London große Veränderungen herbeiführten. Das Königshaus baute seine Macht auf Kosten der Kaufleute und Gilden mehr und mehr aus. Das Lehenssystem wurde beinahe vollständig abgeschafft und England entwickelte sich zu einer Seemacht, deren Einfluß bei weitem nicht nur auf England beschränkt war.

Heinrich VIII. hatte mit dem Papst einen Streit wegen seiner Scheidung von Katharina von Aragonien und leitete 1534 mit dem Act of Supremacy (Suprematsakte) die Reformation in England ein, wodurch der englische König gleichzeitig auch Oberhaupt der englischen Kirche wurde. Die Klöster wurden aufgelöst und die Krone erhob Anspruch auf deren Grund und Boden. Heinrich begann auch den Bau neuer Paläste, darunter St. James, Hampton Court und Whitehall, der allerdings niemals fertiggestellt wurde.

Sobald das Land der Klöster zum Verkauf freigegeben wurde, ließen sich die Londoner auch außerhalb des Walls der City nieder. Unter Königin Elisabeth I verließen auch die Adeligen nach und nach die City; sie zogen nach Westen, entlang der sogenannten *Strand* auf dem Weg nach Westminster. Die Königin versuchte, dieser Abwanderung 1562 durch einen speziellen Erlaß Einhalt zu gebieten. Aber das Bauverbot innerhalb von drei Meilen außerhalb der City nützte nichts. Zur Jahrhundertwende war die Bevölkerung Londons auf das Dreifache angewachsen und entsprach einem Fünftel der Gesamtbevölkerung Englands.

Im siebzehnten Jahrhundert kam es zu einer Reihe von einschneidenden Ereignissen. König Karl I. kam der Forderung des Parlaments nach einem Mitspracherecht in kirchlichen und militärischen Belangen und der Ernennung von Ministern nicht nach. Unter Mißachtung der parlamentarischen Immunität versuchte er, fünf seiner Gegner im Parlament festzunehmen. Die flüchteten in die City, stellten eine Armee auf und erklärten dem König mit Unterstützung der Londoner den Krieg. Der 1642 daraus resultierende Bürgerkrieg dauerte bis 1648 und führte schließlich zur Absetzung des Königs. Im Januar 1649 wurde Karl vor Gericht gestellt und geköpft.

Unter der Herrschaft von Lordprotektor Oliver Cromwell wurde England zum Commonwealth erklärt. Nach seinem Tod konnte sich die bürgerliche Regierung aber nicht halten und die Wiedereinsetzung der Monarchie schien die einzige praktikable Lösung. 1660 zog Karl II. gefolgt von frenetischen Menschenmassen in London ein.

Aber fast unmittelbar nach der Restauration, wie die Krönung von Karl II.

bezeichnet wurde, kam es zu zwei Katastrophen. 1665 wurde die Stadt von der Pest heimgesucht und ein Sechstel der Bevölkerung kam dabei ums Leben. Ein Jahr später, 1666, brach das Große Feuer aus und zerstörte innerhalb von vier Tagen achtzig Prozent der City. Sofort wurde auf Initiative der Väter der City und des Architekten Sir Christopher Wren, der den Großteil der Kirchen der City, darunter auch die St. Paul's Cathedral, neu erbaute, ein Wiederaufbauprogramm ins Leben gerufen. Die neuen Gebäude wurden nicht mehr aus Holz, sondern aus Ziegeln erbaut. Die alten Straßen blieben erhalten und auch heute noch gibt es in der City keine breiten Boulevards oder Plätze wie jene in den westlich gelegenen Stadtteilen.

Die Restauration war aber auch gleichbedeutend mit dem Wiederaufleben des politischen und wirtschaftlichen Einflusses der Adeligen. Zwei Parteien wurden damals gegründet: die Partei der Tories unterstützte den göttlichen Ursprung der obersten Autorität des Königs, während die rivalisierenden Whigs die höchste Autorität in den Händen des Parlaments sehen wollten.

Diese Spaltung in zwei Parteien basierte auf der politischen Angst einer zwangsweisen Rückkehr zum Katholizismus in England unter dem Einfluß der französischen Monarchie. Daher riefen die Gegner des katholischen Königs Jakob II. nach Prinz Wilhelm von Oranien, dem Herrscher Hollands und dem Ehemann von Maria, der protestantischen Tochter von Jakob. Wilhelm folgte dem Ruf und kam 1689 in England an. In der sogenannten Glorreichen Revolution bestieg er den Thron ohne jegliches Blutvergießen. Wilhelm und Maria wurden gemeinsam als Monarchen gekrönt.

Im achtzehnten Jahrhundert kam es in England zu einem großen politischen und wirtschaftlichen Aufschwung. Die Adeligen setzten ihre intensive Bautätigkeit in den westlichen Stadtteilen fort und bald war Westminster größer als die City. Der noch unter den Römern erbaute Wall um die City wurde beinahe vollständig zerstört. Slums entwickelten sich in der Umgebung der Herrensitze und die Verbrechensrate in diesen Gebieten stieg.

Im neunzehnten Jahrhundert wuchs der Einfluß des britischen Königreichs in Übersee. Unter Einbeziehung vieler Vororte wuchs London unaufhaltsam und das Gebiet der Metropole weitete sich aus. Der Hafen Londons entwickelte sich zum größten der Welt.

Das viktorianische London war eine Stadt der Gegensätze. Einerseits kamen durch die industrielle Revolution tausende Arbeiter in die Stadt, wodurch sich die Slums östlich und nördlich der City und südlich der Themse ausweiteten und die Verbrechensrate weiter in die Höhe getrieben wurde. Charles Dickens, der berühmte Schriftsteller des neunzehnten Jahrhunderts, beschrieb diese Zeit der Geschichte Londons in seinen Büchern äußerst anschaulich.

Andererseits kam es zu einer deutlichen Verbesserung der Anzahl und Qualität der öffentlichen Einrichtungen in London; die neu gegründete Polizei sollte über Recht und Ordnung wachen und Verbrechen bekämpfen; auf den Straßen wurden Gaslaternen eingerichtet und ein ausgedehntes Kanalsystem und neue Brücken gebaut; ein

Massenbeförderungssystem, das auch die U-Bahn umfaßte, wurde begründet; weitere Parks wurden der Öffentlichkeit zugänglich gemacht, Museen eröffnet und neue Schulen kamen zur Verbesserung des Schulwesens hinzu.

In der Mitte des Jahrhunderts wurde in London die Weltausstellung abgehalten, für die der Crystal Palace, der Kristallpalast, im Hyde Park errichtet wurde. Gegen Ende des Jahrhunderts stand London im Zeichen der brutalen Morde von Jack the Ripper, der niemals gefaßt wurde. 1897 wurde die 60jährige Herrschaft von Königin Viktoria mit ihrem Diamond Jubilee gefeiert.

Das zwanzigste Jahrhundert und zwei Weltkriege brachten den Niedergang des Königreichs. Die Stadt wurde zentralisierter regiert und Gesetze über die Wohlfahrt Londons wurden im Parlament verabschiedet. 1932 wurde rund um die Stadt ein Grüngürtel angelegt, der ihre Ausdehnung verhindern sollte. 1939 erreichte London mit einer Einwohnerzahl von mehr als 8,5 Millionen seine maximale Größe.

Viele Londoner erinnern sich noch immer voller Schrecken an die Luftangriffe 1940—41. Wochenlang bombardierte die deutsche Luftwaffe die Stadt und richtete in vielen Gebieten immense Schäden an. Gegen Ende des Kriegs griffen die Deutschen mit neuen Waffen, den sogenannten "Flying Bombs" an, die sie während des Kriegs entwickelt hatten und die eine neuerliche Bedrohung für die Bevölkerung darstellten. Nach dem Krieg kam es in den zerstörten Gebieten der Stadt zu umfangreichen Wiederaufbauarbeiten. In der City erstreckten sich die Aufbauarbeiten über viele Jahre und wurden erst vor kurzem abgeschlossen.

1965 wurde der Greater London Council (GLC) gegründet, um sich der Probleme der Weltstadt London anzunehmen und gleichzeitig die Planung, Entwicklung und die Schaffung städtischer Einrichtungen in einer Stelle zu vereinen. Der Premierminister löste den Greater London Council 1986 auf; es gibt Stimmen, die meinen, daß dies gemacht wurde, weil der GLC eine ziemliche Machtposition erlangt hatte. Heute wird London von 33 Kommunalräten regiert.

Die Geschichte Londons in Stichworten

    43 — Gründung der Kolonie Londinium.

  200 — Bau des Walls um die City.

  836 — Einfall der Wikinger.

1066 — Eroberung durch die Normannen und Krönung von Wilhelm I.

1191 — Wahl des ersten Bürgermeisters von London.

1215 — Unterzeichnung der Magna Charta durch König Johann.

1269 — Weihe der Westminster Abbey.

1290 — Vertreibung der Juden aus England.

1301 — Errichtung einer Straßensperre am Temple Bar, um zu verhindern, daß der Monarch die City ohne Genehmigung des Bürgermeisters betritt.

1348 — Die Pest rafft die Hälfte der Bevölkerung Londons dahin.

1381 — Bauernaufstand unter Führung von Wat Tyler, der bei

dem Aufstand zur Abschaffung des Lehenssystem
ums Leben kommt.

1461 — Beginn der Ära des House of York.

1483 — Gefangennahme und anscheinende Ermordung des
jungen Prinzen Eduard V. im Tower von London.

1485 — Beginn der Tudorära.

1533 — Reformation und folglich Auflösung der Klöster.

1562 — Erlaß eines Bauverbots innerhalb einer
Dreimeilenzone rund um die City durch
Königin Elisabeth I.

1637 — Der Hyde Park wird zur ersten öffentlichen Parkanlage.

1649 — Hinrichtung von Karl I., Gründung des Commonwealth
durch Oliver Cromwell.

1660 — Wiedereinsetzung des Königreichs.

1665 — Hunderttausende Londoner sterben an der Pest.

1666 — Zerstörung des Großteils der City durch das Große Feuer.

1675 — Beginn des Wiederaufbaus der St. Paul's Cathedral
durch Sir Christopher Wren.

1694 — Gründung der Bank of England.

1714 — Beginn der Ära des House of Hannover.

1733 — Überdachung des Fleet River und Umwandlung in eine
Straße.

1801 — Die erste Volkszählung ergibt eine Einwohnerzahl von
1 117 290.

1832 — Gründung der Nationalgalerie.

1834 — Der Westminster Palace brennt ab.

1836 — Eröffnung der ersten Eisenbahnlinie in London.

1843 — Bau des ersten Tunnels unter der Themse.

1851 — Weltausstellung im Crystal Palace im Hyde Park.

1852 — Gründung des Victoria and Albert Museums.

1863 — Eröffnung der ersten U-Bahnlinie, der Metropolitan Line.

1901 — Beginn der Ära des House of Saxe-Coburg.

1910 — Beginn der Ära des House of Windsor.

1932 — Einrichtung eines Grüngürtels rund um das Stadtgebiet.

1939 — Die Bevölkerung Londons erreicht mit einer
Einwohnerzahl von 8 615 050 einen neuen Rekord.

1940 — Blitzkrieg. Deutsche Luftangriffe zerstören einen
Großteil der City und des East End.

1965 — Gründung des Greater London Council.

1986 — Auflösung des Greater London Council.

Londons Topographie

Die Römer, die die Kolonie Londinium in der Mitte des ersten
Jahrhunderts n. Chr. gegründet hatten, hatten sich kein besonders
fruchtbares Gebiet ausgesucht. Das von Kalksteinhügeln umgebene
Themsebecken besteht aus tertiären Gesteinsschichten, die durch die
Erosion von Gletschern und Flüssen entstanden. Die Tonerde ist schwer

und morastig und kann kaum bebaut werden. Dies war zwar für die Bauern ein Unglück, für die Bautätigkeit aber war es ein Segen, denn der Ton war für viele Generationen ein exzellentes Baumaterial, aus dem die für die Vororte Londons typischen roten Ziegel hergestellt wurden.

Warum siedelten sich die Römer mitten in einem Sumpf an? Der Grund dafür ist die Themse. Etwa 65 km von der Mündung der Themse in die Nordsee entfernt, kurz bevor sie (rund um die Isle of Dogs) einen großen Bogen macht, entstanden am Nordufer zwei Hügel aus Sedimentgestein. Die Flut der Nordsee reichte bis zu diesem Punkt und sogar noch etwas weiter nach Westen, wodurch Schiffe ins Binnenland fahren konnten; durch diese Verkehrsader entwickelte sich London sehr bald zum wichtigsten Handelszentrum Südenglands. Zwei kleinere Flüsse, Fleet und Walbrook, verliefen durch die Stadt und mündeten in die Themse. Dadurch konnten auch kleinere Boote in die Stadt gelangen. Diese Flüsse gibt es auch heute noch; sie verlaufen jetzt bedeckt von Straßen aber unterirdisch. Der Boden ist noch immer sehr weich und London sinkt in 100 Jahren etwa 30 cm.

Die Gezeiten der Nordsee, die der Stadt bis Ende des neunzehnten Jahrhunderts wirtschaftlichen und finanziellen Wohlstand bescherten, richteten durch häufige Überflutungen aber auch großen Schaden an. In einem komplexen technischen Projekt wurde die Themsebarriere errichtet, die London seit 1982 vor solchen Gefahren bewahrt. Da Jahrhunderte hindurch die Abwässer Londons in die Themse geleitet wurden, kam es zur zunehmenden Verschmutzung des Flusses. Ein Schritt zur Lösund des Problems wurde zwischen 1860 und 1870 getan, als parallel zur Themse ein ausgedehntes Kanalsystem gebaut wurde. Heute ist man der Situation durch Gesetze über Industrieschadstoffe und modernste Kläranlagen einigermaßen Herr geworden, obwohl die Themse noch immer stark verschmutzt ist.

Die Landschaftsgestaltung Londons geht teilweise auch auf die Initiativen der verschiedenen Monarchen zurück. Diese wollten sich nicht unter ihre Untergebenen mischen und erbauten Westminster und Whitehall flußaufwärts und verlegten damit das Regierungsviertel nach Westen. Einige Herrscher versuchten, der Ausweitung der City Einhalt zu gebieten und verboten mittels königlicher Erlässe jegliche Bautätigkeit innerhalb eines bestimmten Umkreises der City, doch die City wuchs trotz alledem weiter.

Nach dem Großen Feuer 1666, durch das ein Großteil der City zerstört wurde, kam es in der City zu einer gewaltigen Bautätigkeit, die sich im folgenden Jahrhundert noch verstärkte. In der zweiten Hälfte des achtzehnten Jahrhunderts erschlossen die Adeligen die Gebiete im Westen, wie etwa die Stadtteile Mayfair, St. James, Soho, St. Marylebone und Bloomsbury. Die Ärmsten siedelten sich östlich der City im East End und südlich der Themse an.

Im neunzehnten Jahrhundert entwickelten sich die nördlichen Vororte und einige Gebiete südlich der Themse. Die Gegend um die Themse erfuhr große Veränderungen. Nach dem Bau eines Kanalsystems und der Reinigung des Wassers wurden Uferstraßen entlang der Themse gebaut. Der auflebende Handel im britischen Königreich machte den Bau von Werften, Ankerplätzen und Lagerhäusern entlang des langgestreckten Ufers erforderlich. Der Hafen Londons wurde zum größten der Welt. Doch der Niedergang des Königreichs in der ersten Hälfte des zwanzigsten Jahrhunderts und der Bau von riesigen Handelsschiffen, die für den Hafen zu groß waren, bedeuteten das Ende für den Hafen und die Docks wurden in den 60er Jahren schließlich geschlossen. Dieses große Gebiet ist heute ein Anziehungspunkt für Unternehmer und Spekulanten, in deren Augen dieses Gebiet zukünftig als Wohn- und Geschäftsgegend erschlossen werden könnte. Das Verladezentrum selbst wurde nach Osten velegt, nach Tilbury, näher an der Quelle der Themse.

Der Greater London Council spielte bis zu seiner Auflösung 1986 bei der Landschaftsgestaltung der Metropole auch eine große Rolle. Über die 33 Kommunalräte, die heute London regieren, kann sich die Stadt ohne übergeordneten Gesamtplan, nur den politischen, wirtschaftlichen und kulturellen Bedürfnissen ihrer Einwohner entsprechend, entwickeln.

Heute umfaßt Greater London, das sogenannte Großlondon, eine Reihe von Dörfern und Städten, die sich insgesamt über etwa 1600 km erstrecken. Das Kernstück ist Central London, das im großen und ganzen aus der City und Westminster besteht. Central London wird von Inner London umgeben, einem Gebiet, das bis zum ersten Weltkrieg wuchs. Der äußerste Ring ist Outer London; er entwickelte sich in diesem Jahrhundert und wird von jenem Grüngürtel umschlossen, der eigentlich sich in diesem Jahrhundert und wird von jenem Grüngürtel umschlossen, der eigentlich die weitere Ausdehnung der City verhindern hätte sollen und ein ländlicher Bezirk ist. Tatsächlich ist das Stadtgebiet nicht nur flächenmäßig limitiert: die Abwanderung in ländliche Gebiete hält an und heute leben in der Stadt weniger Einwohner als während des zweiten Weltkriegs.

Klima

Das englische Klima ist bekannt dafür, daß man es nicht vorhersagen kann. Eine typische Wettervorhersage des meteorologischen Dienstes umfaßt im Normalfall bedeckten Himmel, gelegentliche Regenschauer und vereinzelt wolkenlose Phasen und Regen am darauffolgenden Tag. Das Beständigste am Wetter ist seine Unbeständigkeit.

Der kontinuierliche Regen, der an keine Jahreszeit gebunden ist, gehört zu einem relativ milden Klima. Obwohl die britischen Inseln auf der gleichen Höhe liegen wie kältere Länder wie etwa Holland und Dänemark, kommen die Einwohner hier doch in den Genuß der warmen Strömung vom Golf von Mexiko. Obwohl der Golfstrom den gesamten Atlantik durchquert, bevor er England erreicht, ist er dennoch warm genug, um die britische Westküste beträchtlich zu erwärmen. Die näher zu London gelegene Ostküste ist kälter, da sie von der eisigen Nordsee abgekühlt wird.

Obwohl es in England im Winter kalt ist, fällt die Temperatur dennoch nur selten unter den Gefrierpunkt und das bißchen Schnee, das gelegentlich in London fällt, bleibt meist nicht lange liegen. Im Sommer muß man mit Gewittern und stärkeren Regenfällen rechnen.

Über viele Jahre hinweg, meistens im Winter, verursachten die hohe

Feuchtigkeit und die Luftverschmutzung einen dicken Smog, der als "Erbsensuppe" bezeichnet wird. Dieses Phänomen verschaffte London den Ruf seiner unheimlichen, nebeligen Atmosphäre. Strenge Umweltschutzgesetze haben die Luftverschmutzung Londons jedoch stark verringert und der starke Nebel gehört nun der Vergangenheit und den Geschichten um Sherlock Holmes an.

Architektur —
Verschiedene Perioden und Stile

Allem Anschein nach war der Kanal zwischen den britischen Inseln und dem europäischen Festland keine Barriere für den Einfluß der europäischen Kunst- und Architekturrichtungen auf die englische Bauweise, obwohl die meisten großen Architekten, die für die Erbauung Londons verantwortlich zeichnen, doch Engländer waren. Die wichtigsten Tendenzen in der englischen Kunst decken sich jedoch nicht immer mit jenen am Festland und entsprachen auch nicht notwendigerweise dem europäischen Geschmack.

Londinium war eine typische römische Kolonie und ebenso wie andere Kolonien hatte sie eine Basilika, einen Tempel zur Verehrung der Götter, Villen und Badeanstalten. Die englischen Denkmalschutzgesetze, die alle Bauten der letzen Jahrhunderte aufs strengste schützen, konnten den Großteil der in der City freigelegten römischen Überreste leider nicht retten. Ein Teil des Walls und der Mithrastempel sind die einzigen Überreste, die unter dem Druck der Öffentlichkeit erhalten blieben und in der Nähe Ihres Fundorts restauriert und wiederaufgebaut wurden.

Über die Architektur der Sachsen ist nicht viel bekannt. Sie bauten hauptsächlich mit Holz, aber aufgrund der ständigen Feuchtigkeit und der häufigen Brände ist von diesen Bauten nur wenig erhalten geblieben. Die ältesten Bauten der Stadt gehen auf die Normannen zurück; der berühmteste Bau ist der White Tower des Tower of London. Der Einfall der Normannen führte zum Bau großer Burgen und zu einer Zunahme an romanischer Architektur. In England stehen einige der großartigsten Bauwerke dieser Stilrichtung; typisch dafür sind die riesigen Kirchen mit großen Arkaden und Dachgewölben. Einen Eindruck dieser Richtung kann man in London in der Temple Church, der Church of St. Bartholomew the Great und in der Seitenkapelle des White Tower gewinnen. Größere und eindrucksvollere romanische Kirchen sind in anderen Teilen Englands zu sehen.

Die Architektur des Mittelalters erreichte in der Gotik ihren Höhepunkt. Die Gotik begann im späten zwölften Jahrhundert und setzte sich bis ins sechzehnte Jahrhundert durch. Charakteristisch für diesen Stil sind Spitzbögen, hohe Fenster, erhabene Streben und Strebebögen. Die berühmteste heute noch erhaltene gotische Kirche ist Westminster Abbey. Daneben findet man Westminster Hall, eine Teil des Westminster Palastes, der im neunzehnten Jahrhundert abbrannte. Ein weiteres Beispiel ist die Southwark Cathedral, der größte gotische Bau in London.

Die Gotik beeinflußte die Bauweise der Tudorzeit. Für diese Architektur waren die freizügige Verwendung von hölzernen Dachbalken, Türmchen und steil abfallenden Dächern typisch. Die Häuser von Privatpersonen waren hauptsächlich aus Holz und die meisten wurden im Großen Feuer 1666 zerstört. Das imposanteste Gebäude Londons im Tudorstil ist der Hampton Court Palace.

Gegen Ende des sechzehnten Jahrhunderts dominierte der klassizistische Einfluß der italienischen Renaissance. Der Architekt Inigo Jones erbaute das Banqueting House in Whitehall und den Queen's Palace in Greenwich gemäß den Vorstellungen des Italieners Andrea Palladio, der 1570 eine Abhandlung über die Prinzipien klassizistischer Architektur veröffentlicht hatte. John Webb, ein Schüler von Inigo Jones, war für einige Gebäude in Greenwich mitverantwortlich.

Im frühen siebzehnten Jahrhundert war der jakobinische Stil mit kunstvollen Holzschnitzereien und Stuckarbeiten sehr beliebt. Dieser Stil ist in einigen älteren Londoner Pubs vertreten. Mitte des siebzehnten Jahrhunderts wurden viele der im Großen Feuer zerstörten Kirchen der City wiederaufgebaut. Der Großteil der Wiederaufbauarbeiten geht auf den vom Barockstil beeinflußten Architekten Sir Christipher Wren zurück. Sein Meisterwerk ist zweifellos die St. Paul's Cathedral mit ihrer riesigen Kuppel im Barockstil. Wren erbaute auch die Königlichen Spitäler in Chelsea und Greenwich und einzelne Flügel der Paläste in Hampton Court und Kensington. Weitere berühmte Barockarchitekten waren Nicholas Hawksmoor, Thomas Archer und James Gibbs.

Im achtzehnten Jahrhundert kam es zu einer Gegenbewegung, die sich gegen den Einfluß des Barock stellte und zur Rückkehr zu einfacheren Formen und den klassizistischen Prinzipien Palladios. Die Architektur zur Zeit von Königin Anne weist keinerlei barocke Verzierungen, sondern klare, elegante Linien auf. Richard Boyle, Earl of Burlington, führte die Rückkehr zu den Prinzipien Palladios an; John Wood und sein Sohn, der ebenfalls John hieß, folgten seinem Beispiel. Der neoklassizistische Stil erreichte mit Robert Adam seinen Höhepunkt, der das Adelphi-Theater in London erbaute, und Sir William Chambers, auf den das Somerset House zurückgeht.

Die englische Architektur der Regentschaftszeit im neunzehnten Jahrhundert verkörpert einerseits den Fortschritt, andererseits aber auch die Suche nach den ursprünglichen Wurzeln. Das Wiederaufleben des Klassizismus zeigt sich im Design der Londoner Regent Street von John Nash. Unter seinem Einfluß erhielt der Neoklassizismus eine schwungvollere und pittoreskere Note. Seine langen Terrassenhäuser wurden hauptsächlich von der reichen Schicht bewohnt. Die Neugotik geht auf Augustus Pugin und Sir Charles Barry zurück und zeigt sich in den Houses of Parliament, ebenso auf Sir Gilbert Scott, der das Albert Memorial entwarf. Die Rückkehr zum Tudorstil manifestiert sich im Lincol's Inn. Andererseits wurden durch den Einsatz moderner Materialien auch neue Wege beschritten. Der anläßlich der Weltausstellung erbaute Crystal Palace wurde aus Eisen und Glas konstruiert, sodaß er zerlegt und transportiert werden konnte. Moderne Baumaterialien wie Beton, Stahl und Glas wurden hauptsächlich für Brücken, Bahnhöfe, Fabriken und ähnliches eingesetzt. Privathäuser wurden in der Mehrzahl im viktorianischen Stil erbaut, der auch heute noch typisch für viele Londoner Stadtteile ist.

In diesem Jahrhundert erfuhr London ein besonders rasches

Wachstum. In den neuen Vororten wurden relativ niedere Häuser mit angrenzenden Gärten erbaut. Die Häuser waren funktionell, bestanden aus roten Ziegeln und wiesen nicht mehr die typisch viktorianischen geschwungenen Züge auf. Erst nach dem zweiten Weltkrieg, in dem viele Gebäude durch die Deutschen zerstört wurden, wurde eine großangelegte öffentliche Bautätigkeit in der City of London genehmigt. Ein Projekt, das Barbican Centre, ist nicht nur wegen seiner zweifelhaften Ästhetik umschritten, sondern auch wegen seiner Funktionalität. Die Wolkenkratzer verliehen der City einen neuen und interessanten Horizont, aber in den Straßen sieht man keinerlei funktionelle moderne Gebäude. Es scheint, als ob London noch immer seiner historischen und architektonischen Vergangenheit verhaftet wäre.

Die City — das Geschäfts- und Finanzviertel

Das Finanzzentrum, das sich im ehemaligen Stadtkern, der City of London, entwickelte, ist heute für die internationale Wirtschaft von großer Bedeutung. Während des letzten Jahrhunderts war die Wirtschaftstätigkeit des Königreichs in London konzentriert und auch nach seinem Niedergang noch behielten viele Geldinstitute ihren Standort bei. Heute hat jede internationale Bank, die etwas auf sich hält, eine Zweigstelle in der City. Die Banken spielten auch beim Wiederaufbau der City nach dem zweiten Weltkrieg eine bedeutende Rolle.

Im Oktober 1986 wurde London durch den sogenannten Big Bang, den "Urknall", zum weltweiten Gradmesser im Finanzbereich. Diese Deregulierung des einflußreichen, aber dennoch freien London Stock Exchange, der Londoner Wertpapierbörse, bescherte dem System eine rasche, komplexe und sehr konkurrenzbetonte Welt der elektronischen internationalen Finanzgeschäfte. Unzählige Makler bekamen die Auswirkungen des Big Bang zu spüren, als sie durch flimmernde Bildschirme ersetzt wurden. Die immer aktuellen Informationen auf den Bildschirmen vereinfachten den internationelen Wertpapierhandel und erhöhten die Anzahl der Geschäfte stark. Die ebenfalls aus dem Big Bang resultierenden gehandelten Kommissionen, internationalen Computernetzwerke und eigenständigen Geschäftsabschlüsse lockten internationale Investoren, die sich bereits vom lukrativen Eurodollarmarkt angezogen fühlten, in die City.

Die geographische Lage stellt einen großen Vorteil für den Finanzmarkt der City dar. Die Geschäfte beginnen in London kurz bevor die Börse im Nahen Osten schließt und schließen, nachdem in New York die Börsengeschäfte aufgenommen wurden. So sind die Investoren in London immer über den internationalen Markt auf dem laufenden.

In der City gibt es auch eine Termingeschäftsbörse, die sogenannte LIFFE (London International Financial Futures Exchange) im Royal Exchange, der Königlichen Börse, wo die Preise mündlich vereinbart werden. Hier sind das Fest des Spekulierens und die Farbenpracht der Jacken der Vertreter der verschiedenen Institute vereint.

*E*INLEITUNG

Die königliche Familie

"Wir sind keine Familie", sagte einst König Georg VI., "Wir sind ein Unternehmen". Diese Worte, die vor mehr als fünfzig Jahren geäußert wurden, haben bis heute nichts von ihrer Gültigkeit verloren.

Die königliche Familie ist der Kernpunkt im Leben der Engländer. Königin Elisabeth II. von Windsor ist nicht nur eine der reichsten Frauen der Welt, sie hat auch einen angesehenen Stammbaum. Dieser geht auf König Cedrick der einfallenden Sachsen bis ins sechste Jahrhundert zurück und erstreckt sich über Alfred den Großen und Wilhelm den Eroberer. Sie ist mit den meisten europäischen Königsfamilien blutsverwandt oder durch eheliche Bande mit ihnen verbunden; sogar ihr Ehemann Prinz Philip ist ein entfernter Cousin.

Die Herrschaft der britischen Könige wurde nur einmal für etwa zehn Jahre unterbrochen, als Oliver Cromwell 1649 England zum Commonwealth (Republik) erklärte, den er später regierte.

Die Thronfolge geht immer an den ältesten Sohn oder an dessen Nachfahren. Wenn es keinen Sohn in der Familie gibt, erhält die älteste Tochter die Krone und gibt diese an ihre Nachfahren weiter. Der nächste Thronfolger ist Prinz Charles of Wales, ihm folgt sein ältester Sohn.

Die Königin ist das Oberhaupt der anglikanischen Kirche und oberster Herrscher des Vereinigten Königreichs und der Gebiete, die vom britischen Reich übriggeblieben sind. Ihr offizieller Titel lautet "Elizabeth the Second, by the Grace of God of the United Kingdom of Great Britain und Northern Ireland and of Her Other Realms and Territories, Queen, Head of the Commonwealth, Defender of the Faith". In vielen ehemaligen Kronkolonien, darunter einige reine Demokratien wie etwa Kanada oder Australien, ist die Königin noch immer das offizielle Staatsoberhaupt und wird dort von einem Hochkommissar vertreten.

Die Briten verehren ihre Königin und wahren die Zeremonien und Traditionen, die ihrem Status als Staatsoberhaupt entsprechen, aufs strengste. Obwohl die Briten manchmal die große Bedeutung der königlichen Familie für den Tourismus als Grund für ihre Verehrung des Königshauses anführen, besteht doch kein Zweifel darüber, daß die Mitglieder des Könighauses eine ebenso wichtige gesellschaftliche Rolle spielen.

Die modernen Massenmedien tun das ihre, um den Status des Königshauses noch zu untermauern. Die Journalisten sind sich der Macht der königlichen Familie bewußt und leben von ihren Aktivitäten. Die Thronbesteigung von Königin Elisabeth II. 1952 war die erste solche Zeremonie, die Millionen von Menschen frei Haus auf die Fernsehschirme geliefert wurde. Damals konnten alle Bürger des britischen Königreichs zum ersten Mal diese traditionsreiche, geheimnisumwitterte und exklusive Zeremonie verfolgen, die bis dato den Adeligen und Staatsoberhäuptern vorbehalten gewesen war. Bei der Hochzeit von Prinz Charles und Lady Diana Spencer, die zu einem internationalen Medienspektakel hochgespielt wurde, und bei ihrer Trennung erreichte die Einbeziehung der Öffentlichkeit ihren Höhepunkt.

Die britischen Herrscher seit 1066

Wilhelm I.: 1066—1087
Wilhelm II.: 1087—1100
Heinrich I.: 1100—1135
Stephan: 1135—1154
Heinrich II.: 1154—1189
Richard I.: 1189—1199
Johann: 1199—1216
Heinrich III.: 1216—1272
Eduard I.: 1272—1307
Eduard II.: 1307—1327
Eduard III.: 1327—1377
Richard II.: 1377—1399
Heinrich IV.: 1399—1413
Heinrich V.: 1413—1422
Heinrich VI.: 1422—1461, 1470—1471
Eduard IV.: 1461—1470, 1471—1483
Eduard V.: 1483
Richard III.: 1483—1485
Heinrich VII.: 1485—1509
Heinrich VIII.: 1509—1547
Eduard VI.: 1547—1553
Lady Jane Grey: 1553
Maria I.: 1553—1558
Elisabeth I.: 1558—1603
Jakob I.: 1603—1625
Karl I.: 1625—1649
Ausrufung des Commonwealth: 1649
Oliver Cromwell, Lord Protector: 1653—1658
Richard Cromwell, Lord Protector: 1658—1659
Karl II.: 1660—1685
Jakob II.: 1685—1688
Wilhelm III.: 1689—1702
   gemeinsam mit
Maria II.: 1689—1694
Anne: 1702—1714
Georg I.: 1714—1727
Georg II.: 1727—1760
Georg II.: 1760—1820
Georg IV.: 1820—1830
Wilhelm IV.: 1830—1837
Viktoria: 1837—1901
Eduard VII.: 1901—1910
Georg V.: 1910—1936
Eduard VIII.: 1936
Georg VI.: 1936—1952
Elisabeth II.: 1952—

Die Entwicklung des Regierungssystems

England ist eine rechtmäßige Monarchie, d. h. der König oder die Königin ist zwar das Staatsoberhaupt, aber die Gesetze werden von einer Nationalversammlung, dem Parlament, verabschiedet. Diese Regierungsform ist das Ergebnis einer beinahe 1000jährigen Entwicklung. Ein großer Schritt in diese Richtung wurde mit der berühmten Unterzeichnung der Magna Charta durch König Johann getan. In diesem Dokument verlangten die Adeligen Freiheiten, die sie vor der Monarchie schützen würden.

Das Parlament wurde erstmals 1265 von Simon de Montfort einberufen und König Heinrich III. praktisch aufgezwungen. Anfänglich trat das Parlament nur selten zusammen; erst unter Heinrich VIII. wurden regelmäßige Sitzungen beschlossen. Die Macht dieser Institution stellte für die englischen Herrscher oft ein Hindernis dar. Der Konflikt zwischen dem Königshaus und dem Parlament spitzte sich zu und führte im siebzehnten Jahrhundert unter der Herrschaft von König Karl I. schließlich zum englischen Bürgerkrieg. Nachdem Karl I. besiegt — und hingerichtet — worden war, regierte das Parlament zehn Jahre lang ohne König. Mit der Krönung eines neuen Königs wurde das Gleichgewicht der Kräfte wieder einigermaßen hergestellt.

Das Parlament besteht aus drei eigenständigen Körperschaften: dem König, dem House of Lords, d. h. dem Oberhaus, das ausschließlich aus Personen besteht, die einen Titel geerbt haben oder verliehen bekamen, und dem House of Commons, d. h. dem Unterhaus, das sich aus in allgemeinen Wahlen ermittelten Vertretern der Parteien zusammensetzt. England hat keine geschriebene Verfassung, sodaß das Parlament in verschiedenen Angelegenheiten nach Gutdünken entscheiden kann. Die Briten betrachten das als großen Vorteil, denn so kann das Parlament zeitgemäße Entscheidungen treffen, ohne daß ihm durch eine zugrundeliegende Verfassung die Hände gebunden wären. Das Parlament tritt alljährlich zusammen; die Sitzung wird durch die Königin in einer beeindruckenden, traditionellen Zeremonie im House of Lords eröffnet; die Mitglieder des House of Commons sind eingeladen, daran teilzunehmen.

Mindestens alle fünf Jahre werden in Großbritannien Wahlen abgehalten. Die Königin beauftragt den Vorsitzenden der größten Partei im House of Commons mit der Regierungsbildung. Die Regierung beschließt dann die Innen- und Außenpolitik des Landes. Die Königin hat hauptsächlich repräsentative Aufgaben und ihr Einfluß auf die Regierungspolitik ist minimal.

Die englische Gesellschaft

In England findet man eine seltene Streuung aller gesellschaftlichen Schichten. Die einzelnen Schichten unterscheiden sich deutlich voneinander, und das in fast allen Belangen, vom Titel bis zur Kleidung und den Umgangsformen. Die Herkunft einer Person läßt sich einfach aufgrund des Akzents feststellen: Oxford, schottisch, walisisch, North London, East London, Cockney, öffentliche Schule etc.

Vor dem ersten Weltkrieg waren die Adeligen die Elite der englischen

Gesellschaft. In vielen Familien wurden riesige Grundbesitze von Generation zu Generation weitergegeben. Oft waren Adelstitel wie Duke, Marquis, Earl, Viscount, Baron oder Baronet mit ihren Namen verbunden. Der Landadel nahm aber nach dem Krieg ab, während die Mittelschicht anwuchs und so im wirtschaftlichen und kulturellen Bereich den Ton angab. An der Position der Arbeiterklasse änderte sich nichts.

Obwohl die Adeligen ihren Besitz verloren, tragen auch heute noch viele Briten stolz das Familienwappen. Diese gehen auf das Mittelalter zurück, als Symbole auf die Schilde der Ritter gemalt wurden, um diese auseinanderhalten zu können.

Im London der 1980er Jahre gibt es eine Vielzahl an Ausländern — Einwanderer aus Europa und den westindischen Inseln, Indien, Pakistan und arabischen Ländern — die der Stadt mit ihrem Gemisch an unterschiedlichen Kulturen, Religionen und Sprachen ein besonders internationales Flair verleihen. In den letzten Jahren war die Anwesenheit der Einwanderer in Zusammenhang mit der wirtschaftlichen Lage immer wieder ein Stein des Anstoßes für die Einheimischen, obwohl sie dadurch gleichzeitig auch toleranter geworden sind.

Teil zwei —
Reisevorbereitungen

Reisezeit und Aufenthaltsdauer

Kommen Sie nach London wann immer Sie können und bleiben Sie so lange wie möglich. Durch die verstärkte Reisefreudigkeit und Geschäftstätigkeit kommen von Jahr zu Jahr mehr Besucher nach London und London wird immer lebendiger und lauter. Früher galt der Sommer als die "Saison"; die Adeligen verließen ihre Landsitze und zogen in ihre Stadtwohnsitze, um in das Theater oder die Oper zu gehen und gesellschaftlichen Ereignissen beizuwohnen. Heute gibt es nicht mehr eine ideale Reisezeit, denn jeder Monat bietet gewisse Vorteile, die einen Besuch lohnend machen.

Noch immer überwiegt der Tourismus in den Sommermonaten und zu dieser Zeit sind die Hotels ausgebucht und die Menschenmengen bei touristischen Sehenswürdigkeiten und Veranstaltungen am größten. Für Kulturliebhaber stellt der Sommer den Höhepunkt der verschiedenen Theater-, Festival- und Musikveranstaltungen dar.

Regen gibt es das ganze Jahr über, doch ist dieser im Sommer stärker als im Winter. Im Winter ist es kalt, aber ein Besuch im Januar bietet nicht nur den Winterschlußverkauf, sondern auch starke Preisnachlässe nach Weihnachten.

Die schönste Jahreszeit ist der Frühling: von Ostern bis Ende Mai steht die Stadt in voller Blüte. Die Schönheit des englischen Frühlings wurde auch von vielen Dichtern zum Ausdruck gebracht.

London ist eine Stadt für Entdecker. Je mehr Sie London erforschen, umso mehr einzigartige und wunderschöne Plätze werden Sie entdecken. Ihr erster Besuch sollte mindestens eine Woche oder zehn Tage dauern. Danach wird sich das Bedürfnis, länger zu bleiben, unweigerlich von selbst einstellen.

Ferien und Feiertage

Einige Engländer behaupten, daß sie mehr Feiertage als Werktage haben; einige der Feiertage sind religiöse Feiertage, andere wiederum sind sogenannte "Bank holidays", Bankfeiertage, die zumeist auf einen Montag fallen und somit das Wochenende verlängern. Manche Touristeneinrichtungen und Sehenswürdigkeiten sind an diesen Tagen geschlossen.

1. Januar	Neujahrstag (wenn dieser auf einen Sonntag fällt, wird er am Montag gefeiert)
Datum unterschiedlich	Karfreitag
Datum unterschiedlich	Ostermontag
Erster Montag im Mai	May Day Bank Holiday
Letzter Montag im Mai	Spring Bank Holiday
Letzter Montag im August	Summer Bank Holiday
25. Dezember	Weihnachten
26. Dezember	Boxing Day

Samstags haben die meisten Geschäfte geöffnet, manche Banken sind vormittags geöffnet und alle Ämter geschlossen. Ebenso wie Banken und die Mehrzahl der Geschäfte sind diese auch sonntags geschlossen.

Zu Weihnachten sind die meisten Banken, Ämter, Geschäfte, Warenhäuser, Museen und Sehenswürdigkeiten geschlossen. Manche sind auch an anderen Feiertagen geschlossen — prüfen Sie das besser immer rechtzeitig. Auch für eine Reise nach Schottland oder Nordirland empfiehlt es sich, Informationen über Ferien und Feiertage einzuholen.

Papiere

Zur Einreise in das Vereinigte Königreich als Tourist benötigen Ausländer einen gültigen Reisepaß oder ein anderes offizielles Dokument zum Nachweis der Staatsbürgerschaft. Einwohner der EG-Mitgliedsstaaten und der USA benötigen zur Einreise im Normalfall kein Visum. Einwohner der Commonwealth-Staaten mussen sich anstelle eines Visums Einreisegenehmigungen von ihren Konsulaten besorgen.

Vor der Paßkontrolle müssen Sie eine Landekarte ausfüllen. Der Stempel der Einreisegenehmigung weist eine maximale Aufenthaltsdauer (bis zu 6 Monaten) und weitere Einschränkungen, wie z. B. bezüglich der Arbeitsberechtigung, auf.

Um Ihren Aufenthalt zu verlängern, sollten Sie vor Auslaufen der Aufenthaltsgenehmigung beim stellvertretenden Minister für innere Angelegenheiten, dem Deputy Minister of the Interior, Immigration and Nationals Section in Lunar House, Wellesley St., Croydon ein entsprechendes Ansuchen stellen (Tel. 081-686-0688).

Wenn Sie ein Fahrzeug lenken wollen, besorgen Sie sich einen internationalen Führerschein oder einen gültigen Führerschein mit einem Lichtbild, der außerhalb Ihres Landes anerkannt wird.

Ein internationaler Studentenausweis ist von Vorteil, da es bei verschiedenen Sehenswürdigkeiten und bei manchen Aufführungen und Konzerten Studentenermäßigungen gibt.

Zollbestimmungen

Nach britischem Gesetz müssen Touristen bei der Einreise alle Waren deklarieren, die die steuer- bzw. zollfreie Menge übersteigen, die nicht oder nur begrenzt eingeführt werden dürfen oder die in Großbritannien zurückgelassen oder verkauft werden sollen.

Persönliche Gegenstände müssen nicht deklariert werden (es sei denn,

Sie beabsichtigen, länger als 12 Monate in Großbritannien zu bleiben). Dasselbe gilt für steuerfreie Waren, die außerhalb der EG gekauft wurden, wie z. B.:

Tabak: 200 Zigaretten oder 100 Zigarilllos oder 50 Zigarren oder 250g Tabak

Alkohol: 1 Liter mit einem Alkoholgehalt von mehr als 22% oder 2 Liter mit einem Alkoholgehalt von weniger als 22% plus 2 Liter Tischwein

Es dürfen keine gefälschten Münzen oder Geldscheine, Springmesser oder pornographisches Material nach England eingeführt werden. Eine eigene Genehmigung ist für Medizin, vom Arzt verordnete Drogen, Waffen, Radio- und Fernsehgeräte, Pflanzen und Tiere erforderlich.

Die strenge Gesetzeslage erfordert, daß Tiere sehr lange unter Quarantäne stehen müssen — Vögel 35 Tage und andere Tiere 6 Monate. Daher sollten Sie Tiere am besten zu Hause lassen.

Versicherung

Das Gesundheitswesen in Großbritannien steht auf einem sehr hohen Niveau. Die kostenlose Behandlung ergeht jedoch nur an Einwohner der EG-Mitgliedsstaaten und jener Länder, mit denen entsprechende gegenseitige Abkommen abgeschlossen wurden. Reisende, die durch keine dieser Bestimmungen abgesichert sind, werden in der Notaufnahme der Spitäler des National Health Service kostenlos behandelt, der Spitalaufenthalt selbst geht jedoch auf Ihre Kosten — und hier handelt es sich wahrlich um große Kosten. Es empfiehlt sich also, vor der Reise eine Reiseversicherung abzuschließen (in der Hoffnung, daß Sie nicht in Anspruch nehmen müssen). Ebenso bietet sich eine Versicherung gegen Verlust oder Diebstahl an, um solchen Eventualitäten vorzubeugen.

Reisebudget

Wie viel Sie brauchen, hängt ganz allein von Ihnen ab! Setzen Sie ein individuelles Budget fest, denn Möglichkeiten zum Geldausgeben gibt es in London mehr als genug: Theater, Musik, Bekleidung, Restaurants (nicht unbedingt in dieser Reihenfolge) etc.

Studenten, die knapp bei Kasse sind, sollten mindestens £30 pro Tag veranschlagen, um die reichen Schätze der Stadt auch wirklich kennenlernen zu können. Darüberhinaus kann das Budget nie zu hoch sein. Ein Mittelklassehotel kostet zwischen £70 und £100, dazu kommen noch Ausgaben für Mahlzeiten, Eintrittspreise für Sehenswürdigkeiten, Unterhaltung und Einkäufe. Die Preise in Nobelhotels sind immens hoch und das gilt auch für feine Restaurants.

Alles in allem sollte sich Ihr Budget nach Ihren Möglichkeiten, Plänen und natürlich nach der Länge Ihres Besuchs richten.

Kleidung

Ganz egal, zu welcher Jahreszeit Sie kommen, bringen Sie einen leichten Regenmantel mit, denn es kann das ganze Jahr über regnen. Nicht umsonst sagen viele, daß der Regenschirm das Markenzeichen der Engländer ist.

*E*INLEITUNG

Die schönste Reisezeit ist im Frühling und im Herbst, denn dann ist das Wetter angenehm und ideal für Spaziergänge und Ausflüge. Eine leichte Jacke oder ein Mantel sollte in keinem Reisegepäck fehlen, denn die Abende können — selbst im Sommer — kühl sein. Obwohl die Temperatur nur selten unter die Nullgradgrenze sinkt, sollten Sie im Winter doch auf kaltes Wetter eingerichtet sein und Pullover und wärmere Kleidung mitbringen.

Männer sollten Sakko und Krawatte einpacken und auch bei den Frauen sollte adrette Kleidung nicht fehlen. Elegante Kleidung ist typisch britisch und für einen Theaterbesuch oder Ereignisse wie Pferderennen in Ascot sollte man dementsprechend gekleidet sein.

*E*INLEITUNG

Teil drei — Praktische Hinweise

Anreise

England ist eine Insel und kann nur mit dem Schiff oder dem Flugzeug erreicht werden.

Mit dem Flugzeug

In London gibt es zwei große internationale Flughäfen: Heathrow und Gatwick. Internationale Flüge landen auch auf den beiden kleineren Flughäfen Luton und Stansted, wobei Stansted der drittgrößte Flughafen Londons ist.

In Großlondon gibt es im Gebiet der Docklands seit November 1987 einen kleinen Flughafen, **London City Airport**, der hauptsächlich für Geschäftsleute gedacht ist und für Flüge nach und von Paris, Brüssel, Amsterdam und Jersey auf den Kanalinseln zuständig ist (Tel. 474-5555).

Mit den öffentlichen Verkehrsmitteln kann man bequem von den Flughäfen bis ins Zentrum Londons fahren.

Heathrow: Tel. 759-4321. Heathrow ist dem Zentrum Londons am nächsten gelegen. Zur Zeit gibt es vier Terminals zur Abfertigung der Passagiere. Wenn Sie abgeholt werden, sollten Sie vorher feststellen, auf welchem Terminal Sie ankommen.

Wenn Sie ein Auto gemietet haben, folgen Sie der Great West Road (A 4) oder dem Motorway M 4.

Es gibt genügend Taxis, doch ist dies der teuerste Weg ins Zentrum Londons; es kostet etwa £20 plus Trinkgeld. Die Taxifahrt kann zwischen 40 und 80 Minuten dauern.

Am schnellsten und günstigsten kommen Sie mit der U-Bahn nach London; diese verkehrt täglich zwischen 5.30 und 24.00 Uhr und sonntags zwischen 6.00 und 23.00 Uhr alle 5-10 Minuten. Mit der Piccadilly Line erreichen Sie das Zentrum in 40 Minuten. Ein Ticket kostet etwa £1,70.

Sonderbusse: Der *Airbus* A1 und A2 fährt alle Terminals in Heathrow an und bleibt in allen größeren Hotelgegenden im Zentrum Londons stehen. Der Airbus verkehrt täglich zwischen 6.00 und 22.00 Uhr. Die Tickets kosten etwa £4 und die Fahrt dauert etwa 50 bis 80 Minuten.

Der *Airliner* ist ein Kleinbus mit acht Sitzen und fährt ebenfalls ins Zentrum Londons.

Die *Flightline 767* pendelt zwischen allen vier Terminals in London

Heathrow und den Haltestellen in Victoria, Kensington und Knightsbridge. Die Fahrt dauert etwa eine Stunde und die Busse fahren in 30-Minuten-Intervallen, im Winter stündlich.

Zwei Buslinien verbinden die Flughäfen miteinander. *Speedlink* verkehrt untertags in 20-Minuten-Intervallen und abends stündlich zwischen Heathrow und Gatwick. Die Fahrt dauert etwa 50 Minuten. *Jetlink 747* verkehrt zwischen Gatwick, Heathrow und Luton. Die Verbindung zwischen Gatwick und Heathrow besteht untertags alle 30 Minuten und am Abend stündlich.

Gatwick: Tel. 668-4211 oder (0293) 28822. Gatwick liegt etwas weiter außerhalb von Heathrow und wird hauptsächlich von internationalen und nationalen Charterflügen angeflogen.

Wenn Sie ein Auto gemietet haben, fahren Sie über den Motorway A-23.

Taxis kosten etwa £40 plus Trinkgeld und die Fahrt dauert etwa eine Stunde.

Am einfachsten und schnellsten kommt man mit der Bahn von Gatwick nach London. Der British Rail Gatwick Express fährt zwischen 5.30 und 23.00 Uhr alle 15 Minuten und danach stündlich bis zur Victoria Station in London. Die Fahrt dauert etwa 30 Minuten und kostet rund £5. Man kann auch ein Transitticket kaufen, mit dem man in der Victoria Station direkt vom Zug in die U-Bahn umsteigen kann. Der Preis dafür variiert vom gewünschten Zielort zwischen £5,50 und £6,70.

Auch die Busse *Green Line* und *Flightline 777* fahren bis zur Victoria Station. Tickets kosten etwa £6.

Luton: Tel. (0582) 36061. Dieser Flughafen liegt nördlich von London und ist ebenfalls hauptsächlich für Charterflüge bestimmt.

Wenn Sie ein Auto gemietet haben, folgen Sie dem Motorway M-1.

Züge zur Station St. Pancras in London fahren durchschnittlich zweimal pro Stunde.

Stansted: Tel. (0279) 502380. Stansted ist der dritte internationale Flughafen Londons. Er ist hauptsächlich für Charterflüge bestimmt und liegt ebenfalls nördlich von London.

Wenn Sie ein Auto gemietet haben, folgen Sie dem Motorway M-11.

Von der Station Bishop's Stortford, die Sie vom Flughafen mit dem Taxi oder dem Bus erreichen können, fährt regelmäßig ein Zug zur Station Liverpool Street in London. Die Fahrt dauert etwa 45 Minuten.

Auf dem Seeweg

Es gibt noch immer keine Verbindung zwischen England und dem europäischen Festland, obwohl der spektakuläre Tunnel unter dem Ärmelkanal, der eine Landbrücke zwischen Europa und den britischen Inseln darstellt, bereits im Bau ist. Bis zur Fertigstellung gibt es weiterhin verschiedene Fährverbindungen von allen erdenklichen nordeuropäischen Orten zu den diversen britischen Hafenstädten. Von dort können Sie einen Zug nach London nehmen. Die kürzeste

Verbindung ist mit dem Schiff von Calais an der französischen Küste zum englischen Dover und von dort mit dem Zug nach London.

Die Fähre ist die günstigste Verbindung nach England auf dem Seeweg, aber auch die langsamste. Das Luftkissenboot ist schneller und bequemer, aber auch teurer. Die Tickets für beide Schiffsverbindungen erhalten Sie in den Reisebüros aller größeren europäischen Städte oder direkt am Hafen vor dem Einschiffen.

Es gibt auch eine regelmäßige Zugverbindung zwischen London und den europäischen Hauptstädten in Form von speziellen Zug-Fähren-Verbindungen von und zur Victoria Station. Details erfahren Sie in der Station oder den Büros der *British Tourist Authority*, den englischen Touristenbüros.

Innerstädtische Verkehrsmittel

London Transport ist für alle U-Bahn- und Buslinien in der englischen Hauptstadt zuständig. Taschenpläne gibt es kostenlos an den Informationsstellen von London Transport und in allen U-Bahnstationen. Die Informationstellen befinden sich in den U-Bahnstationen Victoria, Piccadilly Circus, Oxford Circus, St. James's Park, King's Cross, Charing Cross, Euston und Heathrow Central als auch in den Ankunftshallen aller Terminals in Heathrow und in der Eisenbahnstationen von *British Rail* in Victoria. Auskunft erhalten Sie auch rund um die Uhr unter der Telefonnummer 222-1234.

Wenn Sie häufig mit öffentlichen Verkehrsmitteln fahren wollen, empfiehlt es sich, eine Netzkarte zu kaufen, die Sie zu unbegrenzten Fahrten auf allen Bus- und U-Bahnlinien berechtigt. Diese sind für bestimmte Zonen gültig und helfen Ihnen, eine Menge Geld zu sparen. Es empfiehlt sich, eine Netzkarte zu kaufen, die sowohl die Zone Ihres Hotels als auch die Central Zone mit der Innenstadt abdeckt.

Die Netzkarte **Travelcard** berechtigt Sie zu beliebigen Fahrten mit allen Bussen und den meisten U-Bahnen in Großlondon für einen, zwei, drei, vier oder sieben Tage oder einen ganzen Monat. Für ein solches Ticket benötigen Sie ein Paßfoto. Drei- und Viertageskarten sind in Großbritannien nicht direkt erhältlich; Sie müssen diese vor der Reise bei Ihrem Reisebüro kaufen.

Mit der Netzkarte **Capitalcard** können Sie beliebig oft mit allen Zügen von *British Rail* und allen U-Bahnen und Bussen in Großlondon fahren. Dieses Ticket gibt es für einen Zeitraum von einem Tag, einer Woche oder einem Monat.

Busse

Die roten Doppeldeckerbusse von *London Transport* gehören ebenso zu London wie der Buckingham Palast. Mit den Bussen gelangen Sie fast überall hin und der Fahrpreis richtet sich nach der Entfernung des Zielorts. Auf den stärker frequentierten Buslinien erhalten Sie die Tickets beim Schaffner der Doppeldeckerbusse, in den anderen Gegenden direkt beim Busfahrer. Gehen Sie die Stufen hinauf (wo übrigens kein Rauchverbot besteht) und genießen Sie den Ausblick auf die Sehenswürdigkeiten Londons von oben.

Die sogenannten *Red Arrow* Busse, rote Eindeckerbusse, sind Expressbusse mit weniger Haltestellen. In diesen Bussen müssen Sie das genau abgezählte Fahrgeld bereithalten und beim Einsteigen dem Fahrer geben oder in den Fahrscheinautomaten einwerfen.

Die Busse halten nicht automatisch an jeder Haltestelle. An den als *request* gekennzeichneten Stationen müssen Sie dem Busfahrer ein Handzeichen geben, damit er anhält.

Das Fahrziel jedes Busses können Sie vor dem Einsteigen dem vorne am Bus angebrachten Schild entnehmen.

Der sogenannte *Night Owl Bus* ist ein Nachtautobus, der von etwa Mitternacht bis 6.00 Uhr morgens die Strecken einiger Tagesbusse befährt.

U-Bahn

Die oft liebevoll auch als Tube (Röhre) bezeichnete U-Bahn fällt ebenfalls in den Zuständigkeitsbereich von London Transport. Es gibt neun Linien und zwei kurze Nebenlinien. Die einzelnen Linien sind auf den Plänen in unterschiedlichen Farben dargestlllt. Die U-Bahnzüge verkehren zwischen 5.30 Uhr und Mitternacht alle paar Minuten (an Sonn- und Feiertagen zwischen 7.30 und kurz vor Mitternacht).

In den Stationen sind sowohl der Name der jeweiligen Linie als auch die Endstation des U-Bahnzugs und die angefahrenen Stationen angegeben. In den einzelnen Wägen finden Sie Abbildungen der Routen, aber halten Sie sich am besten an Ihren eigenen Plan.

Wenn Sie nicht von der Möglichkeit der U-Bahnpässe Gebrauch machen, sollten Sie Kleingeld bereithalten, um Ihr Ticket bei einem Automaten zu kaufen. Heben Sie das Ticket auf, denn Sie müssen es beim Verlassen der U-Bahnstation vorweisen oder einem Kontroller übergeben.

Vermeiden Sie die U-Bahn nach Möglichkeit in der Stoßzeit zwischen 8.30 und 9.30 Uhr und zwischen 16.30 und 18.30 Uhr, denn zu dieser Zeit wird auch die kürzeste Fahrt zu einem anstrengenden Unterfangen.

Taxis

Die Londoner Taxis sind nicht nur dafür bekannt, schnell ans Ziel zu gelangen, sondern auch für ihre ungestüme Fahrweise. Die Fahrer der sogenannten *Black Cabs*, der schwarzen Taxis, müssen ihre Vertrautheit mit den Straßen von Großlondon in einem strengen Test unter Beweis stellen.

Der Öffentlichkeit stehen tausende Taxis zur Verfügung. Auch sie sind mittlerweile mit ihrer schwarzen, abgerundeten Form, die sich in den letzten Jahrzehnten kaum verändert hat, zu einem Wahrzeichen Londons geworden. Durch die besondere Bauweise können die Passagiere leicht und fast aufrecht stehend einsteigen. Ein Taxi kann fünf Personen befördern. Neben dem Fahrer ist Platz für Gepäck.

Wenn ein Taxi frei ist, leuchten vorne in einem gelben Schriftzug die Worte *taxi for hire* (Taxi zu mieten) auf. Taxis können auch von einem Taxistandplatz angefordert werden (schlagen Sie im Telefonbuch nach) oder über ein Funknetz erreicht werden. Die wichtigsten Funktaxinummern sind 286-4848, 286-0286 und 272-3030.

Der Preis für eine Taxifahrt hängt vom Wochentag und der Uhrzeit ebenso ab wie vom Zielort und der Anzahl der Passagiere. Die Preise sind im Fahrgastraum angeschlagen. Zur Zeit gelten die folgenden Preisaufschläge: 20p pro Person und 10p für jedes Gepäckstück neben dem Fahrer. Nach 20.00 Uhr kommen 40p zum normalen Fahrpreis hinzu und zwischen 24.00 und 6.00 Uhr und am Wochenende werden 60p aufgeschlagen.

Taxifahrer dürfen Fahrten über mehr als 10 km oder mehr als 32 km vom Flughafen Heathrow ablehnen.

Normalerweise gibt man dem Taxifahrer ein Trinkgeld.

Mietautos

In England sitzt der Fahrer auf der rechten Seite und fährt auf der linken Straßenseite. Dadurch wird das Fahren etwas schwierig, wenn man nicht daran gewöhnt ist. In der Stadt müssen Sie besonders vorsichtig sein und aufpassen, immer auf Ihrer Spur zu bleiben und keine unschuldigen Touristen zu überfahren, die nicht daran gewöhnt sind, beim Überqueren der Straße zuerst nach links zu blicken.

Im Zentrum Londons ist das Verkehrsaufkommen zumeist sehr stark und Parkplätze sind rar. Wenn Sie nur in London bleiben wollen, empfiehlt sich also das Anmieten eines Autos nicht.

Wenn Sie außerhalb der Stadt nicht auf ein Auto verzichten wollen, lassen Sie sich von den ungewohnten Fahrgewohnheiten nicht einschüchtern. Ganz im Gegenteil: mieten Sie sich ein Auto und genießen Sie die Landschaft. Die Autovermieter haben unterschiedliche Vermietbedingungen. Meistens ist das Mindesalter 21—25 Jahre und oft muß der Kunde schon länger als ein Jahr im Besitz seines Führerscheins sein.

Das *Car Hire Centre* bietet in mehr als 400 Vermietstationen in ganz England ein kostenloses Informations- und Reservierungssystem. Das *Car Hire Centre* ist das ganze Jahr über von Montag bis Freitag geöffnet. Im Sommer sind die Öffnungszeiten 9.00 bis 17.30 Uhr und im Winter 9.00 bis 17.00 Uhr. Es befindet sich in 23 Swallow St., Piccadilly Circus, London W1R (Tel. 734-7661).

Es empfiehlt sich, schon vor der Reise Informationen über Mietautos einzuholen. Bei frühzeitiger Reservierung sind Mietautos zumeist billiger und Sie können sicher sein, auch in der Hochsaison ein Auto zu bekommen.

Limousinenservice

Für alle, die sich gerne stilvoll fortbewegen, bietet London in einem Limousinenservice normalerweise einen Rolls-Royce oder einen Bentley an. In manchen Hotels stehen für die Gäste eigene Limousinen zur Verfügung. Sie können diese auch von einer Agentur mieten. Besonders empfehlenswert ist *Chase Executive and Chauffeur Services Ltd.* in 2 Archway Close, London N19 (Tel. 263-9499).

Fahrräder

London gibt nicht vor, eine Universitätsstadt zu sein, so wie Oxford, und hat folglich nicht so viele Radfahrer. Wenn Sie dennoch eines mieten wollen, besonders für Ausflüge in Parks, sollte dies kein Problem darstellen.

Es gibt im Zentrum Londons mehrere Fahrradverleihe:

Bell Street Bikes: 73 Bell St., NW1. Tel. 724-0456. U-Bahnstation Edgware Road.

Hire It: 52—54, Tooley Street, London Bridge, SE1. Tel. 378-6669. U-Bahnstation London Bridge.

Go Bycycle: 15 Templeton Place, SW5. Tel. 373-3657. U-Bahnstation Earl's Court.

Wassertaxis

Seit kurzem gibt es auf der Themse ein neues Wassertaxi. Der *Thames Line Riverbus* verkehrt zwischen Chelsea Harbour und Greenland Piers und hält unterwegs auch bei anderen Pieren. Es ist eine nette Alternative, um dem starken städtischen Verkehrsaufkommen zu entgehen und so von einer Sehenswürdigkeit zur nächsten zu fahren. Die Boote fahren von Mo.—Fr. von 7.00 bis 22.00 Uhr alle 15 Minuten und Sa. und So. alle 30 Minuten.

Thames Line: The Old Mill, Creek Rd., East Molesey, Surrey KT8 9NG. Tel. 941-5454.

Unterkunft

Jeder Tourist steht vor dem Problem, eine geeignete Unterkunft zu finden. In Großlondon gibt es eine reiche Auswahl an Unterkünften, von teuren Nobelhotels bis hin zu relativ günstigen Bed-and-breakfast Zimmern.

Es gibt jedoch besonders während der Hochsaison im Sommer nicht genügend Zimmer und es ist schwierig, eine Unterkunft zu finden. Die Preise sind oft hoch und der Service mangelhaft.

Nach britischem Gesetz müssen alle Hotels und Pensionen mit mehr als vier Zimmern eine Preisliste aushängen, die den Preis pro Nacht aufzeigt und ausweist, ob Mahlzeiten, Mehrwertsteuer (VAT) und der Bedienungszuschlag im Preis inbegriffen sind. Das Frühstück, entweder ein englisches oder kontinentales, ist normalerweise im Preis eingeschlossen.

Es ist äußerst ratsam, schon vor der Reise ein Hotel zu reservieren. Wenn Sie noch keine Unterkunft gebucht haben, gehen Sie in das Touristenbüro in Heathrow oder in der Victoria Station, wo man Ihnen gerne behilflich sein wird.

Zimmerreservierung über Agenturen

Die Zimmervermittlungen auf den Flughäfen sind in privater Hand und erfahrungsgemäß sehr unzuverlässig. Die Zimmerpreise in den von diesen Agenturen empfohlenen Hotels sind hoch und die Lage der

Hotels entspricht oft nicht den Beschreibungen. Vermeiden sie diese Agenturen soweit wie möglich und wenden Sie sich lieber an die offiziellen Stellen.

Hotels

Die folgende Liste enthält alle Hotels, die unserer Meinung nach hinsichtlich ihrer Lage, Preis und Leistung besonders empfehlenswert sind. Es versteht sich von selbst, daß diese Liste nur einen Ausschnitt aus einer Vielzahl von Hotels berücksichtigen kann. Billigere Unterkünfte findet man zumeist außerhalb Londons (in Outer London), aber lassen Sie sich von den günstigen Preisen nicht täuschen. London ist eine riesige Stadt und die Anreise von einem Vorort zu den Sehenswürdigkeiten in London ist nicht nur teuer, sondern auch sehr zeitraubend.

Die empfohlenen Hotels sind in vier Kategorien eingeteilt und die Preise beziehen sich auf ein Doppelzimmer. Sie alle liegen möglichst zentral und die wichtigsten Sehenswürdigkeiten sind mit öffentlichen Verkehrsmitteln bequem zu erreichen.

Luxusklasse (ab £150)

Meridian London: Piccadilly, W1V. Tel. 734-8000. Extrem teuer (£150—£200 pro Nacht). Exzellente Lage in der Nähe des Piccadilly Circus. Sehr modern mit allen Annehmlichkeiten, einschließlich eines reizenden Fitneßstudios. Besonders empfehlenswert für Geschäftsleute und all jene, die den Luxus lieben.

The Ritz: Piccadilly, W1V. Tel. 493-8181. Eines der bekanntesten Hotels in London mit einem berühmten Teesalon, in dem der Jetset einkehrt. Gute, zentrale Lage beim Green Park.

Claridge's: Brook St., W1A. Tel. 629-8860. Ruhiger Glanz vergangener Tage. Altmodischer Service gemäß den Geboten der Etikette, was manchmal erdrückend sein kann.

The Savoy: The Strand, WC2R. Tel. 836-4343. Ein Hotel mit Tradition. In der Nähe der City gelegen. Gute Lage für Geschäftsleute.

London Hilton: 22 Park Lane, W1. Tel. 493-8000. Blick auf den Hyde Park. Die Oxford Street ist zu Fuß erreichbar. Moderner amerikanischer Stil.

Sheraton Park Tower Hotel: 101 Knightsbridge, SW1V. Tel. 235-8050. Etwas weit vom Zentrum entfernt. In der Nähe der Einkaufsgegend in Knightsbridge. Der Hyde Park ist zu Fuß erreichbar.

Athenaeum Hotel: 116 Piccadilly, W1V. Tel. 499-3464. Ein Luxushotel, das aber nicht so bekannt ist wie andere Hotels dieser Kategorie. Äußerst gute Lage.

Grosvenor House: Park Lane, W1A. Tel. 499-6363. Ein Luxushotel mit Tradition. Sehr englisch. Gute Lage mit Blick auf den Hyde Park.

Teuer (ab £100)

Berners Park Plaza: Berners St., W1P. Tel. 636-1629. Exzellente zentrale Lage vis-à-vis der Oxford St. Gutes Essen. Professionelles und freundlicher Service. Elegante Lobby, aber kleine Zimmer. Empfehlenswert.

Great Cumberland Place: Marble Arch, W1A. Tel. 262-1234. Exzellente

Lage in der belebten Gegend um Marble Arch. Einige Zimmer mit Blick auf den Hyde Park.

Holiday Inn, Marble Arch: 136 George St., W1H. Tel. 723-1277. Exzellente Lage. Reiche Palette an Dienstleistungen.

Kenilworth Hotel: Great Russell St., WC1B. Tel. 637-3477. Gute Lage in der Nähe des British Museum und die Oxford St. ist zu Fuß erreichbar.

Selfridge Hotel: Orchard St., W1H. Tel. 408-2080. Luxushotel mit exzellenter Lage Ecke Oxford St. Sehr bequem. Ideale Lage für Einkäufe. Hat ein nettes Restaurant und Café.

Günstig (ab £70)

Mount Royal Hotel: Bryanston St., W1A. Tel. 629-8040. Exzellente Lage in der Nähe von Marble Arch. Ein riesiges Hotel ohne Atmosphäre mit hunderten von Zimmern, von denen die Mehrzahl einfach und veraltet ist.

Regent Palace Hotel: 12 Sherwood St., W1. Tel. 734-7000. Ein riesiges Hotel mit etwa 1000 Zimmern. Exzellente Lage am Piccadilly Circus. Die Zimmer sind einfach, aber der Preis für diese Lage günstig. Empfehlenswert.

Swiss Cottage Hotel: 4 Adamson Rd., NW3. Tel. 722-2281. Ein reizendes und persönliches Hotel. Weit außerhalb des Zentrums.

Kingsley Hotel: Bloomsbury Way, WC1A. Tel. 242-5881. Sehr gute Lage in der Nähe des British Museum. Die Oxford St. ist zu Fuß erreichbar. Breite Palette an Dienstleistungen.

Central Park Hotel: Queensborough Terrace, W2. Tel. 229-2424. Ein Hotel mittlerer Größe. Marble Arch ist zu Fuß erreichbar. Blick auf den Hyde Park.

Savoy Court: 19—25 Granville Place, W1. Tel. 408-0130. Ein kleines, einfaches Hotel in exzellenter Lage. Sehr kleine Zimmer. Nicht vorrangig aufzusuchen.

London Embassy Hotel: 150 Bayswater Rd., W2. Tel. 229-1212. Am unteren Ende des Hyde Park. Empfehlenswert aufgrund seiner Dienstleistungen. U-Bahnstation in der Nähe.

The Strand Palace: Strand, WC2R. Tel. 836-8080. Sehr gute Lage in der Nähe von Covent Garden. Riesiges Hotel mit einer breiten Palette an Dienstleistungen. Empfehlenswert.

Preiswert (unter £70)

Es gibt eine große Auswahl an preiswerten Hotels. Sie unterscheiden sich in punkto Komfort und Service beträchtlich. Daher richten sich unsere Empfehlungen für Hotels dieser Preisklasse nach ihrer Lage. Es empfiehlt sich, einen Blick in das Zimmer zu werfen, bevor man eincheckt.

Apollo Hotel: 18—22 Lexham Gardens, W8. Tel. 835-1133.

Beaver Hotel: 57—59 Philbeach Gardens, SW5. Tel. 373-4553.

Caring Hotel: 24 Craven Hill Gardens, W2. Tel. 262-8708.

Chesham House Hotel: 64—66 Ebury St., SW1. Tel. 730-8513.

Concord Hotel: 155 Cromwell Rd., SW5. Tel. 370-4151.

Gresham Hotel: 36 Bloomsbury St., WC1B. Tel. 580-4232.

The Royal Norfolk Hotel: 25 London St., W2. Tel. 402-5221.

Terstan Hotel: 29—31 Nevern Sq., SW5. Tel. 244-6466.
Warwick House Hotel: 6 Norfolk Sq., W2. Tel. 723-0810.

In der Gegend um Bloomsbury gibt es eine große Auswahl an kleinen Hotels mit einfachen, günstigen Zimmern. In diese Gegend kommen Sie, wenn Sie mit der U-Bahn bis Tottenham Court Rd., Holborn, Goodge St. oder Russel Square fahren.

Besonders beliebt sind die Bed-and-breakfast Zimmer bei privaten Vermietern. Die Touristenbüros können Ihnen die Adressen solcher Unterkünfte in der von Ihnen gewünschten Gegend nennen. Sie sollten sich aber nicht allzuweit außerhalb des Zentrums einquartieren, wenn es in der Nähe keine U-Bahnstation gibt.

Apartments

Eine weitere Unterkunftsmöglichkeit bieten vor allem für Familien die Apartmenthotels, die alle Einrichtungen, einschließlich einer Küche, aufweisen. Meistens muß man im voraus bezahlen. Am besten läßt man vor der Reise ein Apartment von einem Reisebüro in England reservieren. Wenn Sie bereits in London sind und ein Apartment suchen, wenden Sie sich an folgende Agenturen:

The Apartment Company: 26 Collingham Gardens SW5. Tel. 835-1144.
Royal Court Apartments: 51 Gloucester Terrace W2. Tel. 402-5077.

Jugendherbergen

In London gibt es fünf Jugendherbergen, davon sind drei relativ zentral gelegen.

London Independent Hostel: Holland Park W11. Tel. 229-4238, U-Bahnstation Holland Park.
Lee Abbey International Students Club: 56—57 Lexham Garden W8. Tel. 373-7242.
The Fieldcourt House: 31—32 Courtfield Gardens SW5. Tel. 373-0153.

Einrichtungen für Behinderte

Den speziellen Bedürfnissen der Behinderten wird in Großbritannien immer mehr Rechnung getragen. Die meisten, wenn auch leider nicht alle Hotels, Restaurants, Theater und öffentlichen Gebäude sind behindertengerecht ausgelegt. Dies gilt insbesondere für Einrichtungen für Rollstuhlfahrer. Die aktuellsten Informationen können Sie der Broschüre *Britain for the Disabled* entnehmen, die bei den Touristenbüros der *British Tourist Authority* erhältlich ist. Den Führer für Behinderte mit dem Titel *Access in London* gibt es in den meisten Buchgeschäften. Über einen eigenen Telefondienst, die sogenannten *Arts Line* (388-2227/8), erfahren Sie alles über kulturelle Veranstaltungen für Behinderte.

Touristeninformationen

Wenn Sie Ihre Reise im voraus planen, erhalten Sie in

den meisten größeren europäischen Städten und in mehreren großen nordamerikanischen Städten bei den Zweigstellen der Touristenbüros der British Tourist Authority (BTA) wertvolle Informationen. Informationspakete können auch telefonisch oder per Post angefordert werden.

Australien: Midland House, 4th Floor, 171 Clarendon St., Sydney, NSW 2000. Tel (612) 298627.

Kanada: 94 Cumberland St., Suite 600, Toronto, Ontario M5R 3N3. Tel. (416) 925-6326.

USA: 40 West 57 St., 3rd Floor, New York, NY 10019. Tel. (212) 581-4700.

John Hancock Center, Suite 3320, 875 Michigan Ave., Chicago, IL 60611. Tel. (312) 787-0490.

World Trade Center, 350 S. Figueroa St., Suite 450, Los Angeles, CA 90071, Tel. (213) 628-3525.

Cedar Maple Plaza, Suite 210, Cedar Springs Rd., Dallas, TX 75201. Tel. (214) 720-4040.

Auch die Botschaften und Konsulate können Unterlagen bereitstellen, wenn sich in Ihrer Nähe kein Touristenbüro befindet, wenngleich die Touristenberatung natürlich nicht in deren Hauptaufgabegebiet fällt.

Auch die erfahrensten Touristen mag die unglaubliche Vielzahl von allem am Anfang ein wenig befremden: unzählige Hotels, Veranstalter von Rundfahrten, Geschäfte und Wechselstuben. Das *London Tourist Board* (LTB) hat Touristeninformationszentren eingerichtet, die Ihnen helfen, die unzähligen Möglichkeiten zu sichten. Sie halten Informationen für alle Fragen bereit, sei es bezüglich Unterkunft, Restaurants, Banken etc. Darüberhinaus bieten sie Pläne, Broschüren und sogar Reiseführer und Filme an. Die Informationszentren befinden sich an den folgenden Adressen:

Victoria Station Forecourt: Main Centre. Geöffnet Ostern — Nov., täglich 9.00 bis 22.30 Uhr; Nov.—Ostern, Mo.—Sa. 9.00 bis 19.00 Uhr, So. 9.00 bis 17.00 Uhr.

Harrods: Knightsbridge, SW1. Geöffnet während der Geschäftszeiten des Warenhauses.

Heathrow: Terminals 1,2 und 3 in der U Bahnhalle. Geöffnet täglich 9.00 bis 18.00 Uhr.

Selfridges: Oxford St., W1. Geöffnet während der Geschäftszeiten des Warenhauses.

Tower of London: West Gate, EC3. Geöffnet April bis Okt., täglich 10.00 bis 18.00 Uhr.

City of London Information Centre: St. Paul's Churchyard, EC4. Geöffnet täglich, im Sommer von 10.00 bis 16.00 Uhr, im Winter von 10.00 bis 14.30 Uhr.

Mit *London Information* bietet das London Tourist Board von Mo.—Fr. 9.00 bis 18.00 Uhr unter Tel. 730 3488 auch einen telefonischen Informationsservice.

Schriftliche Anfragen richten Sie an das London Tourist Board unter folgender Anschrift: Correspondence Assistant, Distribution Department, London Tourist Board, 26 Grosvenor Gardens, London SW1W 0DU.

Das Touristenbüro *British Tourist Authority* bietet ebenfalls Informationen über London und auch ganz England. Die Zentrale, das British Travel Centre, befindet sich nur wenige Schritte vom Piccadilly Circus entfernt in 12 Regent Street, SW1. (Geöffnet Mo.—Fr. 9.00 bis 18.30 Uhr, Sa. 9.00 bis 17.00 Uhr. Telefonische Auskünfte erhalten Sie täglich und sonntags von 10.00 bis 16.00 Uhr unter Tel. 730-3400.) Die erfahrenen und freundlichen Angestellten sind äußerst hilfsbereit und beraten Sie in allen Angelegenheiten.

Wichtige Tips

Währung und Wechselkurs

In Großbritannien zahlt man mit Pfund Sterling (£); ein Pfund Sterling entspricht 100 Pence. Gegenwärtig gibt es £5, £10, £20 und £50 Scheine. Münzen gibt es im Wert von 1p, 2p, 5p, 10p, 20p, 50p und £1.

Die britische Rechtslage erlaubt die unbegrenzte Einfuhr von Bargeld oder Reiseschecks in allen Währungen.

In England werden — auch bei den meisten Sehenswürdigkeiten — Kreditkarten der größten Unternehmen akzeptiert. Es ist auch möglich, mit Kreditkarte Geld bei den Banken oder Geldautomaten abzuheben.

Reiseschecks, die in Pfund Sterling ausgestellt sind, können in fast allen Banken, Hotels und Warenhäusern gebührenfrei eingelöst werden.

In den meisten Banken kann man Geld wechseln. Außerhalb der Öffnungszeiten können Sie in den Büros der meisten Reiseagenturen, in den Wechselbüros der großen Warenhäuser, an den Kassen größerer Hotels und in eigenständigen Wechselstuben Geld wechseln. Prüfen Sie vorher den Wechselkurs und eventuelle Gebühren, denn meistens berechnen solche Büros hohe Kommissionen.

Mehrwertsteuer (VAT) und Warenexport

In Großbritannien gibt es auf die meisten Waren und Dienstleistungen eine 15% Mehrwertsteuer.

In Großbritannien sind Touristen bei allen Einkäufen von der Mehrwertsteuer befreit (diese Befreiung gilt allerdings nicht bei Dienstleistungen wie in Hotels, Restaurants oder bei Autovermietern). Nicht alle Geschäfte akzeptieren diese Regelung; sie weigern sich, die entsprechenden Papiere auszustellen oder tun dies erst ab einem bestimmten Mindestbetrag. Um die Mehrwertsteuer zurückerstattet zu bekommen, muß man in dem Geschäft einen Kaufnachweis verlangen und die Ausfuhr der Waren beim Zoll am Flughafen bestätigen lassen. Der Beamte unterschreibt ein Formular, das Sie dann an das Geschäft zurücksenden. Das Geld wird dann per Post an Ihre Heimadresse gesendet. Bei Einkäufen mit Kreditkarte wird Ihnen der Betrag auf Ihr Konto gutgeschrieben.

*E*INLEITUNG

Kommunikationsmittel

Telefone

Rot, augenscheinlich die Lieblingsfarbe der Briten, ist nicht nur die Farbe der Busse, sondern auch die der königlichen Briefkästen und der öffentlichen Telefonzellen.

Leider beschloß *British Telecom*, diese teilweise noch aus dem Anfang dieses Jahrhunderts stammenden Telefonzellen durch moderne, gelbe Telefonzellen zu ersetzen. Dank der Beschwerden verschiedener Institutionen gegen die Abschaffung blieben etwa 2 000 der traditionsreichen Telefonzellen unangetastet. Die anderen wurden verkauft — einige werden heute in Texas als Duschkabinen verwendet.

Die älteren öffentlichen Telefone mit Wählscheibe nehmen ausschließlich 10p Münzen; die modernen Tastentelefone akzeptieren auch andere Münzen mit einem Wert bis zu einem Pfund. Zur Zeit werden auch an mehreren Standorten Telefone installiert, die mit Telefonwertkarten funktionieren. Mit diesen grünen Karten kann man eine bestimmte Anzahl von Einheiten telefonieren. Die Telefonwertkarten sind in Postämtern und einigen Geschäften erhältlich. Am Flughafen und in anderen touritischen Gegenden findet man Telefone, die mit Kreditkarten betrieben werden. Man erkennt diese Telefonzellen leicht durch ihre Kreditkartenschilder.

Von den meisten modernen Telefonzellen aus kann man direkt internationale Anrufe tätigen. Nach Einwurf des genauen Betrags oder Einschieben einer Kredit- oder Telefonwertkarte muß man zuerst 010 wählen, danach die internationale Landesvorwahl und die regionale Vorwahl und schließlich die Telefonnummer.

Die regionale Vorwahl für London ist 071. Die Vorwahl für die Umgebung ist 081 und wird in unserem Reiseführer, wann immer notwendig, angegeben.

Postämter

Postämter sind von Mo.—Fr. von 9.00 bis 17.30 Uhr geöffnet und samstags von 9.30 bis 13.00 Uhr. Das Postamt am Trafalgar Square ist Mo.—Sa. von 8.00 bis 20.00 Uhr geöffnet und an Sonn- und Feiertagen von 10.00 bis 17.00 Uhr. Dieses Postamt bietet auch einen Postlagerungsservice, wo Post bis zu einem Monat lang aufbewahrt wird. Die Adresse lautet: Post Restante, Trafalgar Square PO, London WC2N 4OL (Tel. 930-9580).

Briefmarken sind in Postämtern und Briefmarkenautomaten außerhalb der Postämter erhältlich.

Banken

Die Banken sind von Mo.—Fr. von 9.30 bis 15.30 Uhr geöffnet. Mit Ausnahme von einigen Zweigstellen, die auch am Samstag Vormittag geöffnet sind, halten sie samstags, sonntags und an Feiertagen geschlossen.

Auf den beiden größten Flughäfen Heathrow und Gatwick gibt es je eine Bank, die rund um die Uhr geöffnet ist.

Geschäfte

Die normalen Geschäftszeiten in London sind Mo.—Sa. von 9.00 bis 17.30 Uhr. Sonntags sind die Geschäfte geschlossen. Einige Geschäfte im West End sind auch am Samstag Nachmittag geschlossen.

Einen langen Einkaufstag gibt es in Knightsbridge und Chelsea am Mittwoch, im West End und in der Kensington High Street am Donnerstag. Einige Touristenläden und Straßenmärkte sind auch sonntags geöffnet.

Trinkgeld

Trinkgelder sind weitverbreitet und es gibt einige generelle Richtlinien:

Gepäckträger bekommen normalerweise 20p pro Koffer.

In Hotels wird ein Trinkgeld von 50p bis £1 pro Koffer erwartet. Ähnliches gilt für den Zimmerservice (allerdings nicht für das Frühstück).

In Restaurants beträgt das Trinkgeld normalerweise 10—15% des Gesamtbetrags, wenn der Inhaber dies nicht ohnehin schon aufgeschlagen hat.

Taxifahrer bekommen im Normalfall ebenso 10—15% des Fahrpreises, niemals aber weniger als 20p.

Beim Friseur gibt man üblicherweise dem Friseur und dem Assistenten je 50p.

Im Theater, im Kino und in Garagen sind Trinkgelder nicht üblich.

Trink und sei lustig

Das Pub (eigentlich Public House) ist eine britische Institution, die beinahe ebenso alt ist wie das Königshaus. Früher hätte sich eine anständige Frau niemals in die Männerwelt der Pubs hineingewagt, aber die Zeiten haben sich geändert und heute kommen Frauen auch allein in die Pubs, um etwas zu essen oder zu trinken. In London gibt es hunderte Pubs und manche haben eine lange, interessante Geschichte. Ein Besuch eines Pubs darf in keiner Londonreise fehlen.

Die Pubs in London sind von Mo.—Sa. von 10.00 bis 23.00 Uhr geöffnet. An Sonn- und Feiertagen ist von 12.00 bis 15.00 Uhr und von 19.00 bis 22.30 Uhr geöffnet, so daß die Leute in die Kirche gehen können, ohne sich den Spaß in ihrem Pub entgehen lassen zu müssen.

Weinbars sind gleichermaßen beliebte Lokale, um etwas zu essen oder zu trinken. Sogenannte "Off-license" Läden (ohne Lizenz) verkaufen normalerweise den ganzen Tag über Wein und harte Getränke, auch dann wenn die Pubs geschlossen haben. Diese dürfen aber nicht vor Ort konsumiert werden. Nicht alle Restaurants besitzen eine Lizenz, die sie zum Ausschenken von Wein berechtigt.

Um harte Getränke kaufen zu dürfen, muß man älter als 18 Jahre sein. Kinder über 14 dürfen Pubs nur in Begleitung eines Erwachsenen betreten, bekommen aber nur alkoholfreie Getränke ausgeschenkt.

Öffentliche Toiletten

Glücklicherweise haben die englischen Gesetzgeber an unsere

menschlichen Bedürfnisse gedacht, sodaß heute in allen Eisenbahnstationen von *British Rail*, in einigen öffentlichen Parks, in U-Bahnstationen, Warenhäusern, Pubs und Restaurants (einschließlich Fast food Lokalen) Toiletten vorhanden sein müssen. Die meisten dieser Toiletten sind sauber und in gutem Zustand und im Normalfall ist ihre Benutzung kostenlos.

Maße, Netzspannung und Uhrzeit

Maße

In England geht man allmählich zum metrischen System über. Obwohl Längenmaße noch in Meilen und Fuß angegeben werden, ist bei anderen Einheiten doch schon das metrische System üblich. Nachfolgend einige Umrechnungsbeispiele:

Gewicht:	1 Unze (ounce)	=	28,35 Gramm
	1 Pfund (pound)	=	453 Gramm
	2,2 Pfund	=	1 Kilogramm
Volumen:	1 Pint (pint)	=	0,47 Liter
	1 Quart (quart)	=	etwa 1 Liter
	1 Gallone (gallon)	=	3,79 Liter
Länge:	1 Zoll (inch)	=	2,54 Zentimeter
	1 Fuß (foot)	=	30,5 Zentimeter
	1 Yard (yard)	=	etwa 1 Meter
	0,628 Meilen (mile)	=	1 Kilometer
	1 Meile (mile)	=	1,6 Kilometer

Während in den USA das Erdgeschoß als "first floor" bezeichnet wird, wird in England wie auch in den anderen europäischen Ländern das Erdgeschoß als "ground floor" bezeichnet und der erste Stock als "first floor".

Bekleidungs- und Schuhgrößen

In London gibt es eine Vielzahl von qualitativ hochwertiger Bekleidung und Schuhen zu vernünftigen Preisen. Die Größenbezeichnungen unterscheiden sich aber von jenen in den anderen europäischen Ländern bzw. den USA. Die nachfolgende Tabelle soll Ihnen beim Kauf der richtigen Größe helfen:

Bekleidung

England:	6	8	10	12	14	16	18	20	22;
	28	30	32	34	36	38	40	42	44.
Eur. Festland:	34	36	38	40	42	44	46	48	50.
USA:	4	6	8	10	12	14	16	18	20.

Schuhe

England:	3	3.5	4	4.5	5	5.5	6	6.5	7	7.5	8	8.5.
Eur. Festland:	35	36	37	37	38	38	39	40	40	41	41	42.
USA:	4.5	5	5.5	6	6.5	7	7.5	8	8.5	9	9.5	10.

E INLEITUNG

Netzspannung

Die Netzspannung in England beträgt 240 Volt Wechselstrom.

Uhrzeit

London hat im Winter Greenwich Mean Time und im Sommer die europäische Sommerzeit, d. h. Greenwich Mean Time + 1 Stunde.

L ONDON

Erste Begegnung mit der City

Organisierte Stadtrundfahrten

In London gibt es ein riesiges Angebot an Besichtigungsmöglichkeiten, von Stadtbesichtigungen per Bus bis hin zu Themsefahrten oder der Entdeckung kleiner Gäßchen zu Fuß. Egal, ob Sie die traditionellen Sehenswürdigkeiten oder ausgefallene Unternehmungen bevorzugen, es gibt eine große Zahl an Unternehmen, die Ihnen ihre Dienstleistungen anbieten.

Busrundfahrten

All jenen Touristen, die die wichtigsten Sehenswürdigkeiten sehen wollen, ohne ihre Füße über Gebühr zu strapazieren, kann eine Busrundfahrt für einen ersten Eindruck der Stadt wärmstens empfohlen werden. Die von *London Transport* organisierte *Original London Transport Sightseeing Tour* fährt alle 30 Minuten von den Stationen Haymarket (in der Nähe des Trocadero), Marble Arch, Baker Street und Victoria ab. Die Rundfahrt dauert etwa eineinhalb Stunden und wird von einem englischsprachigen Reiseführer geführt, manchmal gibt es auch Führungen in anderen Sprachen. Die Rundfahrt deckt eine Strecke von mehr als 25 km ab. Nähere Informationen erhalten Sie bei *London Transport* unter der Telefonnummer 828-6449.

Der gelbe *Culture Bus* fährt seine Route durch die City alle 30 Minuten und hält an 37 Stationen, an denen Sie einen ganzen Tag lang beliebig zu- und aussteigen können. So können Sie alle Sehenswürdigkeiten ihrer Wahl mit einem einzigen Ticket besichtigen. Das Hauptbüro befindet sich in 87 London Road, Southend, SS1 1PP. Details erfahren Sie unter 0702-355711.

Es gibt noch eine Vielzahl von anderen privaten Unternehmen, die verschiedene Rundfahrten anbieten. Diese können einige Stunden dauern oder auch einige Tage. Die Preise sind manchmal hoch, aber dafür lernen Sie die Stadt innerhalb kürzester Zeit kennen. Diese Rundfahrten werden in verschiedenen Sprachen angeboten und es empfiehlt sich, die Abfahrtszeiten im vorhinein in Erfahrung zu bringen.

Zu den interessantesten Rundfahrten zählen:
Tragical History Tours Ltd.: Business Center, 1 Bromwley Lane, Chiselhurst, Kent BR7 6LH. Tel. 857-1545 oder 467-3318. In diesen Rundfahrten begibt man sich auf die Spuren geheimnisumwitterter und tragischer historischer Persönlichkeiten mit Schwerpunkt auf der finsteren Seite Londons.

Evan Evans Tours Ltd.: 27 Cockspur St., Trafalgar Sq., SW1. Tel. 081-332-2222. Eine Vielfalt an Rundfahrten, von denen sich einige über acht Tage erstrecken können.

National Express: 13 Regent St., SW1Y. Tel. 730-0202. Rundfahrten nicht nur in London sondern in ganz England.

Besichtigungen mit dem Schiff

Themsefahrten

Vervollständigen Sie Ihren Aufenthalt in London mit einer gemütlichen Themsefahrt, von wo aus Sie die Sehenswürdigkeiten am Ufer der Themse sehen können. Mehrere Unternehmen bieten solche Schiffahrten von den folgenden Pieren aus an:

Charing Cross Pier. Fahrten zum Tower of London, nach Greenwich und zur Themsebarriere.

Westminster Pier. Fahrten flußabwärts zum Tower of London und nach Greenwich und flußabwärts nach Kew Gardens, Richmond und Hampton Court.

Erkundigen Sie sich bei den folgenden Unternehmen nach Details:

Catamaran Cruisers: Charing Cross Pier, Victoria Embankment, London WC2N 6NU. Tel. 839-3572.

Thames Barrier Service: Westminster Pier, SW1. Tel. 930-3373.

Kanalfahrten

Durch London führen zwei Kanäle, der Grand Union Canal und der Regent's Canal. Auf dem Regent's Canal fährt ein sogenannter Wasserbus von Camden Lock über den Londoner Zoo nach Little Venice. Auf dem Kanal gibt es auch einige schwimmende Restaurants, wo Sie bei Musik einen romantischen Abend verbringen können. Details erfahren sie bei jedem Touristenbüro. Die folgenden zwei Unternehmen sind auf Kanalfahrten spezialisiert:

Jason's Trip: Gegenüber von 60 Bloomfield Road, Little Venice, W9. Tel. 286-3428.

London Waterbus Company: Camden Lock, NW1. Tel. 482-2323 oder 482-2550.

Geführte Spaziergänge

London ist berühmt für seine geführten Spaziergänge. Der vorliegende Reiseführer gibt detaillierte Beschreibungen von Spaziergängen, doch bieten einige Londoner Unternehmen Rundgänge für spezielle Interessengebiete an. So können Sie z. B. auf den Spuren von Sherlock Holmes oder Jack the Ripper wandeln, eine Pubtour (mit entsprechenden Kostproben) machen oder Häuser mit mysteriöser Vergangenheit besichtigen.

Die wichtigsten Unternehmen

Citisights of London: 102a Albion Rd., N16. Tel. 241-0323 oder 359-2715. Geschichte und Archäologie.

City Walks: 9/11 Kensington High St., W8 5NP. Tel. 937-4281. Schwerpunkt Literatur und Geschichte.

Discovering London: 11 Pennyfields, Warley, Brentwood, Essex, CM14 5JP. Tel. (0277) 213704. Reiche Palette an ganz speziellen Rundgängen.

Guided Walks of London: 32 Grovelands Rd., N13 4RH. Tel. 882-3414. Spaziergänge mit Schwerpunkt auf Politik, Literatur und anderen Spezialgebieten.

London Pub Walks: 3 Springfield Ave., Muswell Hill, N10 3SU. Tel. 883-2656.

London Walks: 139 Conway Rd., Southgate, N14. Tel. 882-2763. Im Mittelpunkt steht das "Verborgene und Ungewöhnliche".

Prospekte dieser Unternehmen liegen üblicherweise in der Touristeninformation in der Victoria Station auf.

Schritt für Schritt durch London

Die City of London — der alte Stadtkern

Dieser Rundgang führt Sie durch das eigentliche London — die City. In diesem Gebiet, dem ältesten Londons, finden Sie Sehenswürdigkeiten aus unterschiedlichsten Epochen: 2000 Jahre alte römische Ausgrabungen ebenso wie die erst vor kurzem fertiggestellte ultramoderne Börse. Auch im Stil unterscheiden sich die einzelnen Sehenswürdigkeiten: Kirchen, Einkaufszentren, Geldinstitute etc. Dieser Rundgang sollte am besten wochentags gemacht werden, da es an den Wochenenden in dieser Gegend sehr ruhig ist und viele Sehenswürdigkeiten sonntags geschlossen sind.

Beginnen Sie den Rundgang bei der **Eisenbahnstation Blackfriars**. Das Wort *Blackfriars* bezieht sich auf die schwarz gekleideten Dominikanermönche, die hier von 1276 an lebten, bis ihr Kloster so wie viele andere auch während der Reformation im sechzehnten Jahrhundert aufgelöst wurde. Der Name ist jedoch erhalten geblieben. Nach Verlassen der Station gehen Sie nach links. An der Ecke New Bridge Street sehen Sie eine einzigartige Skulptur; die Statue eines schwarz gekleideten Mönchs verkörpert den Namen des Pubs: *Blackfriar Pub*. Besonders interessant ist die im Art Nouveau Stil gehaltene Inneneinrichtung des Pubs.

Vis-à-vis der Station verläuft parallel zu den Bahngleisen die Blackfriars Lane, in der sich die 1670 gegründete großartige **Apothecaries Hall** befindet. Die Zünfte und Berufsvereinigungen in der City erbten den Standort der mittelalterlichen Gilden. 96 sind gegenwärtig in Betrieb und viele davon befinden sich in reizenden, alten Gebäuden. Ein Besuch muß jedoch im vorhinein vereinbart werden.

Auf dem Weg unter der Eisenbahnbrücke befindet sich auch ein Kabarettrestaurant namens *Shakespeare Tavern* und daneben ein italienisches Restaurant namens *Angelo's* (nur wochentags zu Mittag geöffnet).

Wenden Sie sich um und gehen Sie hinunter zur **Blackfriars Bridge**, deren Grundstein 1760 gelegt wurde. 1865 wurde die ursprüngliche Brücke durch die heutige Stein-Stahlkonstruktion ersetzt. Die wenigen Pfeiler im Wasser stammen noch von den Bauarbeiten an der Brücke Anfang dieses Jahrhunderts zur zusätzlichen Unterbringung von Gleisen für eine elektrisch betriebene Straßenbahn. Bis 1875 forderten die Betreiber von den Fußgängern bei der Überquerung der Brücke eine Maut. Die Brücke verläuft parallel zur Eisenbahnbrücke Blackfriars. Gehen Sie hinunter auf den Fußgängerweg. Zwischen den beiden Brücken wurde bei der Einmündung des Fleet River in die Themse in den 60er Jahren dieses Jahrhunderts ein römisches Schiff mit einer

DIE CITY OF LONDON

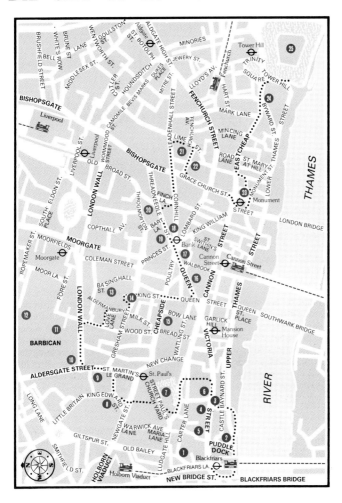

Legende

1. Apothecaries Hall
2. Mermaid Theatre
3. St. Benet's
4. Faraday Building
5. St. Andrew-by-the-Wardrobe
6. College of Arms
7. St. Paul's Cathedral
8. National Postal Museum
9. St. Botolph-without-Aldersgate
10. Museum of London
11. Barbican Centre for Arts and Conferences
12. St. Giles Cripplegate
13. Guildhall
14. St. Lawrence Jewry
15. St. Mary-le-Bow
16. Temple of Mithras
17. Mansion House
18. Royal Exchange
19. Bank of England
20. London Stock Exchange
21. Lloyd's of London
22. Leadenhall Market
23. The Monument
24. All Hallows-by-the-Tower
25. Tower of London

Ladung Steine entdeckt, die offensichtlich für den Bau des Stadtwalls im zweiten Jahrhundert bestimmt waren.

Biegen Sie nach links in die sogenannte Puddle Dock Gegend, die heute eines der wenigen Theater in der City, das **Mermaid**, beheimatet. Obwohl das Theater relativ modern ist, ist die Lage selbst jedoch von historischer Bedeutung.

Vor etwa 900 Jahren wurde hier am Flußufer das *Baynard Castle* erbaut. Es brannte ab und wurde mehrmals wiederaufgebaut und ausgebaut. Unter Heinrich VII. wurde es in einen Palast umgewandelt. Dort hielt sich Lady Jane Grey auf, als sie von ihrer Krönung erfuhr. Das Große Feuer 1666 bedeutete jedoch die endgültige Zerstörung für das Gebäude.

Gehen Sie den Fluß entlang und überqueren Sie nach etwa 50 Metern die Überführung zur Queen Victoria Street in Richtung **St. Benet's**. Die ursprüngliche St. Benet's Kirche, in der der Architekt Inigo Jones begraben wurde, wurde im Großen Feuer zerstört und von Sir Christopher Wren wiederaufgebaut. Heute dient die Kirche der walisischen Gemeinde Londons.

Würde nicht das gegenüberliegende große **Faraday Building** die Sicht verstellen, könnten Sie von hier aus die St. Paul's Cathedral in ihrer ganzen Pracht sehen. Nach Fertigstellung des Faraday Building wurde für diese Gegend eine maximale Bauhöhe von vier Stockwerken verfügt, um den Blick auf die Kirche vom Fluß her nicht zu verbauen. Westlich des Faraday Building steht eine weitere Kirche, **St. Andrew-by-the-Wardrobe**. Wie ihr Name schon sagt, lag sie früher neben dem Gebäude der königlichen Garderobe. Beide brannten im Großen Feuer ab und auch diese Kirche wurde von Christopher Wren renoviert.

Weiter unten in der Queen Victoria Street stoßen Sie auf ein einfaches Gebäude aus dem späten siebzehnten Jahrhundert mit vergoldeten Eisentoren. Es handelt sich dabei um das **College of Arms**. (Geöffnet Mo.—Fr. 10.00 bis 16.00 Uhr. Eintritt frei. Abendliche Besichtigungen in Kleingruppen sind bei Voranmeldung gegen Gebühr möglich. Tel. 248-2762.) Gemäß eines königlichen Erlasses aus dem Jahre 1481 ist das College of Arms alleinverantwortlich für Genehmigung, Registrierung, Entwurf und Verleihung von Wappen. Die Mitglieder des College of Arms werden auf Empfehlung vom Earl Marshal, einem Titel, der unter den Grafen von Norfolk weitervererbt wird, direkt von der Krone ernannt. Die Briten betrachten diese anachronistische Institution noch immer mit großer Ernsthaftigkeit. In der Eingangshalle ist das Polster ausgestellt, auf dem die englischen Monarchen bei ihrer Krönung sitzen.

Nach der Besichtigung des College of Arms biegen Sie links in die Peter's Hill Lane und steigen die Treppen hinauf. Sie sehen sich gegenüber der riesigen Kuppel von St. Paul's Cathedral. Bevor Sie sich jedoch auf den Weg dorthin machen, können Sie noch das Informationszentrum der City of London aufsuchen und sich die aktuellsten Informationen über die Veranstaltungen des jeweiligen Tages besorgen. Informationen über spezielle Gottesdienste und Ereignisse erhalten Sie telefonisch von der Kirche oder Sie entnehmen sie den Zeitungen oder der Anschlagetafel im Kapitelhaus der Kirche.

Die **St. Paul's Cathedral** ist die größte, imposanteste und berühmteste

Kirche der City. (Geöffnet Mo.—Sa. 7.15 bis 18.00 Uhr, im Winter bis 17.00 Uhr. Tel. 248-2705.) Schon im Jahre 604 befand sich auf dem Ludgate Hill eine aus Holz gebaute Kirche, die jedoch im elften Jahrhundert abbrannte. An ihrer Stelle errichteten die Normannen eine Steinkirche. Renovierungs- und Ausbauarbeiten machten die alte St. Paul's Cathedral zur größten gotischen Kirche Englands. 1315 wurde ein Turm hinzugefügt, der mit seiner Höhe von etwa 149 Metern der höchste jemals auf einer Kirche aufgesetzte Turm war. Die Höhe des Turms bedeutete aber schließlich auch sein Ende, denn 1561 stürzte er nach einem Blitzschlag um und wurde nie wieder aufgebaut. Hundert Jahre später stand im Großen Feuer die ganze Kirche in Flammen und alles, was übrigblieb, waren riesige, schwarze Ruinen.

Die heutige Kathedrale ist ein Meisterwerk des Architekten Sir Christopher Wren. Wenige Monate vor dem Großen Feuer legte Wren seine Pläne für den Umbau und die Renovierung der heruntergekommenen gotischen Kirche vor, aber die völlige Zerstörung der Kirche stellte ihn vor eine noch größere Herausforderung, den Entwurf einer riesigen, neuen Kathedrale als passendes Symbol für die Hauptstadt des Königreichs. 1673 legte Wren seinen Plan vor, der als Grundriß ein traditionelles Kreuz vorsah. Im November dieses Jahres wurde mit den Arbeiten begonnen und in weniger als vier Jahrzehnten mit beträchtlichen Änderungen und Abweichungen vom ursprünglichen Plan fertiggestellt. Die Kosten stiegen ins Unermeßliche, aber das Ergebnis ist fantastisch. Auf einem im wesentlichen klassischen Grundriß erhebt sich harmonisch integriert die zweitgrößte Kuppel Europas. Als die Stadt im Winter 1940 von der Luft aus bombardiert wurde, wurde eine Einheit der Feuerwehr zum Schutz der Kirche abgestellt. Das Bild der unerschütterlichen Kuppel hinter Feuer- und Rauchwolken wurde zum Symbol der heldenhaften Einstellung der Einwohner Londons.

Die Stirnseite der Kathedrale zeigt nach Westen. Zu beiden Seiten befinden sich Barocktürme. Der rechte Turm weist eine Uhr und eine riesige, 17 Tonnen schwere Glocke auf, die täglich um 13.00 Uhr ertönt. Im kleinen Kirchenhof steht eine Statue von Königin Anne.

Betreten Sie die Kirche und gehen Sie durch das Hauptschiff bis unter die Hauptkuppel, die sich 66,5 Meter über Ihrem Kopf erhebt. Angesichts der enormen Dimensionen der Kirche fühlt man sich winzig klein. Betrachten Sie das Chorgestühl. Die Kuppeln, die die Decke zieren, weisen hübsche Mosaike aus dem neunzehnten Jahrhundert auf; die vom Bildhauer Grinling Gibbons mit Schnitzereien verzierte Orgel wurde ursprünglich von Wren in Auftrag gegeben. Kehren Sie zur nordwestlichen Ecke zurück. In der **Chapel of All Souls**, der Allerseelen-Kapelle, befindet sich ein Denkmal zu Ehren von Lord Kitchener. Weiter vorne sehen Sie zu Ihrer rechten ein Denkmal, das dem Duke of Wellington anläßlich seines glorreichen Sieges über Napoleon 1815 in der Schlacht von Waterloo gewidmet wurde.

Gehen Sie in das **Ambulatory**, den Wandelgang. (Geöffnet Mo.—Fr. 9.30 bis 16.15 Uhr. Eintrittsgebühr.) Dieser ist durch wunderschöne, schmiedeeiserne Tore, die vom Hugenotten Jean Tijou von Hand gefertigt wurden, vom Chorraum getrennt. Der große Altar rechts besteht aus sizilianischem Marmor; er ersetzte den früheren Altar, der bei den Bombenangriffen zerstört wurde. Die Apsis links dient als

Die großartige St. Paul's Cathedral

Gedächtniskapelle für die amerikanischen Soldaten, die in England stationiert waren und im Krieg gefallen sind. Weiter vorne befindet sich die **Lady Chapel**, die Marienkapelle, mit einer Statue der Jungfrau Maria. Danach gelangen Sie zu einer Marmorskulptur des größten romantischen Dichters Englands, John Donne.

Verlassen Sie den Wandelgang und gehen Sie hinunter in die Krypta, in der viele englische Kulturträger begraben sind. (Öffnungszeiten identisch mit jenen des Wandelgangs. Eintrittsgebühr.) Unter anderem liegen hier Wren, die Künstler Joshua Reynolds und J.M.W. Turner, die Musicalkomponisten Gilbert und Sullivan, der Dichter und Künstler William Blake, der Duke of Wellington, Florence Nightingale und Admiral Nelson begraben. Danach kommen Sie zu einem Modell des ursprünglichen Entwurfs für die Kathedrale von Wren.

Der exquisite Innenraum der St. Paul's Cathedral

Gehen Sie zurück in das Mittelschiff und klettern Sie die vielen Stufen zur **Whispering Gallery**, der Flüstergalerie, hinauf. (Öffnungszeiten identisch mit jenen des Wandelgangs. Eintrittsgebühr.) Die Galerie verläuft auf der Innenseite rund um die Kuppel und dank der fantastischen Akustik kann man selbst Flüstertöne von der gegenüberliegenden Seite hören. Von der Galerie kann man die Fresken in der Kuppel, die das Leben des Apostels Paulus darstellen, aus der Nähe betrachten. Gehen Sie noch weiter hinauf bis auf den Balkon, der außen rund um die Kuppel verläuft. Der atemberaubende Rundblick über die City wird Sie sicherlich für die Mühen des Aufstiegs entschädigen.

Bevor Sie die Kathedrale verlassen, werfen Sie noch einen Blick auf die Südwand, wo Sie das Gemälde *The Light of the World* (Das Licht der Welt) des präraffaelitischen Künstlers Holman Hunt sehen.

Nach der Besichtigung der Kathedrale können Sie am nördlich gelegenen Paternoster Square mit einem Imbiß wieder zu Kräften kommen. Überqueren Sie den Platz und verlassen Sie ihn bei der Newgate Street. Genau gegenüber steht auf der anderen Straßenseite ein einzelner, zerbrechlich wirkender Turm. Das ist alles, was von der von Wren erbauten **Christ Church** nach den Bombenangriffen im Dezember 1940 übriggeblieben ist.

Überqueren Sie die Newgate Street zur King Edward Street, wo sich das **National Postal Museum** befindet, das die Geschichte des englischen Postwesens zeigt. (Geöffnet Mo.—Do. 10.00 bis 16.30 Uhr, Fr. 10.00 bis 16.00 Uhr. Eintritt frei. Tel. 239-5420.) Sie können eine eindrucksvolle Ausstellung von Bildern und englischen Briefmarken seit der viktorianischen Epoche und eine Sammlung internationaler Briefmarken sehen.

Biegen Sie nach rechts in die Angel Street und dann links in die Aldersgate Street. Vorbei an der **St. Ann and St. Agnes Church** kommen Sie zur **St. Botolph-without-Aldersgate**. Diese Kirche ist dem Schutzpatron der Reisenden gewidmet und ist ein beeindruckendes Beispiel für die Barockarchitektur des späten achtzehnten Jahrhunderts. Die korinthischen Holzsäulen, die die reich mit Stuckarbeiten versehene Decke tragen, und die mit Bildern verzierten Fenster gehören zu den wenigen schönen Überresten, die den Krieg unbeschadet überstanden haben.

Wenn Sie nun zum Londoner Wall gelangen, stehen Sie vor dem großen Erneuerungsprojekt der City. Das umstrittene **Barbican** Centre steht auf einer 60 Morgen großen Fläche, die während des Kriegs stark beschädigt wurde. Die Anlage umfaßt einen riesigen Wohnkomplex für etwa 4 000 Personen, einen künstlichen Teich, eine mittelalterliche Kirche, Schulen, ein Kunstforum und ein Museum. All diese Einrichtungen sind durch Betonbrücken und Überführungen miteinander verbunden.

Auf der nun gegenüberliegenden Ecke befindet sich das **Museum of London**, in dem die Geschichte der Stadt dargestellt wird. (Geöffnet Di.—Sa. 10.00 bis 18.00 Uhr, So. 14.00 bis 18.00 Uhr, Eintritt frei. Tel. 600-3699.) Zu sehen sind unter anderem archäologische Funde aus Ausgrabungen in der City, Modelle des für König Heinrich VIII. entworfenen Whitehall Palace und der gotischen St.Paul's Cathedral vor dem Großen Feuer, eine Licht-Ton-Show des Großen Feuers und das Prachtstück des Museums, die goldene Kutsche des Lord Mayor, des Bürgermeisters von London. Die Kutsche wurde 1757 gebaut und wird auch heute noch in der alljährlich im November stattfindenden Lord Mayor's Show verwendet.

Nach dem Verlassen des Museums folgen Sie dem Londoner Wall nach links noch ein paar Meter, bis Sie zu den Überresten einer **römischen Festung** gelangen, die wahrscheinlich Ende des ersten Jahrhunderts n. Chr. hier erbaut und Ende des zweiten Jahrhunderts in den Wall integriert wurde. Der Wall wurde im Mittelalter bis ins fünfzehnte Jahrhundert hinein mehrmals renoviert und wiederaufgebaut. Als sich die Stadt ausweitete, geriet er in Vergessenheit und wurde beinahe vollständig zerstört. Die wenigen Überreste können Sie hier sehen.

Wenn Sie Zeit haben oder am Nachmittag ein wenig Musik hören oder eine interessante Ausstellung sehen wollen, besuchen Sie das **Barbican Centre for Arts and Conferences**. Folgen Sie dazu den Hinweisen auf den Gehsteigen. Auf dem Weg dorthin kommen Sie an der Kirche **St. Giles Cripplegate** vorbei, die teilweise aus dem sechzehnten Jahrhundert stammt. Die außerhalb der Stadttore gelegene Kirche überstand das Große Feuer, wurde jedoch im zweiten Weltkrieg stark beschädigt. Hinter der Kirche liegt ein künstlicher Teich und noch weiter hinten sehen Sie das halbkreisförmige Gebäude des Barbican Centre. Dieses beheimatet die Royal Shakespeare Company und das London Symphonic Orchestra. Weiters gibt es einen Saal mit wechselnden Ausstellungen, eine öffentliche Bibliothek, Kinos, ein gutes, günstiges Restaurant und andere Einrichtungen.

Gehen Sie zurück zum Londoner Wall und biegen Sie nach Süden in die Wood Street ein, wo weitere Überreste des Stadtwalls zu sehen sind. Der Turm in der Mitte der Straße ist **St. Alban**. Biegen Sie nach links in die Love Lane, dann nach rechts in die Aldermanbury in Richtung Gresham Street, bis Sie zum Rathaus der City of London, der wunderschönen gotischen **Guildhall**, gelangen. Diese ist der Sitz der City Corporation of London und ihr bedeutendstes weltliches Gebäude. (Geöffnet Mo.—Fr. 10.00 bis 17.00 Uhr. Eintritt frei. Tel. 606-3030.) In der ganzen City gibt es kein schöneres mittelalterliches Gebäude. Es entstand ursprünglich etwa im sechzehnten Jahrhundert, wurde jedoch im Großen Feuer stark beschädigt und danach wiederaufgebaut. Nur Teile des ursprünglichen Baus sind erhalten geblieben. Die eindrucksvolle Fassade wurde 1789 hinzugefügt und darüber befindet sich das Wappen der City of London.

In der Guildhall tritt die City Corporation of London in der **Great Hall** zusammen. Diese wurde 1940 stark beschädigt und in den 50er Jahren von Sir Giles Scott hervorragend renoviert. Beachten Sie vor allem die beeindruckenden Holzstatuen der mythologischen Figuren von **Gog** und **Magog**. Fragen Sie nach dem Weg zur mittelalterlichen **Krypta** der Guildhall. Nachdem Sie im Großen Feuer stark beschädigt worden war, blieb sie über mehrere Generationen hinweg geschlossen. Erst in den letzten zwanzig Jahren wurden ihre Gewölbe neu aufgebaut und wieder für die Öffentlichkeit zugänglich gemacht.

Durch die Guildhall gelangen Sie auch in die **Guildhall Library**. (Öffnungszeiten identisch mit jenen der Guildhall.) Die Bibliothek wurde um 1423 gegründet und enthält heute mehr als hunderttausend Bücher und Publikationen. Sie finden hier auch das **Clock Museum**, das Uhrenmuseum mit einer beachtlichen Sammlung von Uhren aller Art, die von der 1528 gegründeten Worshiful Company of Clockmakers gestiftet wurden. (Geöffnet Mo.—Sa. 9.30 bis 17.00 Uhr. Kopierraum samstags geschlossen. Eintritt frei. Tel. 606-3030.)

Neben dem Hof der Guildhall befindet sich die Kirche **St. Lawrence Jewry**. Diese ist die offizielle Kirche der City Corporation; auch sie wurde von Sir Christopher Wren neu erbaut. Der Name Jewry bezieht sich auf das Wohngebiet der Juden im Mittelalter, bevor sie 1290 aus England vertrieben wurden.

Folgen Sie der King Street bis zur **Cheapside**, einer der ältesten Straßen der City und ehemaliger Standort des florierenden Straßenmarkts im London des Mittelalters. (Ceap ist das altenglische Wort für

Der eindrucksvolle White Tower des Tower of London

Handel, gutes Geschäft.) Zu Ihrer rechten erhebt sich **St. Mary-le-Bow** mit dem schönsten — und auch teuersten — Kirchturm Wrens. Die bauliche Geschichte der Kirche beginnt bereits zur Zeit der Sachsen. Auch normannische Bögen (daher ihr Name: Bow) und Wrens umfangreicher Wiederaufbau nach dem Großen Feuer und weitere Renovierungsarbeiten nach den Luftangriffen des zweiten Weltkriegs sind Teil ihrer Geschichte. Die Kirchenglocken sind berühmt, denn nur wenn man in Hörweite der Glocken geboren wird, gilt man traditionellerweise als waschechter Cockney.

Gehen Sie weiter in südlicher Richtung zurück zur Queen Victoria Street. Vis-à-vis liegen die Überreste des **Mithrastempels**, eine der wenigen römischen Anlagen in der City, die — unter dem Druck der Öffentlichkeit — unter Denkmalschutz gestellt wurde. Das geheimnisvolle Ritual von Gott Mithras beging man in Londinium im zweiten Jahrhundert n. Chr. und war besonders bei den Legionären der römischen Armee äußerst beliebt. Die Überreste dieser heiligen Stätte befanden sich an den Ufern des Walbrook ganz in der Nähe. Sie wurden 1954 freigelegt und hierher gebracht, sodaß an ihrer Stelle das Bucklesbury House errichtet werden konnte.

DER TOWER OF LONDON

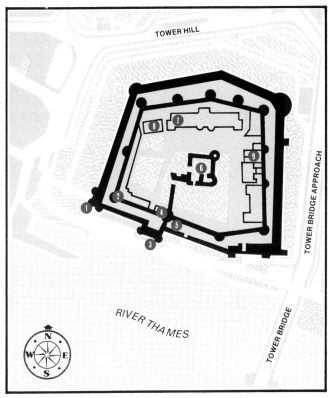

Legende

1. Byward Tower
2. Bell Tower
3. Traitor's Gate
4. Bloody Tower
5. Wakefield Tower
6. White Tower
7. Jewel House
8. Chapel of St. Peter-ad-Vincula
9. Royal Fusiliers Museum

In diesem Teil der City gibt es eine Unmenge an Pubs, die das alte englische Flair ausstrahlen. Dazu gehören z. B. *Ye Olde Watling*, *Ye Old Wine Shades*, *Williamson's* und andere. Einige stammen noch aus der Zeit vor dem Großen Feuer. In 39 Queen Victoria Street befindet sich das alte Londoner Fischrestaurant *Sweetings*, das nur mittags geöffnet ist. Das Restaurant wurde 1830 gegründet und befindet sich seit 1906 an dieser Adresse. Die Möbel und Atmosphäre erinnern an die Zeit unter König Eduard VII.

Vorbei am Restaurant kommen Sie zu einer großen Kreuzung. Im ersten Moment glauben Sie vielleicht, auf der Agora einer antiken griechischen Stadt zu sein, denn drei imposante neoklassizistische Gebäude säumen den Platz. Zu Ihrer rechten steht das **Mansion House**, die offizielle Residenz des Bürgermeisters während seiner einjährigen Amtsperiode. (Nur für Gruppen und nach Voranmeldung geöffnet. Eintritt frei. Tel. 626-2500.) Die Fassade des 1753 eingeweihten Gebäudes erinnert an die eines korinthischen Tempels. Im Innenraum sehen Sie die **Egyptian Hall**, den ägyptischen Saal, der für Bankette und Bälle verwendet wird. Eine hübsche Decke ziert den **Long Parlour**; zu den weiteren Schmuckstücken zählen gestickte viktorianische Wandteppiche. Am zweiten Samstag im November beginnt alljährlich nach der Wahl des neuen Londoner Bürgermeisters die farbenprächtige Lord Mayor's Show bei diesem Gebäude, bevor sie anschließend durch die ganze City zieht.

Hinter diesem Gebäude versteckt sich mit **St. Stephen Walbrook** eine weitere Kirche. Ihre Kuppel ähnelt jener der St. Paul's Cathedral und gilt als eines der Meisterwerke Wrens.

Das zweite Gebäude auf dem Platz ist der **Royal Exchange**, die Königliche Börse. Mit der Gründung der Königlichen Börse 1566 sollten alle Handelstreibenden der Stadt ihre Geschäfte bequem an einem Platz abwickeln können. Das ursprüngliche Gebäude brannte ab und die heutige Börse wurde 1844 von Sir William Tite erbaut. Heute ist hier der London International Financial Futures Exchange (LIFFE) zu Hause und hier werden Termingeschäfte abgeschlossen. Hier wird letztendlich der Preis für eine Tasse Kaffee festgelegt, die Sie aus der Ernte des nächsten Monats trinken werden. Die geschäftigen Aktivitäten sind nicht nur wegen der Art der Geschäfte sehenswert, sondern auch wegen der farbenprächtigen Jacken der Beamten und Vertreter der einzelnen Unternehmen, die sie bei der Abwicklung ihrer Geschäfte tragen.

Auf der anderen Straßenseite steht ein drittes Gebäude, das massivste und hervorragendste der drei. Es handelt sich dabei um die 1694 gegründete und 1946 verstaatliche **Bank of England**. (Geöffnet Mo.—Fr. 9.30 bis 15.00 Uhr. Tel. 601-4444.) Das Gebäude wurde 1788 entworfen und 1833 vom Architekten Sir John Sloane fertiggestellt. Nach verschiedenen Renovierungs- und Ausbauarbeiten im zwanzigsten Jahrhundert ist nur die eindrucksvolle Fassade Soanes erhalten geblieben. Aus Sicherheitsgründen gibt es in den unteren Stockwerken keine Fenster und die Goldreserven des Königreichs sind tief unten im Keller aufbewahrt.

Auf der rechten Straßenseite der Threadneedle Street (die nach der hier ansässigen Gilde der Schneidermeister benannt ist) befindet sich eine Reihe von Spezialitätenläden, die die Geschäftsleute der City in ihrer Mittagspause aufsuchen. Tabak und Zigarren kann man bei *J. Redford & Co* erstehen, Pfeifen bei *G. Nazer*, ausgefallene Regenschirme bei *Carter's Umbrellas*, teure Herrenschuhe bei *Church's*, vergoldete Füllfedern bei *Pencraft* und hausgemachte Schokolade bei *Bendicks*.

L<u>ONDON</u>

Sie können nun den **London Stock Exchange**, die Londoner Wertpapierbörse, besichtigen. Im Oktober 1986 erlebte die Londoner Börse mit dem sogenannten Big Bang eine revolutionäre Entwicklung. Es kam zu verschiedenen Änderungen in der Politik der Börse und zum Einsatz eines komplizierten Computersystems in der gesamten Börse, um den internationalen Aktienmarkt wesentlich zu vereinfachen.

Heute strebt die Londoner Börse nach der weltweiten Führungsposition. Die täglichen Geschäfte des Jahres 1987 beliefen sich auf mehr als vier Milliarden Pfund. In der Börse gibt es Informationsbroschüren und einen kurzen Einführungsfilm. Äußerst empfehlenswert für alle, die diese Thematik interessiert.

Gehen Sie nun zur Cornhill Street. An der Ecke zu Ihrer rechten steht eine Wasserpumpe in einem kräftigen Blau — ein Überrest aus dem achtzehnten Jahrhundert. Der gotische Turm, der sich vor Ihnen erhebt, gehört zur **St. Michael's Church**.

Weiter unten geht die Cornhill Street in die Leadenhill Street über, wo sich das interessanteste moderne Gebäude befindet, das in den letzten Jahren in der City errichtet wurde — das neue Gebäude von **Lloyd's of London**. (Die Besuchergalerie ist Mo.—Fr. von 10.00 bis 14.30 Uhr geöffnet. Eintritt frei. Tel. 623-7100.) Von dem 1928 errichteten ursprünglichen Bau ist nur mehr die weiße Steinfassade erhalten, die von den Nickel- und Glasmassen rundherum etwas in den Hintergrund gedrängt wird. Wenn Sie dieses Gebäude an das Centre Georges Pompidou in Paris erinnert, so liegt das daran, daß beide Bauwerke vom Architekten Richard Rogers stammen. Die Besuchergalerie zeigt eine kleine Ausstellung über die Entwicklung des Versicherungsgeschäftes. Von besonderem Interesse sind einige Versicherungen gegen "ungewöhnliche Risken" wie die Beine von Marlene Dietrich, die veilchenblauen Augen von Elizabeth Taylor und das Leben und Wohlbefinden des Monsters von Loch Ness.

In einem viktorianischen Gebäude hinter Lloyd's befindet sich mit **Leadenhall Market** einer der reizendsten Lebensmittelmärkte Londons. Heute besteht dieser Markt hauptsächlich aus Wein- und Feinkostläden und Sie können sich einen exquisiten Picknickkorb mit allem, was Ihr Herz begehrt, für einen lukullischen Wochenendausflug zusammenstellen lassen.

Über die Gracechurch Street gelangen Sie zur ältesten, meistbefahrenen und bekanntesten Brücke der City, der **London Bridge**. Die Geschichte dieser Brücke ist lang und wir können nur Vermutungen darüber anstellen, wie sehr die Entwicklung der City von dieser Brücke abhing. Die Römer waren die ersten, die an dieser Stelle eine Holzbrücke erbauten, und Holzbrücken gab es hier in irgendeiner Form fast tausend Jahre lang. Im späten zwölften und frühen dreizehnten Jahrhundert wurde die erste Steinbrücke auf einer Reihe von am Boden der Themse eingesunkenen Pfeilern errichtet. Diese Brücke hatte mehr Ähnlichkeit mit einem Damm, denn die Flußströmung wurde so sehr gebremst, daß das Wasser an kalten Wintertagen fror und zu einem riesigen Eisring wurde. Da sich der Zustand der Brücke über Jahrhunderte hinweg allmählich immer mehr verschlechterte, wurde schließlich ein Ersatz gesucht. Die alte London Bridge wurde abgetragen und 1831

Yeomen — Wachen der Festungsanlage

Die Tower Bridge über die Themse

der Bau einer neuen, von John Rennier entworfenen Granitbrücke abgeschlossen. Mehr als hundert Jahre später stellte sich heraus, daß die Brücke für moderne Autos zu schmal war. In den späten 60er Jahren wurde die London Bridge um knapp 2,5 Millionen Pfund an eine amerikanische Firma verkauft. Sie wurde Stein für Stein abgebaut und mitten in Arizona wiederaufgebaut. Die breite Brücke, die Sie heute an ihrer Stelle sehen, wurde 1973 erbaut.

In dieser Gegend brach in der Nacht des 2. September 1666 in einer kleinen Bäckerei in der Pudding Lane ein Feuer aus, das sehr rasch außer Kontrolle geriet. Das Feuer wütete vier Tage und vier Nächte und der Großteil der City brannte ab. Mit dem **Monument**, einer riesigen, etwa 70 Meter hohen Säule mit einer goldenen Flamme auf der Spitze errichtete Wren ein Denkmal zur Erinnerung an das Große Feuer. (Geöffnet April—Sept. Mo.—Fr. 9.00 bis 18.00 Uhr, Sa.—So. 14.00 bis 18.00 Uhr und Okt.—März Mo.—Sa. 9.00 bis 14.00 Uhr und 15.00 bis 16.00 Uhr. Eintrittsgebühr. Tel. 626-2717.) Über 311 Stufen gelangt man auf einer Wendeltreppe zur Aussichtsplattform, von wo aus Sie einen Rundblick über die City haben. Im Süden schlängelt sich die Themse dahin, im Westen erhebt sich die St. Paul's Cathedral und im Norden können sie die Wolkenkratzer der City sehen, allen voran den Westminster Tower, das höchste Bürogebäude Europas, und im Osten befindet sich der Tower of London.

Auf dem Weg zum Tower of London, der letzten Station auf diesem Rundgang, folgen Sie der Eastcheap Street bis Nummer 23. Dort sehen Sie ein verziertes Gebäude, das an einen persischen Harem erinnert. In der Ferne können Sie einen spitzen Turm ausnehmen; er gehört zur Kirche **All Hallows-by-the-Tower**, die ein wenig von jeder Epoche in der Geschichte Londons erzählt. Die Kirche wurde erstmals im siebenten Jahrhundert von den Sachsen erbaut, von den Normannen ausgebaut und später wiederholt renoviert. Wie viele andere Gebäude wurde auch sie während des zweiten Weltkriegs stark beschädigt. Sie wurde wiederaufgebaut und 1958 wurde ein moderner Turm hinzugefügt. In der Kirche befindet sich ein sogenanntes Brass Rubbing Centre mit herrlichen mittelalterlichen Gemälden, wo man Pausabdrucke von Grabplattenkopien machen kann. (Details erfahren Sie unter der Telefonnummer 481-2928.) Die Kirche zeichnet sich auch durch eine der schönsten Fassaden Londons aus, die von Grinling Gibbons geschnitzt wurde. In der Krypta gibt es einige römische Ausgrabungen.

Zwischen der Kirche und dem Tower of London befindet sich mit dem **Tower Hill** ein Hügel, auf dem früher Hinrichtungen stattgefunden haben. Dort, wo heute ein kleiner Garten ist, standen früher die Massen und sahen voller Begeisterung zu, wie die Verurteilten teilweise direkt vom Tower aufs Schafott geführt wurden. Die Reichen unter ihnen bestachen den Henker und gaben ihm Geld, damit er das Messer schliff und alles rasch und beim ersten Schlag erledigt war.

Der **Tower of London** ist die bedeutendste und berühmteste Zitadelle des Königreichs. (Geöffnet März—Okt. Mo.—Sa. 9.30 bis 17.00 Uhr, So. 10.00 bis 17.00 Uhr und Nov.—Feb. Mo.—Sa. 9.30 bis 16.00 Uhr, sonntags geschlossen. Eintrittsgebühr. Tel. 709-0765.) Er wurde erstmals im elften Jahrhundert unter Wilhelm dem Eroberer aus Holz und Ziegeln zur Verteidigung der eroberten Stadt erbaut. Die Zitadelle wurde jedoch bald durch eine massive Steinkonstruktion ersetzt, die unter dem Namen White Tower bekannt wurde. Im nächsten Jahrhundert begann Richard Löwenherz mit dem Ausbau der Festung. Dieses Vorhaben wurde im dreizehnten Jahrhundert abgeschlossen und der Tower war nun eine uneinnehmbare Festung.

Ob als königliche Residenz oder als Schatzkammer des Königreichs, als Gefängnis oder als Museum, der Tower of London hat in der Geschichte der City immer eine wichtige Rolle gespielt. In seinen Wänden haben sich Intrigen und Konflikte zugetragen, Verschwörungen und Rebellionen zusammengebraut und durch seine Räume hallten die Schreie der Gefolterten und zum Tode Verurteilten.

Eine moderne Betonbrücke ersetzte die hölzerne Zugbrücke zwischen dem **Byward Tower** und dem vorderen Tor. Wohin Sie auch blicken, Sie werden immer einen der 39 Yeomen Warders, der Tower-Wachen in ihren blau-roten Uniformen aus der Tudorära sehen. Sie bewachen die Festung und führen die Besucher herum. Um 21.40 Uhr findet allabendlich die Ceremony of the Keys, die Schlüsselzeremonie beim Abschließen des Haupttores, statt. Diese Zeremonie wurde ohne Unterbrechung seit 700 Jahren beibehalten, und das sogar während der Luftangriffe im zweiten Weltkrieg. (Tickets für die Zeremonie erhalten Sie kostenlos, wenn Sie ein schriftliches Ansuchen gemeinsam mit einem frankierten Rückantwortekuvert an folgende Adresse senden: The Constable's Office, Queen's House, HM Tower of London, EC3N 4AB.)

Betreten Sie den Außenhof zwischen der äußeren und der inneren Hofmauer. Vis-à-vis vom Eingang befindet sich der **Bell Tower**, dessen Glocken zweimal täglich ertönen. Zu Ihrer rechten ist das **Traitor's Gate**, das Verrätertor, das früher der Haupteingang vom Fluß her war. Beim Eingang in den Hof steht der **Bloody Tower**, in dem Gerüchten zufolge die jungen Prinzen Eduard V. und sein Bruder, der Herzog von York, im fünfzehnten Jahrhundert ermordet wurden. Daneben sehen Sie den **Wakefield Tower**, in dem früher die Kronjuwelen aufbewahrt wurden. Die blasse, dominante Konstruktion in der Mitte des Hofs ist der berühmte **White Tower**. Darin befindet sich mit der **Chapel of St. John** das beste Beispiel normannischer Architektur in London. Darüberhinaus gibt es eine Ausstellung einer der weltbesten Sammlungen mittelalterlicher Waffen und Rüstungen. Kurz vor dem Ausgang aus der Ausstellung weist ein Schild auf jenen Platz hin, an dem 1974 ein Bombenanschlag durch Terroristen verübt wurde und zahlreiche Besucher verletzt wurden.

Im gegenüberliegenden **Jewel House** befindet sich für viele Besucher die Hauptattraktion des Towers: die Kronjuwelen. (Geschlossen sonntags und den ganzen Februar. Zusätzliche Eintrittsgebühr.) Im Erdgeschoß sehen Sie Teller, Medaillen, Amtsstäbe, Krönungsgewänder und die Insignien des Königlichen Ordens. Im Keller sind die Juwelen und Kronen der Könige und Königinnen aufbewahrt, darunter die Krone von König Eduard, die nur für Krönungen verwendet wird und erstmals 1660 von Karl II. getragen wurde, die Krone, die für die Krönung von Königin Victoria entworfen wurde, und viele mehr.

Neben dem Gebäude befindet sich die Chapel of **St. Peter-ad-Vincula** (St. Peter in Ketten). In dieser Kapelle wurden viele jener beigesetzt, die im Tower gestorben sind. Dazu zählen der Körper des geköpften Thomas More und die beiden Frauen von Heinrich VIII. Anne Boleyn und Catherine Howard, die beide wegen Staatsverrats angeklagt waren. Diese beiden wurden so wie sieben andere ''privilegierte'' Gefangene auch auf der kleinen Wiese vor der Kirche hingerichtet, um ihnen die Demütigung einer öffentlichen Hinrichtung zu ersparen.

In anderen Gebäuden des Towers finden Sie das **Royal Fusiliers Museum**, das Museum der Königlichen Füsiliere, das ehemalige Quartier der Wachen, einen Turm, in dem Folterwerkzeuge ausgestellt sind und anderes. Beachten Sie die riesigen, schwarzen Raben mit den gestutzten Flügeln im Hof. Sie gehören zum Bild des Towers und man sagt, daß, solange sie hier leben, der Tower bestehen wird.

Weitere Sehenswürdigkeiten in der Umgebung
John Wesley's Chapel and House, wo der Priester und Begründer

des Methodismus John Wesley im achtzehnten Jahrhundert zur Welt kam, lebte und starb. Hauptsächlich sind persönliche Gegenstände von Wesley zu sehen. (47 City Road. Geöffnet Mo.—Sa. 10.00 bis 16.00 Uhr. Eintritt frei. Die Kapelle ist täglich geöffnet und für Gottesdienste sonntags. Tel. 253-2262.)

Die Inns of Court — Die Halls of Justice

Wenn Sie sich plötzlich in ruhigen Gassen wiederfinden, wo die Zeit stillzustehen scheint, und das unmittelbar hinter dem geschäftigen Treiben der Stadt, sind Sie zu einem der Londoner **Inns of Court**, einer der Rechtsanwaltsschulen Londons, gelangt. Bis zum achtzehnten Jahrhundert waren diese Inns of Court kleine Wohnheime für Jurastudenten, die hier bis zu ihrem Studienabschluß wohnten und studierten. Den Kontakt mit dem Inn behielten sie auch bei, nachdem sie bereits Anwälte oder Juristen geworden waren.

In London gibt es vier solcher Inns. Sie sind völlig unabhängig voneinander und werden von den sogenannten Benchers, einer Gruppe von älteren Richtern und Juristen geführt. Einmal jährlich wählt jede Gruppe aus ihren Absolventen einen Schatzmeister. Viele berühmte Persönlichkeiten der englischen Geschichte haben diese Aufgabe einst wahrgenommen. Heute sind viele der Zimmer in den Inns wegen ihrer hohen Preise an erfolgreiche Anwälte vermietet. Aber die Tradition lebt fort. Auch heute noch gehört jeder Jurastudent einem der Inns of Court an und bleibt mit diesem auch nach seinem Studienabschluß in Kontakt. Die Beziehung zwischen den Studenten und Absolventen wird über mehrmals jährlich stattfindende Bankette aufrechterhalten.

Sie sollten die Inns of Court wochentags besichtigen, denn an den Wochenenden sind sie geschlossen. Beginnen Sie den Rundgang bei der **U-Bahnstation Chancery Lane**. Gegenüber der Station befindet sich ein interessantes Gebäude, das **Staple Inn**, eines der neun Inns of the Chancery, wo bis zum siebzehnten Jahrhundert Studenten wohnten, bevor sie in die Inns of Court übersiedelten und dort ihre Ausbildung abschlossen.

Gehen Sie in westlicher Richtung und biegen Sie bei der ersten Gelegenheit nach rechts zum Gatehouse des **Gray's Inn** ab. (Geöffnet Mo.—Do. 9.00 bis 18.50 Uhr, Fr. 9.00 bis 17.50 Uhr. Eintritt frei. Führungen nach Voranmeldung sind möglich. Tel. 405-8164.) Dieses Inn wurde schon in Schriften aus dem vierzehnten Jahrhundert erwähnt. Es wurde nach den Greys of Wilton benannt, einer adeligen Familie, die hier wohnte. In der Mitte des südlichen Platzes steht eine Statue des englischen Philosophen Francis Bacon, der im siebzehnten Jahrhundert Schatzmeister in diesem Inn war. In der im späten sechzehnten Jahrhundert erbauten **Hall** stellte Shakespeare seine *Comedy of Errors* (*Komödie der Irrungen*) erstmals vor. Die Hall wurde ebenso wie die danebenliegende Kapelle und andere Gebäude auf dem Platz im zweiten Weltkrieg schwer in Mitleidenschaft gezogen und bedurfte eines umfangreichen Wiederaufbaus. Nach der Besichtigung der Hall wenden Sie sich nach links. Zu Ihrer rechten sehen Sie nun das Gray's Inn. Der private Garten ist für die Öffentlichkeit nur im Sommer zur Mittagszeit zugänglich.

Kehren Sie zur Holborn Street zurück und überqueren Sie sie zur Chancery Lane. Auf Nummer 53 können Sie die *London Silver Vaults* aufsuchen, wo antikes Silber ausgestellt und verkauft wird.

Betreten Sie nun das **Lincoln's Inn**. (Geöffnet Mo.-Fr. 9.00 bis 18.00 Uhr. Eintritt frei. Führungen gegen Gebühr möglich. Tel. 405-1393.) Das Inn stammt aus dem dreizehnten Jahrhundert, aber erst 1422 wurde es erstmals schriftlich erwähnt. Wenden Sie sich der **Chapel** aus dem frühen siebzehnten Jahrhundert zu. (Geöffnet Mo.—Fr. 12.00 bis 14.30 Uhr.) Unter der Kapelle befindet sich ein offenes unterirdisches Gewölbe, eine Art Keller, der einst als Treffpunkt der Juragemeinde und später im zweiten Weltkrieg während der deutschen Luftangriffe als Bunker diente. Der Durchgang führt in den Hof, wo heute noch Gaslaternen in Verwendung sind. Der Hof wird rechts von der **Old Hall** begrenzt, einem hübschen Ziegelbau aus dem späten fünfzehnten Jahrhundert.

Überqueren Sie den großen Platz und gehen Sie zu dem gegenüberliegenden Torhaus. Die beiden Gebäude zu Ihrer rechten, die **Library** und die **New Hall**, wurden im neunzehnten Jahrhundert im Neo-Tudorstil erbaut. Zu dieser Zeit studierten in diesem Inn zwei Männer, die in der internationalen Politik große Bedeutung erlangen sollten: die beiden rivalisierenden Premierminister Benjamin Disraeli und William Gladstone.

Verlassen Sie das Gelände des Inns und gehen Sie zu **Lincoln's Inn Fields**. Riesige Platanen, denen die Londoner Luftverschmutzung nichts anhaben konnte, spenden auf diesem Platz Schatten. Dieser Platz ist übrigens einer der größten im Zentrum Londons und geht auf den Architekten Inigo Jones zurück. Hinter der friedlichen Atmosphäre verbirgt sich jedoch eine ziemlich grausame Vergangenheit. Im sechzehnten Jahrhundert fand hier eine Reihe öffentlicher Hinrichtungen statt. Einige Opfer wurden geviertelt und die einzelnen Teile als Abschreckung in den verschiedenen Stadtteilen zur Schau gestellt.

Am Nord- und Westrand des Platzes befanden sich ebenfalls von Inigo Jones entworfene Gebäude, doch nur eines scheint heute noch zu existieren. Vor dem Verlassen des Platzes sollten Sie auch noch das **Sir John Soane's Museum** aufsuchen. (Geöffnet Di.—Sa. 10.00 bis 17.00 Uhr. Eintritt frei. Tel. 405-2107.) Soane war ein neoklassizistischer Architekt und fanatischer Sammler, der sein Haus in seinem Testament als nationales Museum vermachte. Zu den sehenswertesten Stücken zählen ein ägyptischer Sarkophag und mehrere Gemälde von Hogarth, darunter auch die Reihe *Rake's Progress*.

Am Südrand des Platzes befindet sich ein großes Gebäude, das **Royal College of Surgeons**. Früher befand sich darin das weltweit größte medizinische Museum, das jedoch im zweiten Weltkrieg beinahe vollständig zerstört wurde. Um die erhalten gebliebenen Überreste der John Hunter Sammlung zu besichtigen, schreiben Sie an: Hunterian Museum, Royal College of Surgeons, Lincoln's Inn Fields, WC2, oder erkundigen Sie sich telefonisch unter 405-3474.

Beim Verlassen des Platzes sehen Sie in 14 Portsmouth Street ein kleines Souvenirgeschäft, das behauptet, das älteste in London zu sein.

Es trägt denselben Namen wie ein Buch von Dickens, *The Old Curiosity Shop*.

Gehen Sie weiter in südöstlicher Richtung zur Carey Street. Rechterhand sehen Sie die Rückseite der Royal Courts of Justice. Linkerhand befindet sich das 1644 gegründete alte Pub *The Seven Stars*, das schon immer ein Anziehungspunkt für Anwälte war. Hinter dem Pub befindet sich auf Nummer 56 der Silberschmied *Woodhouse & Son*, der 1690 hier sein Geschäft eröffnete. Im achtzehnten Jahrhundert kauften vornehme englische Gentlemen hier silberne Mausefallen, die Sie ihren Frauen und Geliebten zum Schutz ihrer gepuderten Haare und Perücken schenkten. Etwas später kommen Sie zur Wildy's Passage, die nach dem hier befindlichen Secondhand-Buchladen für Juristen benannt ist.

Am Ende der Carey Street stoßen Sie auf die Chancery Lane. Im **Public Records Office** werden alle offiziellen Dokumente des Landes aufbewahrt. In dem in der Mitte des neunzehnten Jahrhunderts im Tudorstil erbauten Gebäude befindet sich ebenfalls ein Museum. (Geöffnet Mo.—Fr. 9.30 bis 17.00 Uhr. Eintritt frei. Tel. 081-876-3444.) Die Ausstellung umfaßt unter anderem das Domesday Book, das Dokument der Besitzumfrage von Wilhelm dem Eroberer im elften Jahrhundert.

Biegen Sie nach rechts in die Bell Yard und gehen Sie bis zur Fleet Street. Gegenüber befindet sich *The Wig & Pen Club*, ein 1625 gegründetes Pub. In der Mitte der Straße können Sie in westlicher Richtung das **Temple Bar Monument** sehen, das die Grenzen der City of London bezeichnet. Auf der Spitze dieses Denkmals steht ein Greif, das Wahrzeichen der City. An dieser Stelle befand sich früher eine Abgrenzung mit Metallspitzen, auf denen die Köpfe all jener aufgesteckt waren, die wegen Staatsverrats angeklagt gewesen waren — ein netter Empfang für all jene, die sich den Toren der City näherten. Hier empfängt der Bürgermeister heute den Monarchen bei seinen offiziellen Besuchen in der City. In dem merkwürdigen neugotischen Gebäude mit den vielen Türmen zu Ihrer rechten, das aus dem neunzehnten Jahrhundert stammt, befinden sich die **Royal Courts of Justice**.

Wenn Sie die Straße überqueren, befindet sich rechterhand auf der Verkehrsinsel die **St. Clement Danes Church**. Hier wurde erstmals im neunten Jahrhundert eine Kirche erbaut; Sir Christopher Wren ist für den Entwurf des heutigen Gebäudes verantwortlich, an dem nach den Bombenangriffen des zweiten Weltkriegs umfangreiche Renovierungsarbeiten erforderlich waren. Die Kirche wurde wiederaufgebaut und in eine Gedächtniskirche für die Royal Air Force, die Königliche Luftwaffe, umgewandelt. Die Tradition, Ende März Zitronen und Orangen an die Kinder zu verteilen, stammt angeblich daher, daß früher eine Kirchensteuer von den Booten erhoben wurde, die diese Früchte auf der Themse beförderten. Diese Tradition lebt ebenso wie die Kirchenglocken in einem berühmten Kinderlied fort:

"Oranges and lemons," say the bells of St. Clement's,
"You owe me five farthings," say the bells of St. Martin's,
"When will you pay me?" say the bells of Old Bailey,
"When I am rich," say the bells of Shoreditch.

Bevor Sie in die Devereaux Lane einbiegen, werfen Sie einen Blick in

DIE INNS OF COURT

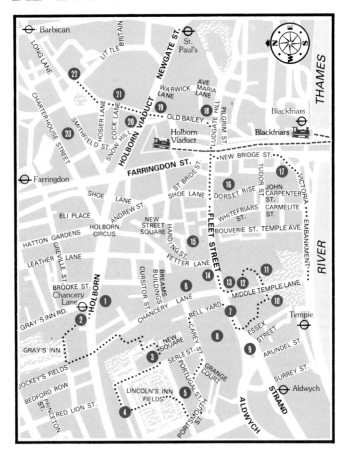

Legende

1. Staple Inn
2. Gray's Inn
3. Lincoln's Inn
4. Sir John Soane's Museum
5. Royal College of Surgeons
6. Public Record Office
7. Temple Bar Monument
8. Royal Courts of Justice
9. St. Clement Danes Church
10. Middle Temple
11. Inner Temple
12. Temple Church
13. Prince Henry's Room
14. St. Dunstan-in-the-West Church
15. Dr. Johnson's House
16. St. Bride's Church
17. Unilever House, Sion College
18. St. Martin-within-Ludgate
19. Central Criminal Court — Old Baile
20. St. Sepulchre-without-Newgate
21. St. Bartholomew's Hospital
22. St. Bartholomew the Great
23. Smithfield Central Market

Besichtigung von Lincoln's Inn bei Regen

das 1706 gegründete *Twinings*, ein Geschäft, das als kleinstes Geschäft Londons gilt und ob seines berühmten Tees weltbekannt ist. In dieser Straße befindet sich ein gleichnamiges Pub, das hauptsächlich von all jenen aufgesucht wird, die in den Gerichten ein- und ausgehen. Wenn Sie durch das Tor gehen, sehen Sie zu Ihrer linken in der Ferne die Themse glitzern. Sie befinden sich nun im Hof des **Middle Temple**, dem dritten der vier Inns of Court. (Geöffnet Mo.—Fr. 10.00 bis 16.00 Uhr, im August bis 15.00 Uhr. Tel. 353-4355.) Die Halle südlich des Hofs wurde unter Elisabeth I. erbaut und nach schweren Bombenschäden im zweiten Weltkrieg kürzlich renoviert. Hier soll Shakespeare sein Werk *Twelfth Night* (*Was Ihr wollt*) aufgeführt haben, lange bevor es der Öffentlichkeit gezeigt wurde.

Gehen Sie weiter in östlicher Richtung und besuchen Sie das letzte Inn auf diesem Rundgang, den **Inner Temple**. (Der Zutritt zu diesem Gebäude ist nur nach Voranmeldung möglich. Tel. 353-8462.) Rechterhand befindet sich der schöne Garten des Inns mit einem eindrucksvollen Eisentor (nicht für die Öffentlichkeit zugänglich). Linkerhand befinden sich die Halle und die Bibliothek; umrunden Sie diese, bis Sie zur Kirche der beiden Temple Inns gelangen.

Die **Temple Church** wurde 1185 vom Knights of the Templar Order, dem Ritter des Templerordens, in normannisch-romanischem Stil erbaut. (Geöffnet täglich 10.00 bis 16.00 Uhr, August und September geschlossen. Eintritt frei. Tel. 353-1736.) Diese Kirche ist eine der fünf Rundkirchen Englands und eine der wenigen mittelalterlichen Bauten, die in London erhalten geblieben sind. Das Große Feuer 1666, in dessen Flammen fast die gesamte City aufging, machte genau vor dieser Kirche Halt.

Gehen Sie an der Kirche vorbei und biegen Sie nach rechts in die **Fleet Street** ein. Diese wurde nach dem früher hier verlaufenden Fleet River benannt. Der Fluß war so stark verschmutzt, daß er ein Gesundheitsrisiko darstellte. Er wurde deshalb von der heute darüber verlaufenden Straße überbaut und fließt nun als unterirdischer Kanal. Die Straße wurde für die Unmenge an Tinte bekannt, die in den hier befindlichen großen Zeitungsverlagen floß.

Ein weiteres Gebäude, das von dem Inferno des Großen Feuers verschont blieb, ist der **Prince Henry's Room** auf Nummer 17. Dieser Raum enthält eine Sammlung von Briefen und persönlichen Gegenständen des Tagebuchschreibers Samuel Pepys, der hier im siebzehnten Jahrhundert lebte und arbeitete und die tragischen Ereignisse seiner Zeit in seinen Tagebüchern festhielt. Im ersten Stock befindet sich eine eine original-jakobinische Stuckdecke. (Geöffnet Mo.—Fr. 13.45 bis 17.00 Uhr, Sa. bis 16.30 Uhr. Eintritt frei. Tel. 353-7323.)

Ein weiterer Anziehungspunkt der Fleet Street sind die vielen Pubs, die am Abend, zur Arbeitszeit der Tageszeitungen, ganz besonders belebt sind. Eines davon ist *Cock Tavern* auf Nummer 22. Dort herrscht wie in vielen anderen auch noch immer die Atmosphäre einer vergangenen Zeit. Gegenüber befindet sich die **St. Dunstan-in-the-West Church**. Beachten Sie die Fassade dieser Kirche und ihren Uhrturm, der aus Dankbarkeit dafür errichtet wurde, daß die Kirche vom Großen Feuer verschont geblieben war. Die heutige Kirche wurde 1833 von John Shaw erbaut. Der Turm wurde renoviert, nachdem er im zweiten Weltkrieg in Mitleidenschaft gezogen worden war.

Folgen Sie der Fleet Street weiter in östlicher Richtung, bis Sie auf Nummer 47 die Weinbar *El Vino* entdecken. Die Besitzer halten sich noch immer streng an die Etikette des Weinservierens und sind auf Portwein, das beliebte viktorianische Getränk der Oberschicht, spezialisiert. Dort, wo die Straße eine Kurve macht, erhebt sich plötzlich in der Ferne St. Paul's Cathedral. Wenn jetzt gerade Mittagszeit ist, gehen Sie in den Wine Office Court. Dort befindet sich ein altes Pub und Restaurant, das 1667 (natürlich nach dem Großen Feuer) wiederaufgebaut wurde und den merkwürdigen Namen *Ye Olde Cheshire Cheese* trägt. Hier gibt es eine ausgezeichnete englische Küche und Sie können den Stuhl sehen, wo im achtzehnten Jahrhundert der Lexikograph Dr. Samuel Johnson saß. Um das **Dr. Johnson's House** zu besichtigen, müssen Sie dieser Straße folgen und links zu 17 Gough Square abbiegen. In diesem Haus lebte Johnson von 1749 bis 1759 und hier erstellte er auch das berühmte Wörterbuch. (Geöffnet Mo.—Sa. 11.00 bis 17.30 Uhr, im Winter bis 17.00 Uhr. Eintrittsgebühr. Tel. 353-3745.)

Kehren Sie zurück zur Fleet Street. Südlich, in Richtung Themse, gelangen Sie zur Whitefriars Street. Diese wurde nach dem Karmeliterorden benannt, der hier bis zur Reformation ansässig war.

In dieser Gegend befinden sich die Gebäude einiger großer Zeitungen, wie z. B. *The Daily Express* und *The Daily Telegraph*.

Weiter unten in der Straße können Sie zwischen den beiden zur Themse führenden Gassen den herrlichen Kirchturm der **St. Bride's** Church sehen. Dieser ist der höchste Kirchturm von Wren. Er war die Idee für die Hochzeitstorte, die ein hier ansässiger Bäcker für seine Tochter anfertigte. Diese Tradition wurde bis heute beibehalten. Samuel Pepys wurde in dieser Kirche getauft. Sie wurde im zweiten Weltkrieg beinahe vollständig zerstört und praktisch neu aufgebaut. Die Ausgrabungen des Kellers und die bescheidene Ausstellung über die Entwicklung des Druckwesens in der Fleet Street sind einen Besuch wert.

Hier können Sie nun zwischen zwei Wegen wählen:

Route A
Wenn Sie schon müde sind, biegen Sie in Richtung Themse nach rechts in die New Bridge Street. An der Westecke vor der Blackfriars Bridge sehen Sie das riesige und beeindruckende **Unilever House**, das vor kurzem renoviert wurde. Dahinter befindet sich rechterhand das neugotische **Sion College**, das 1886 von Arthur Blomfield erbaut wurde. Die Uferstraße Victoria Embankment entlang der Themse mit ihren schmiedeeisernen Bänken und Straßenlaternen wurde 1870 fertiggestellt und verschmälerte die Themse beträchtlich. Heute liegen einige Schiffe hier vor Anker. Gehen Sie auf der Uferstraße bis zur **U-Bahnstation Temple**.

Route B
Überqueren Sie den Ludgate Circus. Auf der anderen Seite der Kreuzung befand sich rechterhand einst das Gefängnis *Bridewell Prison*. Ursprünglich handelte es sich um eine normannische Burg, in der gelegentlich die englischen Monarchen residierten. Die letzten Mitglieder der königlichen Familie, die hier wohnten, waren Heinrich VIII. und seine Frau Katherina. 1556 schenkte Eduard VI. die Burg der City, die diese als Gefängnis für unehrenhafte Frauen und Schuldner verwendete. Links der Kreuzung befand sich ebenfalls ein Gefängnis, das Fleet Prison, das damals am Ufer lag und hauptsächlich für Schuldner gedacht war, die dann nach Übersee ins Exil gebracht wurden. Viele ihrer Nachkommen sind heute Stützen der Gesellschaft in ehemaligen britischen Kolonien.

Auf der Spitze von Ludgate Hill steht die 1687 ebenfalls von Wren renovierte Kirche **St. Martin-within-Ludgate**. Die Holzschnitzereien lohnen einen Blick in die Kirche. Biegen Sie bei der Old Bailey nach links und gehen Sie ein paar Meter, bis Sie rechterhand den *Reader's Digest Shop* erblicken. Wenig später kommen Sie zum berühmten Londoner Strafgericht **Central Criminal Court**, dem sogenannten **Old Bailey**. In dem wuchtigen Gebäude, das als Ersatz für das Gefängnis Newgate Prison errichtet wurde, werden Verhandlungen geführt, die auch für die Öffentlichkeit zugänglich sind. Eingang durch das Besuchertor.

Gehen Sie nun nach Norden weiter. Zu Ihrer linken befindet sich in der Holborn Viaduct die Kirche **St. Sepulchre-without-Newgate**. Sie ist die größte Pfarrkirche der City und befand sich ursprünglich außerhalb

ONDON

der Stadtmauer. Der herrliche gotische Turm wurde im fünfzehnten Jahrhundert erbaut und wenn einer der Gefangenen von Newgate zum Schafott geführt wurde, ertönte eine seiner Glocken. (Diese Glocken sind die "bells of the Old Bailey" in dem vorher erwähnten Kindervers.) In der Kirche steht eine wunderbare, vergoldete Orgel aus dem Jahre 1671. Hinter der Kirche befindet sich die Cock Lane. Sie ist wahrscheinlich nach den Hähnen benannt, die hier im Mittelalter für die Hahnenkämpfe gezüchtet wurden. Diese Gegend war damals auch noch für eine andere Art der Unterhaltung bekannt — die Prostitution. Da man sich hier außerhalb der Mauern der City befand, konnten die hiesigen Vorkommnisse der Moral der City auch nicht schaden.

Gehen Sie auf der Giltspur Street in Richtung **St. Bartholomew's Hospital**, kurz St. Bart's genannt, weiter. Das Spital wurde 1123 von einem Augustinermönch gegründet. Über dem 1702 errichteten Eingang befindet sich die einzige Statue in London von König Heinrich VIII. Gehen Sie in den Hof und dann nach links zu der im achtzehnten Jahrhundert erbauten Great Hall. Dieser Saal erlangte wegen seiner 1737 von Hogarth gemalten riesigen Wandgemälde Berühmtheit. Diese Gemälde stellen das Wunder Jesu in Bethesda dar.

Verlassen Sie die Spitalanlage und wenden Sie sich nach rechts. Im Mittelalter versammelten sich hier im sogenannten Smithfield die Adeligen, um den Turnieren der Ritter beizuwohnen. Auch später kamen hier die Menschenmassen zusammen; diesmal aber zum etwas zweifelhafteren Vergnügen öffentlicher Hinrichtungen.

Halten Sie sich in der West Smithfield rechts, wo Sie mit **St. Bartholomew the Great** eine der imposantesten Kirchen Londons besichtigen können. Rahere, derselbe Augustinermönch, der auch das Spital gründete, gründete 1123 auch diese Kirche. Gehen Sie nun durch das aus dem dreizehnten Jahrhundert stammende Tor und betreten Sie die Überreste der gewaltigen Kirche. Die herrliche normannanische Architektur mit ihren massiven Säulen und Kreuzbögen ist deutlich zu erkennen. Besichtigen Sie den Nordteil der Kirche mit einem aus dem fünfzehnten Jahrhundert stammenden ungewöhnlichen und eindrucksvollen Bildnis von Rahere. Kehren Sie dann zurück auf die Straße, wo Sie auf einer Fläche von 10 Morgen eine riesige Anlage sehen. Es handelt sich hierbei um den **Smithfield Central Market**, der im neunzehnten Jahrhundert eingerichtet wurde und damals der weltgrößte Fleischmarkt war. Angesichts der eher nüchternen Atmosphäre, in der hier heute die Geschäfte abgewickelt werden, muß man seiner Fantasie freien Lauf lassen, um sich vorstellen zu können, wie Oliver Twist hier in dieser schmutzigen Gegend Diebstähle beging. Beenden Sie den Rundgang etwas weiter oben in der Straße bei der **U-Bahnstation Barbican**.

Adelphi und Covent Garden —
Die Welt von Dickens und
die Welt des Theaters

Der äußerst produktive Schriftsteller des neunzehnten Jahrhunderts Charles Dickens kannte die Gegend, die wir in diesem Rundgang besichtigen, wie seine Westentasche. In seinen Geschichten beschreibt er nicht nur die hiesigen Persönlichkeiten und Plätze, sondern auch die verschiedenen Erlebnisse, die ihm hier widerfuhren.

Beginnen Sie den Rundgang bei der **U-Bahnstation Embankment**. Gehen Sie nach rechts und nehmen Sie den Ausgang zur Victoria Embankment. Diese wurde im neunzehnten Jahrhundert von der Themse "abgeschnitten", um eine Promenade und Gärten anzulegen. Am Ufer befindet sich das Charing Cross Pier, von wo aus Boote nach Greenwich und zur Themsebarriere abfahren.

Etwa 200 Meter weiter nordöstlich steht **Cleopatra's Needle**, ein ägyptischer Obelisk aus rosafarbenem Granit. Dies ist einer der beiden Obelisken, die vom Pharaoh Thotmes III. etwa 1500 v. Chr. in Heliopolis errichtet wurden. Dieser Obelisk ist ein Geschenk von Mohammed Ali an England aus dem Jahre 1819, das allerdings erst 60 Jahre später ankam. Cleopatra's Needle wurde 1878 zum Gedenken an Admiral Nelson und General Abercrombie hier aufgestellt. Die USA erhielten den zweiten Obelisken, der heute im Central Park in New York steht.

Kehren Sie zurück zur U-Bahnstation und gehen Sie nach Norden zur Villiers Street. Dort biegen Sie nach rechts in die **Victoria Embankment Gardens**, wo Sie das **York Water Gate** sehen, ein massives Steintor aus dem siebzehnten Jahrhundert. Dieses Tor war der Privateingang zum mittlerweile zerstörten *York House*, wo Francis Bacon 1561 geboren wurde. Das Water Gate wurde vom nächsten Bewohner George Villiers, dem damaligen Duke of Buckingham, errichtet. Villiers war eine schillernde Persönlichkeit und erhielt von König Jakobl zunehmend höhere Adelstitel. Gleichzeitig stieg sein Einfluß beträchtlich, sodaß er dem des Königs gelegentlich um nichts nachstand. Beachten Sie, daß die Vorderseite des Tors zum Garten zeigt, der dort angelegt wurde, wo früher der Fluß verlief.

Folgen Sie den Treppen beim Water Gate. Auf der Straße zu Ihrer linken befindet sich eine unscheinbare Tür, die zu *Gordon's Wine Bar* führt. Diese ist bei der gehobenen Gesellschaft sehr beliebt, die man an ihrem Akzent erkennt, den Sie in angesehenen Internaten erworben haben. Gehen Sie nun zur Buckingham Street weiter. Auf beiden Straßenseiten stehen hübsche Gebäude aus dem siebzehnten und achtzehnten Jahrhundert. Im Haus Nummer 12 wohnte von 1679 bis 1688 Samuel Pepys, der in seinen Tagebüchern die tragischen Ereignisse in London, darunter die Hinrichtung von Karl I. und das Große Feuer, beschrieb. Im Eingang zu Nummer 18 sehen Sie einen hohlen, kegelförmigen Gegenstand, der früher zum Auslöschen von Öllampen verwendet wurde. Vor der Errichtung von Straßenlampen mieteten sich die reicheren Bewohner Londons einen Jungen, der Sie bei Dunkelheit mit einer Lampe nach Hause begleitete und sie so vor Raubüberfällen beschützte. Oft genug löschte der Junge die Lampe plötzlich aus und überfiel seinen unglückseligen Kunden.

Biegen Sie nach rechts in die John Adam Street und gehen Sie bis zum **Adelphi** Theater, das in vielen Geschichten Dickens Erwähnung fand. Das Adelphi war der ehrgeizige Vorschlag der schottischen Gebrüder Robert und James Adam (*adelphoi* ist der griechische Ausdruck für "Brüder"). 1768 entwarfen sie in dem zur Themse hinunter abfallenden Gebiet ein elegantes Wohnviertel. Die ungünstige Topographie machte ein unterirdisches Netz von Stützbögen erforderlich, das dem Held von Dickens, David Copperfield, vielleicht gefallen haben mag, das Projekt jedoch extrem kostspielig machte und die beiden Brüder beinahe in den Bankrott stürzte. 1773 genehmigte das Parlament eine Lotterie, die ihnen bei der Beschaffung der für die Fertigstellung des Projekts notwendigen Mittel helfen sollte. Die spielfreudigen Londoner zahlten £50, um an der Verlosung eines Hauses teilzunehmen.

Viele der wunderschönen Terrassenhäuser des Adelphi wurden 1936 abgerissen, um Platz für ein weiteres ehrgeiziges Projekt, den Bau des York House Bürogebäudes, zu machen. Eines der bemerkenswertesten Häuser, die erhalten geblieben sind, ist die 1754 zur Förderung von Kunst und Handel gegründete **Royal Society of Arts** in 8 John Adam Street. Fast ebenso eindrucksvoll ist das Gebäude an der Ostecke der Straße in 7 Adam Street. Seine proportionalen Abmessungen und dekorativen Stützpfeiler entsprechen den Prinzipien klassischer Architektur.

Von der John Adam Street biegen Sie bei der Adam Street nach links in die **Strand**, die frühere Verbindung zwischen der City und Westminster. Jahrelang war diese Straße von den Palästen und Villen der Adeligen gesäumt, von denen jedoch die meisten zerstört wurden. Die restlichen sind heute öffentliche Gebäude oder Geschäftsgebäude. Auch heute noch ist die Strand eine Durchgangsstraße mit einem unglaublich starken Verkehrsaufkommen zu jeder Tageszeit.

Überqueren Sie die Straße vis-à-vis vom **Adelphi Theatre**, gehen Sie zuerst nach links und dann nach rechts in die Bedford Street, wo sich im neunzehnten Jahrhundert viele Verlage befanden. Übriggeblieben ist von diesen nur der Sitz der 1885 gegründeten Frauenzeitschrift The Lady an der Ecke Maiden Street. Diese Zeitschrift ist für all jene Frauen gedacht, die sich selbst als *Ladies* sehen und hat auch heute noch einen adeligen Anstrich. In den Inseraten werden Hausbedienstete und Gouvernanten gesucht und die Artikel selbst beschäftigen sich mit den typischen Aktivitäten von Frauen mit viel Freizeit.

Biegen Sie nun nach rechts in die Maiden Lane und gehen Sie bis zur Nummer 26, wo der englische Maler J.M.W. Turner geboren wurde und lebte. Rechterhand sehen Sie den Hintereingang des Adelphi Theatre.

Auf der anderen Straßenseite liegt das 1798 für Kriegsveteranen gegründete **Rule's Restaurant** mit einer traditionellen englischen Küche. Beachten Sie das abgenützte Messingschild beim Eingang. Gerüchten zufolge hat hier König Eduard VII. als Prinz von Wales heimlich mit seiner Geliebten, der Schauspielerin Lillie Langtry, gespeist. Auch heute gehören die Mitglieder der königlichen Familie zu den Gästen dieses Restaurants.

Biegen Sie nach rechts in die Southampton Street und dann wieder nach links auf die Strand. Auf der anderen Straßenseite befindet sich auf Nummer 100 ein weiteres altes Restaurant. Es handelt sich dabei um das 1848 gegründete *Simpson's-in-the-Strand*; es bietet ebenfalls typisch englische Gerichte an.

Die goldene Prinzenstatue auf der gleichen Straßenseite kennzeichnet den Eingang ins **Savoy Theatre**, das 1881 zur Aufführung der Opern von Gilbert und Sullivan erbaut wurde. Ein gleichnamiges Hotel wurde in der Nähe des Theaters errichtet. Beide Gebäude stammen von Richard D'Oyly Carte. Im gleichen Häuserblock befindet sich in östlicher Richtung die **Savoy Chapel**. Diese Kapelle wurde Anfang des sechzehnten Jahrhunderts auf dem Grundstück des mittelalterlichen Savoy Palace erbaut.

Folgen Sie der Strand weiter in östlicher Richtung. Ecke des zur Waterloo Bridge führenden Lancaster Place befindet sich das riesige und beeindruckende **Somerset House**. Dieses Gebäude im Stile von Palladio geht auf Sir William Chambers zurück. Mit dem Bau wurde Ende der 70er Jahre des achtzehnten Jahrhunderts auf dem halbfertigen Fundament vom Lordprotektor Somerset aus dem Jahre 1547 begonnen. Dieser war hingerichtet worden, bevor er den Palast fertigstellen konnte. Zur Zeit befinden sich in diesem Gebäude Ämter. Die fantastische Kunstsammlung der **Courtauld Institute Galleries** befindet sich im Somerset House an der Strand.

Weiter unten in der Strand befindet sich die schöne Kirche **St. Mary-le-Strand**, die 1714 von James Gibbs erbaut wurde. Besonders erwähnenswert sind die zierliche Kirchturmspitze und die eindrucksvollen Stuckverzierungen.

Biegen Sie nach links und gehen Sie in Richtung Aldwych, einer bogenförmig verlaufenden Straße, und biegen Sie sofort nach links in die Catherine Street. Auf Nummer 25 befindet sich ein gutes indisches Restaurant namens *Taste of India*. Die rechte Straßenseite steht ganz im Zeichen des **Theatre Royal, Drury Lane**, mit einem hübschen Säulengang an der Außenseite. Dieses Gebäude ist bereits das vierte an dieser Stelle; es stammt aus dem Jahre 1812 und wurde von Benjamin Wyatt erbaut. Mehr als alle anderen hat dieses Theater zum Ruf dieser Gegend als Hochburg von Schauspielern und Bühnenautoren beigetragen. In den letzten 300 Jahren nahmen die Karrieren vieler berühmter Schauspieler hier ihren Anfang.

Biegen Sie nun nach links in die Russell Street, die rechterhand die Bow Street und linkerhand die Wellington Street kreuzt. In 41 Wellington Street befindet sich *Penhaligon's*, ein Parfum- und Kosmetikladen aus dem Jahre 1870. Seine Stammkunden erhalten hier ihre persönlichen

ADELPHI UND COVENT GARDEN

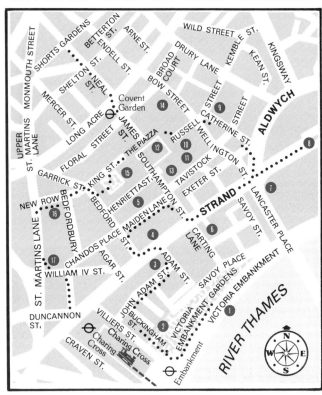

Legende
1. Cleopatra's Needle
2. York Water Gate
3. Adelphi, Royal Society of Arts
4. Adelphi Theatre
5. Rule's Restaurant
6. Savoy Theatre, Savoy Chapel
7. Somerset House
8. St. Mary-le-Strand
9. Theatre Royal, Drury Lane
10. Theatre Museum
11. London Transport Museum
12. Covent Garden Plaza
13. Jubilee Market
14. Royal Opera House
15. St. Paul's Church
16. Goodwin's Court
17. Coliseum

Geschäfte und Cafés in der Covent Garden Plaza

Rezepte und Mixturen, die der Begründer dieses Ladens vor 100 Jahren zusammengestellt hat. Weiter unten in der Russell Street sehen Sie rechterhand die *Brahms & Liszt Wine Bar*, die ihren Namen nicht von den berühmten Komponisten bezieht, sondern von dem Cockney Slangausdruck für *betrunken*.

Zu Ihrer linken ist der Eingang zu dem 1987 eröffneten **Theatre Museum**. (Geöffnet Di.—So. 11.00 bis 19.00 Uhr. Eintrittsgebühr. Tel. 836-7891.) In dem Museum können Sie eine Ausstellung über die Geschichte des englischen Theaters von seinen Anfängen bis zur Moderne sehen. Darüberhinaus enthält es ein kleines Theater, einen Laden mit entsprechenden Souvenirs und ein Café. Am Informationsschalter können Besucher auch Eintrittskarten für aktuelle Stücke erstehen.

Direkt neben dem Theatre Museum ist das **London Transport Museum**. (Geöffnet täglich 10.00 bis 18.00 Uhr. Eintrittsgebühr. Tel. 379-6344.) Das Museum gibt einen interessanten Überblick über die Geschichte der öffentlichen Verkehrsmittel in London, von Kutschen, Wagen und von Pferden gezogenen Taxis bis hin zu elektrischen Straßenbahnen, Doppeldeckerbussen und der U-Bahn. Dieses Museum ist besonders für Kinder ein großer Spaß.

Gegenüber des Museums liegt der große **Covent Garden Plaza**, der erste rechteckige Platz der Stadt. Bis 1974 wurde in Covent Garden der berühmte Obst- und Gemüsemarkt der Stadt abgehalten. Ursprünglich gehörte dieses Gebiet den Mönchen von Westminster, die den Großteil des Landes hier bebauten und ihre überschüssigen Erträge verkauften. Als Heinrich VIII. im sechzehnten Jahrhundert die Klöster schließen ließ, fiel das Land an die Krone. 1552 erhielt es John Russell, der erste Earl of Bedford, der hier sein Haus erbaute. Andere Adelige folgten seinem Beispiel und errichteten ihre Häuser ebenfalls in dieser Gegend. Straßen wie Drury Lane, Cecil Court und Exeter Street wurden nach ihnen benannt.

Wie ihre Vorgänger bebauten auch die Earls of Bedford das Land und verkauften die Erträge. Bald taten es ihnen die Händler nach und mit der Zeit entwickelte sich der Platz ausschließlich zu einem Markt und der Anbau wurde eingestellt. Der vierte Earl of Bedford verstärkte den einzigartigen Charakter von Covent Garden auch noch, denn er suchte eine Einkommensquelle für seine Familie und beschloß, dieses Gebiet für den Handel zu erschließen. Für die Lizenz mußte er Karl I. allerdings £2 000 bezahlen. Der Architekt Inigo Jones wurde mit dem Projekt beauftragt und, beeinflußt von den italienischen Piazzas, entwarf er einen rechteckigen Platz, der durch Säulengänge eingegrenzt wurde. Ursprünglich hieß der Platz The Great Piazza, später jedoch wurde der Ausdruck *Piazza* nur für die Säulengänge verwendet.

Der Handel auf dem Platz florierte. Allmählich kamen immer mehr Buden hinzu, wenn auch nicht alle auf absolut legalem Weg, und der Markt wurde immer größer und beeinträchtigte die friedliche Stimmung in diesem Gebiet. Die reichen Bewohner ergriffen langsam die Flucht und verließen Covent Garden; an ihre Stelle traten Marktleute und sogar einige zwielichtige Gestalten. Im neunzehnten Jahrhundert griff das Parlament ein, um diesem Verfall Einhalt zu gebieten. Die Buden wurden entfernt und der Architekt Charles Fowler ersetzte sie durch ein einfaches, hübsches Gebäude. Später wurde im Ostteil des Platzes ein hübsches Gebäude für den Blumenmarkt hinzugefügt, in dem sich heute das Theatre Museum und das Transport Museum befinden.

1974 wurde der Obst- und Gemüsemarkt von Covent Garden in eine für Lastwagen besser geeignete Gegend verlegt. Dadurch entstand in dem Gebiet im Zentrum Londons Platz für Geschäfts- und Freizeiteinrichtungen. Die Idee, dieses Gebiet an Unternehmen mit modernen Entwicklungsvorschlägen zu übergeben, stieß jedoch auf heftigsten Widerspruch von diversen Personen und Organisationen, denen es ein Anliegen war, den speziellen Charakter dieser Gegend zu bewahren. Die Planungsstellen mußten von ihrem Vorhaben Abstand nehmen und eine Alternative anbieten, bei der der traditionelle Charakter weitgehend beibehalten werden konnte.

In den frühen 80er Jahren dieses Jahrhunderts wurde Covent Garden als Geschäfts- und Unterhaltungszentrum neu eröffnet, das sich sehr rasch äußerster Beliebtheit erfreute. Die Straßen wurden verbessert und gepflastert und der Marktkern renoviert und zum Standort von Spezialitätenläden und Boutiquen umgewandelt. Dort befindet sich auch die **Light Fantastic Gallery of Holography**, die verschiedene Holographietechniken einschließlich künstlerischer Beispiele zeigt. (Geöffnet Mo.-Mi. 10.00 bis 18.00 Uhr, Do.—Fr. 10.00 bis 20.00 Uhr, Sa. 10.00 bis 19.00 Uhr, So. 11.00 bis 18.00 Uhr. Eintrittsgebühr. Tel. 836-6423.) Der angrenzende **Jubilee Market** ist ein gemischter Markt, der täglich geöffnet ist und verschiedene Kunsthandwerksarbeiten anbietet.

Wenn Sie die Läden und Straßendarbietungen, die fast schon ein fester

Bestandteil des Tagesablaufs hier sind, gesehen haben, umrunden Sie den Marktplatz von rechts und biegen Sie in die James Street. Rechterhand befindet sich das **Royal Opera House**. (Geöffnet täglich 10.00 bis 20.00 Uhr, sofern keine Vorstellungen angesetzt sind. Tel. 240-1066.) Das Königliche Opernhaus wurde 1858 von E.M. Barry erbaut und ist Ausdruck der ständigen Verbindung zwischen Covent Garden und der Welt des Theaters. Das Royal Ballet, das Königliche Ballett, ist hier ebenso zu Hause wie die British Royal Opera, die Königliche Opern Großbritanniens, die zu den besten der Welt zählt, und ein Besuch ist äußerst empfehlenswert. Der von rotem Samt gezierte Opernsaal ist besonders schön; die Reichen kommen hier allerfeinst herausgeputzt regelmäßig zu den Opern- und Ballettaufführungen. Vor kurzem wurde ein Plan vorgelegt, demzufolge die Oper auf Kosten der angrenzenden erhaltenswerten Gebäude um einen Geschäftskomplex erweitert werden soll. Der Vorschlag stieß allerdings auf heftige Ablehnung der Bevölkerung.

Gehen Sie nach Norden in die Neal Street, in der es lauter nette Läden gibt, in denen es von orientalischen Musikinstrumenten auf Nummer 64, Drachen auf Nummer 69 und Kupferwaren auf Nummer 48 praktisch alles zu kaufen gibt.

Gehen Sie denselben Weg zurück zum Marktkern und biegen Sie in die King Street ein, wo Sie noch einen der von Inigo Jones entworfenen Säulengänge sehen können. Am Nordende wird der Platz von der **St. Paul's Church** begrenzt, deren einfache Gestaltung auf Jones zurückgeht. Zu diesem Zeitpunkt war der Earl of Bedford gerade knapp bei Kasse und er mußte sich eingestehen, daß die Kirche nicht viel schmuckvoller als eine Scheune ausfallen durfte. Jones versprach ihm die schönste Scheune im ganzen Königreich. Leider fiel der Großteil des Werks von Jones einem Feuer im Jahre 1795 zum Opfer. Thomas Hardwick war für den originalgetreuen Wiederaufbau nach den Plänen von Jones verantwortlich. St. Paul's wurde als Kirche der Schauspieler bekannt. Unter ihrer östlichen Fassade, die auf den Platz zeigt, ließ George Bernard Shaw in seinem Stück *Pygmalion* — der Vorlage für das Musical *My Fair Lady* — Professor Higgins beim Verlassen der Oper auf das Blumenmädchen Eliza treffen. Diese Szene schildert die Begegnung der gehobenen Gesellschaft mit den Massen, die den Markt in Covent Garden besuchten.

Viele bedeutende Persönlichkeiten wurden in dieser Kirche getauft, verheiratet oder begraben. Die schillerndste Persönlichkeit aber gehörte weder der intellektuellen Schicht noch der Theaterwelt an: der Franzose Claude Duval, der angeblich hier begraben liegt, war im siebzehnten Jahrhundert der Held der romantischen Fantasien der Frauen. Duval war ein Wegelagerer, der nicht nur für seine Ritterlichkeit, sondern auch für seine Verführungskünste beim anderen Geschlecht bekannt war; nur die wenigsten sollen sich zur Wehr gesetzt heben, wenn sie von ihm überfallen wurden.

Weiter unten in der King Street, bevor Sie in den hinter der Gebäudefassade versteckten Kirchhof biegen, werfen Sie auf Nummer 43 einen Blick in das letzte der wohlhabenden Häuser, die einst die Straßen von Covent Garden säumten. An der Kreuzung mit der Bedford Street liegt rechts gegenüber der Garrick Street eine kleine Gasse namens Rose Street, in der sich das weltbekannte Pub *Lamb and Flag* befindet. An der Westecke der Bedford Street sehen Sie das Bekleidungsgeschäft *Moss Bros.*, das schon lange für die elegante Bekleidung bekannt ist, die man sich hier ausleihen kann.

Nach der Besichtigung von St. Paul's gehen Sie über die Kreuzung zur New Row. Hier sind heute noch die alten Gaslaternen in Betrieb, die gemeinsam mit dem Kopfsteinpflaster zum Eindruck beitragen, daß hier die Zeit stehengeblieben ist. In 12 New Row befindet sich an der Ecke Bedfordbury das fantastische Geschäft *Arthur Middleton*, das auf antike wissenschaftliche Instrumente spezialisiert ist. Gehen Sie nach links und biegen Sie sofort wieder nach rechts in die Gasse zwischen Nummer 23 und 24. Sie gelangen zu **Goodwin's Court**, der die für Häuser aus dem achtzehnten Jahrhundert typischen bogenförmigen Fassaden aufweist. Früher wimmelte es in dieser kleinen Gasse vor allen möglichen bedürftigen, unglückseligen und betrunkenen Vagabunden. Nach umfangreichen Renovierungsarbeiten ist sie nun aber wieder recht ansehnlich.

Verlassen Sie Goodwin's Court am Westende und gehen Sie in die St. Martin's Lane. Biegen Sie nach Süden zum **Coliseum** ab. Darin befindet sich die English National Opera mit einer eindrucksvollen Weltkugel auf der Spitze. Im Gegensatz zur Royal Opera, die die Opern in Originalsprache aufführt, werden in der English National Opera nur englische Aufführungen geboten. Bevor Sie zum Coliseum gelangen, kommen Sie am *Café Pélican* vorbei, das für seine Konditorwaren bekannt ist. Biegen Sie nach rechts in die William IV Street. Rechterhand befindet sich London's General Post Office, das täglich geöffnet ist. Ecke Adelaide Street befindet sich ein auf Postgegenstände spezialisiertes Geschäft.

Beenden Sie den Rundgang bei der **U-Bahnstation Charing Cross**.

Whitehall und Westminster —
Königliche Residenzen

Als Eduard der Bekenner seinen Hof im elften Jahrhundert von der City nach Westminster verlegte, zog die dem König unterstellte Regierung notgedrungen mit ihm und ließ sich in derselben Gegend nieder.

Beginnen Sie den Rundgang bei der **U-Bahnstation Charing Cross**, wo sich einst der Ort Charing befand (*cierran* ist das altenglische Wort für "wenden"; die Themse wendet sich hier nach Osten). Das aus dem neunzehnten Jahrhundert stammende Denkmal vor der Station in **Charing Cross** gedenkt des Kreuzes, das König Eduard I. zur Erinnerung an seine geliebte Frau Eleonore errichten ließ. Nach ihrem Tod 1290 wurde sie in der Westminster Abbey begraben. König Eduard errichtete dreizehn Kreuze auf den dreizehn Stationen ihrer letzten Reise. Das ursprüngliche Kreuz, das 1647 zerstört wurde, stand auf der Spitze von Whitehall, wo sich heute eine **Statue von König Karl I.** befindet. Alle Entfernungen von und nach London werden von diesem Punkt aus gemessen.

Die Erinnerung an den **Whitehall Palace**, der der königlichen Familie gehörte, lebt in der Straßenbezeichnung Whitehall fort. Der Palast wurde ursprünglich 1240 vom Erzbischof von York gekauft und war 300 Jahre lang die offizielle Residenz seiner Nachfahren. Als Kardinal Wolsey zum Bischof ernannt wurde, ließ er das Gebäude renovieren, bis es in herrlichstem Glanz erstrahlte und den Neid von König Heinrich VIII. erweckte, der im mittelalterlichen Westminster Palace wohnte. Nach dem Fall von Wolsey übernahm König Heinrich VIII. sofort den Palast und änderte seinen Namen auf Whitehall. Er erstand auch das Gebiet rund um den Palast und stattete es mit Freizeiteinrichtungen wie Tennisplätzen und einer Arena für Hahnenkämpfe aus.

Zur Zeit von Königin Elisabeth I. wurden im Whitehall Palace auf Initiative von zwei großen Künstlern dieser Zeit, vom Schriftsteller und Bühnenautor Ben Jonson und dem Architekten Inigo Jones, der auch ein sehr begabter Bühnenarchitekt war, Theaterstücke und andere Aufführungen gezeigt. Inigo Jones war auch für die Neugestaltung des Whitehall Palace verantwortlich. Sein Plan sah eine riesige, ehrfurchtgebietende Konstruktion vor, wurde jedoch nur zu einem geringen Teil in Form des Banqueting House ausgeführt. 1698 brannte der Palast ab, aber er wurde niemals wieder aufgebaut. Der königliche Hof unter Wilhelm und Maria zog in den St. James's Palace und die Diener des Königs, die das Grundstück des ehemaligen Palastes besiedelt hatten, wurden durch Mitglieder der Regierung ersetzt, die sich in dieser Gegend entwickelte.

Gehen Sie die Whitehall nach Süden. Zu Ihrer rechten befindet sich das etwa 1725 errichtete **Old Admiralty**. (Geöffnet nur für Gruppen und nach Voranmeldung beim Verteidigungsministerium: Ministry of

Defence, Tel. 218-9000.) Admiral Nelson verbrachte einige Zeit in diesem Gebäude. Nach seinem Tod machte sich der prachtvolle Leichenzug des vielgepriesenen Admirals von hier aus auf den Weg zur St. Paul's Cathedral. Gleich nebenan befindet sich das **Admiralty House**, das eigentlich 1788 als Zubau zum alten Gebäude errichtet wurde.

Das nächste Gebäude zu Ihrer rechten ist das 1760 an der Stelle des Wachhauses des Whitehall Palace erbaute **Horse Guards**. Es weist eine hübsche Außenfassade aus Stein und einen Uhrturm auf. Die beiden berittenen Wachen, die hier täglich zu sehen sind, gehören zu den Royal Horse Guards der Königin. Zwei weitere Wachen fungieren als Fußpatrouillen. Betreten Sie den Hof und gehen Sie in die **Horse Guards Parade**. Im Mai und Juni wird allabendlich zu Marschmusik die als *Beating the Retreat* bezeichnete Zeremonie der Wachablöse abgehalten. (Eintrittskarten erhalten Sie beim Kartenschalter auf der Bridge Street in der Nähe von Westminster.) Am zweiten oder dritten Samstag im Juni findet hier mit der Zeremonie des *Trooping the Colour* die offizielle Geburtstagsfeier der Königin statt. (Eintrittskarten können bis zum 1. März schriftlich reserviert werden. Schreiben Sie dazu an: Household Division HQ, Horse Guards, SW1.)

Auf der anderen Straßenseite befindet sich das **Old War Office**. Rechts davon sehen Sie das **Banqueting House**; das Banketthaus ist der bedeutendste Überrest des Whitehall Palace und der einzige Teil von Jones Entwurf, der vor dem Großen Feuer fertiggestellt wurde. (Geöffnet Di.—Sa. 10.00 bis 17.00 Uhr, So. 14.00 bis 17.00 Uhr. Eintrittsgebühr. Tel. 930-4179.) Das Banqueting House stammt aus dem Jahre 1622 und war das erste Gebäude in England im klassizistischen Stil Palladios. Die hohe Decke im Bankettsaal weist fantastische Deckengemälde von Rubens auf. An einem Morgen im Jahre 1649 stand hier König Karl I. auf einem an das Haus gelehnten Schafott und hielt seine Abschiedsrede, bevor er seinen Kopf unter das Messer legte. Die Büste des Königs befindet sich im hübschen Treppenhaus und bezeichnet jenes Fenster, durch das er auf das vor dem Fenster befindliche Schafott gestiegen sein soll.

Rechts vom Banqueting House befindet sich das **Welsh Office** und auf der anderen Straßenseite das **Scottish Office**. Beide stammen aus dem achtzehnten Jahrhundert. Hinter dem Banqueting House steht das riesige Gebäude des Verteidigungsministeriums.

Neben dem Scottish Office liegt das **Cabinet Office**, in dem früher das Finanzministerium untergebracht war. Es grenzt an die **Downing Street**, wo sich auf Nummer 10 seit 1731 der allseits bekannte Sitz des Premierministers befindet.

Weiter unten geht die Whitehall in die Parliament Street über. Ein wuchtiges Gebäude, das an einen italienischen Palast erinnert, gehört den **Home, Foreign, and Commonwealth Offices**, dem Innen-, Außen- und Commonwealthministerium. Auf der anderen Straßenseite ist hinter der alten Fassade der Bau neuer, moderner Regierungsgebäude im Gange.

In der Straßenmitte steht der **Cenotaph**, ein Denkmal, das 1920 zur

Erinnerung an die Opfer des ersten Weltkriegs errichtet wurde. Später wurden auch die Opfer des zweiten Weltkriegs hier verewigt.

Zwischen den beiden Teilen des italienischen Palastes liegt die King Charles Street; biegen Sie dort rechts ab. Am Ende dieser Straße können Sie die **Cabinet War Rooms** besichtigen. (Geöffnet täglich 10.00 bis 17.50 Uhr. Eintrittsgebühr. Tel. 930-6961.) Neunzehn Zimmer, die für Winston Churchill und andere zeitgenössische Politiker ausgehoben und befestigt wurden, blieben bis heute unverändert. Dazu gehören das Cabinet Room, Churchills Schlafzimmer, der Map Room und die transatlantische Telefonzentrale für eine direkte Verbindung ins Weiße Haus. Die _American Bell Telephone Company_, die diese Verbindung einrichtete, mußte die wichtigsten Teile der riesigen Telefonanlage aus Platzgründen im Keller des Warenhauses Selfridges in der Oxford Street aufstellen.

Kehren Sie zur Parliament Street zurück. Kurz vor dem Parliament Square liegt linkerhand ein bei den Parlamentsabgeordneten sehr beliebtes Pub names _St. Stephen's Tavern._

Der **Parliament Square** wurde im achtzehnten Jahrhundert von Sir Charles Barry angelegt. In der Mitte befindet sich eine Reihe von Statuen ehrwürdiger Regierungsmitglieder. Die hervorragendste ist das massive, leicht geneigte Churchill Denkmal aus dem Jahre 1973. Auf der Westseite des Platzes sehen Sie das Art-Nouveau Gebäude der Middlesex Guildhall, das heute **Middlesex Crown Court** heißt. Davor steht eine Statue von Abraham Lincoln.

Am Südende des Platzes befindet sich die **St. Margaret's Church**, die Pfarrkirche des britischen Unterhauses. Erstmals erbaute hier Eduard der Bekenner im elften Jahrhundert eine Kirche. Die heutige Kirche stammt aus dem Ende des fünfzehnten Jahrhunderts, ist jedoch seither unzählige Male verändert und renoviert worden. Hier fanden viele elegante Hochzeiten und die Begräbnisse zahlreicher Parlamentsabgeordneter statt.

Neben dieser Kirche steht eine der berühmtesten und bedeutendsten Kirchen Englands, die **Westminster Abbey**. (Hauptschiff, Seitenschiffe und Einfriedung täglich geöffnet von 8.00 bis 18.00 Uhr, Mi. bis 20.00 Uhr. Eintritt frei. Wandelgang, Querschiff, Kapellen geöffnet Mo.—Fr. 9.00 bis 16.45 Uhr, Sa. 9.00 bis 14.45 Uhr und 15.45 bis 17.45 Uhr. Eintrittsgebühr. Geführte Super Tours gegen Gebühr von Mo.—Sa. möglich. Tel. 222-5152.) Die Abtei ist besonders für ihre hervorragende gotische Bauart bekannt und auch dafür, daß seit 1066 alle englischen Monarchen (bis auf zwei) hier gekrönt wurden. Viele Monarchen und Mitglieder der königlichen Familie liegen hier begraben.

Man sagt, daß hier erstmals im siebenten Jahrhundert eine Kirche erbaut wurde. Die ersten Aufzeichnungen darüber beziehen sich jedoch auf ein Benediktinerkloster aus dem achten Jahrhundert.

Eduard der Bekenner ließ an dieser Stelle nahe des neuen Westminster Palace eine normannische Kirche erbauen, die kurz vor seinem Tod geweiht wurde; daraus ergab sich, daß er hier begraben werden sollte. Sein Nachfolger Wilhelm der Eroberer war der erste König, der in dieser Abtei gekrönt wurde und damit diese heute noch gültige Tradition

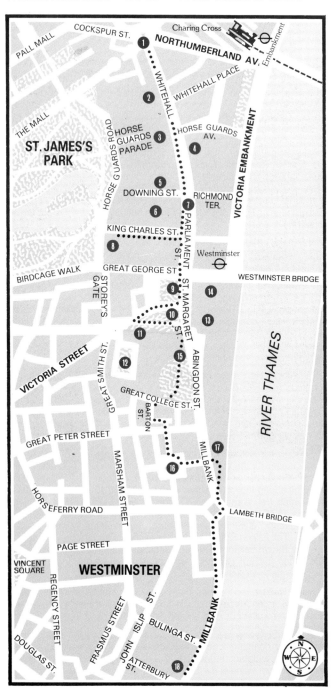

Eine Wache der Royal Horse Guards in Whitehall

begründete. 1245 beschloß König Heinrich III., die Kirche zu Ehren des mittlerweile heiliggesprochenen Eduard in dem ausschweifenden gotischen Stil neu erbauen zu lassen. Die Bauarbeiten dauerten mit einigen Unterbrechungen bis Anfang des sechzehnten Jahrhunderts.

Ursprünglich trug das Gebäude den Namen West Minster, was sich auf seinen Standort westlich der City bezog. Aufgrund verschiedener Streitigkeiten in der Christengemeinde des Mittelalters wurde der Status mehrmals von Kloster auf Kirche und umgekehrt geändert. Unter Elisabeth I. erhielt es im sechzehnten Jahrhundert schließlich die offizielle Bezeichnung Collegiate Church of St. Peter in Westminster. Die ursprüngliche Verbindung zu einem Kloster verhalf ihm jedoch zu der allgemein üblichen Bezeichnung Westminster Abbey, Westminster Abtei.

Die Westfront der Kirche mit ihren beiden Türmen wurde im achtzehnten Jahrhundert von Nicholas Hawksmoor verändert; die Nordfront wurde im neunzehnten Jahrhundert von Sir George Gilbert Scott neu gestaltet.

Der Grundriß der Kirche ist ein riesiges Kreuz. Wenn Sie die Kirche durch das **Westportal** betreten, erheben sich vor Ihnen gerippte Pfeiler, die bis zum Deckengewölbe reichen; daraus resultiert eine fantastische Ausdehnung, die auch noch durch Kristallüster beleuchtet wird. Direkt gegenüber vom Eingang befindet sich das mit roten Mohnblumen geschmückte **Grave of the Unknown Warrior**, das Grabmal des Unbekannten Soldaten. Hinter Ihnen befindet sich über der Tür ein riesiges buntes Glasfenster aus dem Jahre 1735. Es zeigt Abraham, Isaac und Jakob mit vierzehn Propheten.

Im östlichen Teil des **Hauptschiffs** befindet sich ein Abschnitt im gotisch-viktorianischen Stil, der den **Chor** verdeckt. In dem Chor singen jeden Tag 22 zwölfjährige Buben der Kirchenschule. Die ursprünglich aus dem achtzehnten Jahrhundert stammende **Orgel** wurde seither stark verändert. In diesem Abschnitt befindet sich linkerhand ein Denkmal für Sir Isaac Newton.

Steigen Sie ein paar Stufen hinab in das **Sanctuary**. Hinter dem Altar sehen Sie ein feines Mosaik mit dem Letzten Abendmahl. Das Mosaik und der Altar wurden 1867 von Scott entworfen.

Die Querschiffe weisen eine Vielzahl von Denkmälern und Statuen zu Ehren bedeutender Persönlichkeiten der britischen Geschichte auf. Im **nördlichen Querschiff** können Sie unter anderem Statuen von Disraeli, Palmerston und Gladstone sehen. Die drei Kapellen im östlichen Teil des Flügels sind meistens geschlossen.

Gehen Sie weiter in östlicher Richtung entlang dem Wandelgang nördlich des Sanctuary. Linkerhand befindet sich die **Chapel of St. John the Baptist**, die Kapelle von Johannes dem Täufer, und daneben die **Chapel of St. Paul,** die St.-Pauls-Kapelle. Über den gekennzeichneten Weg gelangen Sie zu einer Treppe zur schönen **Chapel of King Henry VII.**, der Kapelle Heinrichs VII., die als spätgotisches Meisterwerk gilt. Ihre Decke erinnert an fein geklöppelte Spitze. In der Mitte der Kapelle befinden sich die überschwenglichen Grabmäler von *König Heinrich VII.* und *Elisabeth von York*. Ein Denkmal mit acht schwarzen Säulen kennzeichnet die Grabmäler der beiden Schwestern *Maria I.* und *Elisabeth I.*

Der 1628 ermordete *George Villiers, Duke of Buckingham*, liegt in der Kapelle zu Ihrer linken begraben. In der nächsten Kapelle liegt Anne von Dänemark, die Frau von Jakob I., begraben. Die östliche Kapelle gehört heute der *Royal Air Force*, der Königlichen Luftwaffe. An der Südseite befindet sich ein Gewölbe mit den sterblichen Überresten von *Karl II.*, *Wilhelm* und *Maria* und *Königin Anne* und ihrem Ehemann, *Prinz Georg von Dänemark*. Westlich dieses Gewölbes stehen die bedeutenden Denkmäler zweier Frauen, von *Margaret Beaufort*, der Mutter von Heinrich VII., und *Maria, Königin von Schottland*, der Mutter von Jakob I.

Überqueren Sie die schmale Brücke zur **Chapel of Edward the Confessor**, der Kapelle von Eduard dem Bekenner. Im Eingang steht ein Denkmal für *Heinrich V.* In der Mitte befindet sich ein kleiner Sarg zur Erinnerung an den heiligen König Eduard den Bekenner, auf dem die Überreste einiger Originalmosaike zu sehen sind. Hinter dem Sarg steht der *Coronation Throne*, der Krönungsstuhl, der seit etwa 1300 bei den Krönungen der englischen Monarchen verwendet wurde. Rechterhand sind Denkmäler für *Eduard I.*, seine Frau *Eleonore von Kastilien*, und das ganz besonders schöne gotische Grabmal von *Heinrich III.* Der Wandelgang wird auf der Südseite von der **Chapel of St. Nicholas**, der Kapelle des heiligen Nikolaus, und der **Chapel of St. Edmund**, der Kapelle des heiligen Edmund, begrenzt.

Im südlichen Querschiff befindet sich der **Poet's Corner**. Die Ecke der Dichter hat ihren Namen deshalb erhalten, weil hier Chaucer und Spencer begraben sind. Heute befinden sich hier die Grabmäler vieler weiterer Dichter und Grabplatten und Denkmäler zu Ehren anderer, die nicht hier begraben sind.

Gehen Sie vom südlichen Seitenschiff in die **Cloisters**, dem Kreuzgang aus der Mitte des fünfzehnten Jahrhunderts. Hier befindet sich ein **Brass Rubbing Centre**. Diese Brasses sind Gedenktafeln aus Messing mit verschiedenen eingravierten Motiven — Bilder von berühmten Persönlichkeiten, Wappenzeichen, Tiere und andere. In diesem Brass Rubbing Centre gibt es an die 100 Replikate dieser Gedenktafeln; die Originale sind in den Wänden und am Boden der Abtei und verschiedener anderer Kirchen eingelegt. (Geöffnet Mo.—Sa. 9.00 bis 17.00. Gebühr für die Pausabdrucke von den Grabplattenkopien.)

Von den Cloisters können Sie das **Chapter House**, das Kapitelhaus, besichtigen. (Geöffnet Mo.—Sa. April—Sept. 9.30 bis 18.00 Uhr, Okt.— März 9.30 bis 16.00 Uhr. Eintrittsgebühr.) Beachten Sie die Originalfliesen am Boden und die riesigen bunten Glasfenster. Bis 1547 kamen die Mitglieder des britischen Unterhauses hier zusammen, und auch heute noch gehört es der Regierung und nicht der Abtei.

Betreten Sie den angrenzenden Raum, die **Chamber of the Pyx**, die nach den Münzenschätzen des Klosters benannt ist, die früher hier aufbewahrt wurden. (Öffnungszeiten identisch mit jenen des Kapitelhauses.) Später bewahrte das Königshaus die Pyx, eine Schatulle mit standardisierten Münzgewichten, in dieser Kammer auf. Diese ist Teil des ursprünglichen Baus von Eduard dem Bekenner und hat den ältesten Altar des Klosters. In der alten Norman Undercroft, der normannischen Krypta, befindet sich das **Abbey Treasure Museum**. (Geöffnet täglich 10.30 bis 16.30

WESTMINSTER ABBEY

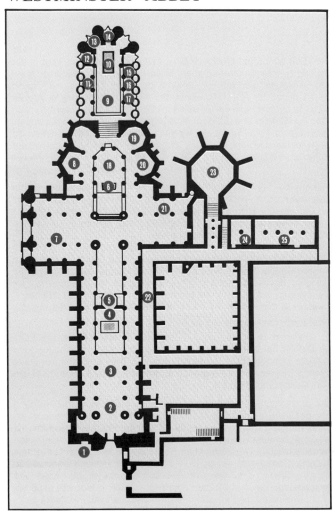

Legende

1. Westportal
2. Grab des Unbekannten Soldaten
3. Mittelschiff
4. Chor
5. Orgel
6. Sanctuary
7. Nördliches Querschiff
8. Chapel of St. John the Baptist
9. Chapel of King Henry VII.
10. Grab von Heinrich VII.
11. Grab von Maria I. und Elizabeth I.
12. Grab des Duke of Buckingham
13. Grab von Anne von Dänmark
14. RAF (Royal Air Force) Chapel
15. Grab von Karl II. u. a.
16. Grab von Margaret Beaufort
17. Denkmal für Maria,
    Königin von Schottland
18. Chapel of Edward the Confessor
19. Chapel of St. Nicholas
20. Chapel of St. Edmond
21. Poet's Corner
22. Cloisters
23. Kapitelhaus
24. Chamber of the Pyx
25. Abbey Treasure Museum

Statue von Richard Löwenherz vor dem House of Lords,
dem britischen Oberhaus

Uhr. Eintrittsgebühr.) Es zeigt unter anderem den zweiten Krönungsstuhl, der für Königin Maria 1689 gebaut und seither nie mehr verwendet wurde. Weiters gibt es in dem Abteimuseum Ausstellungsstücke über die Geschichte der Abtei.

Gehen Sie weiter zum **Little Cloister**, das ursprünglich der Krankenabteilung des Klosters gehörte. (Geöffnet dienstags April—Sept. 10.00 bis 18.00 Uhr, Okt—März bis 16.00 Uhr. Eintritt frei.) Daneben liegt der mindestens 900 Jahre alte College Garden. Die angrenzenden Gebäude gehören der Westminster School, die ursprünglich im zwölften Jahrhundert von den Mönchen als Klosterschule gegründet wurde.

Nach Verlassen des Kirchenareals gehen Sie linkerhand in den großen **Dean's Yard**, der rundherum von teilweise aus dem Mittelalter stammenden alten Wohnsitzen umgeben ist.

Umrunden Sie die Westminster Abbey von Norden her und überqueren Sie die Straße zu den **Houses of Parliament**. Von der Strangers' Gallery im Unter- und Oberhaus können Sie Parlamentssitzungen mitverfolgen. (Im *House of Commons*, dem Unterhaus, tagt das Parlament Mo.—Do. 14.30 bis 22.00 Uhr, Fr. 9.30 bis 15.00 Uhr. Eintritt frei. Für einen Besuch vor 18.00 Uhr sind Eintrittskarten erforderlich. Nach 18.00 Uhr und freitags ist dies nicht notwendig und der Andrang ist nicht so groß. Tel. 219-4273. Im *House of Lords*, dem Oberhaus, beginnen die Sitzungen Mo.-Mi. um 14.30 Uhr, Do. um 15.00 Uhr und Fr. um 11.00 Uhr. Eintritt frei. Tel. 219-3107. Für beide Häuser gibt es kostenlose Führungen, die auch Westminster Hall einschließen. Tickets müssen Sie sich schon vorher besorgen. Für kostenlose Eintrittskarten für Führungen oder

Parlamentssitzungen schreiben Sie an Ihre Botschaft oder an Ihren Parlamentsabgeordneten.)

Eduard der Bekenner verlegte seinen Hof in den Westminster Palace und ließ ihn zu diesem Behufe renovieren. Der Palast wurde daraufhin zur Hauptresidenz der englischen Monarchen, bis Heinrich VIII. im sechzehnten Jahrhundert in den Whitehall Palast übersiedelte. Das Parlament blieb in dem Gebäude, bis dieses bei einem Brand 1834 beinahe vollständig zerstört wurde. Die Houses of Parliament wurden nach einem Plan von Sir Charles Barry und Augustus Pugin rasch im gotischen Stil wiederaufgebaut. Sie bezogen auch die Westminster Hall und den Keller von St. Stephen's Chapel, der vom Originalgebäude erhalten geblieben war, in den riesigen neuen Bau ein.

Wenn Sie vor dem Gebäude stehen, sehen Sie linkerhand den hohen Uhrturm **Big Ben**, der eines der berühmtesten Wahrzeichen Londons ist. Die riesige Glocke, die jede Stunde schlägt und mehr als 130 Tonnen wiegt, wurde höchstwahrscheinlich nach Sir Benjamin Hall benannt, dem stattlichen Mann, der für ihren Einbau verantwortlich zeichnete. Wenn das Parlament am Abend noch tagt, ist auf der Turmspitze ein Licht zu sehen. Die Vorderseite des Gebäudes, vor der zumeist eine lange Schlange auf den Eintritt wartet, ist die alte **Westminster Hall**. Dahinter befindet sich das **House of Commons** und davor steht eine Statue von Oliver Cromwell aus dem Jahre 1899. Im rechten Teil des Gebäudes befindet sich das **House of Lords**; davor sehen Sie eine schöne Statue von Richard Löwenherz. Am Südende steht der **Victoria Tower**, der einen wunderschönen Blick auf die Stadt bietet. Der Turm enthält hunderttausende Dokumente und Erlässe des Parlaments. Wenn das Parlament untertags in Sitzung ist, weht von dem Gebäude die britische Flagge Union Jack. Bei einem Besuch der Königin wird hier ihre Standarte, der Royal Standard, aufgezogen.

Gehen Sie in Richtung Süden. Rechterhand sehen Sie ein bescheidenes Ziegelgebäude, das von den Überresten eines antiken Grabens umgeben ist. Bei diesem Gebäude handelt es sich um den **Jewel Tower**. (Geöffnet Mo.—Sa. 10.00 bis 18.30 Uhr, im Winter bis 16.00 Uhr. Eintritt frei. Tel. 222-2219.) Er wurde unter Eduard III. erbaut und ist ein weiterer Überrest des Westminster Palace. Ursprünglich sollten darin die Schätze des Königs aufbewahrt werden, später wurden die Dokumente des Parlaments hier gelagert.

Durchqueren Sie den Garten nach Süden vorbei an *Knife Edge*, einer Statue von Henry Moore. Biegen Sie von der Great College Street in die Barton Street, eine entzückende Straße aus dem achtzehnten Jahrhundert. Hier wohnten viele berühmte Persönlichkeiten, darunter T.E. Lawrence, der als Lawrence von Arabien Berühmtheit erlangte. Während er auf Nummer 14 wohnte, schrieb er *The Seven Pillars of Wisdom*.

Gehen Sie in südlicher Richtung weiter zum Smith Square. In der Mitte steht eine merkwürdige Barockkirche aus dem Jahr 1728, **St. John's**. Königin Anne, die offensichtlich Entwürfe davon sah, verglich sie mit einem auf den Kopf gestellten Schemel. Diese Kirche wurde als eine der ersten nach dem zweiten Weltkrieg wiederaufgebaut und wird heute als Konzerthalle verwendet.

Gehen Sie nun in Richtung Westen hinüber zu **Victoria Tower Gardens**. Gegenüber sehen Sie ein seltsames Denkmal, das Buxton Memorial. Im Nordteil des Gartens steht zur Erinnerung an die Ehrenmänner, die ihre Stadt im vierzehnten Jahrhundert an Eduard III. abtraten, eine Gruppe Bronzestatuen von Rodin, die *Bürger von Calais*.

Verlassen Sie den Garten und gehen Sie über die Lambeth Bridge zur Millbank. Zwischen der Bulinga Street und der Atterbury Street sehen Sie im Westen die **Tate Gallery**, die letzte Station auf diesem Rundgang. (Geöffnet Mo.—Sa. 10.00 bis 17.50 Uhr, So. 14.00 bis 17.50 Uhr. Eintritt frei. Tel. 821-1313.) Diese Galerie ist eine der bedeutendsten Galerien Londons und besitzt eine fantastische Sammlung von impressionistischen Gemälden und moderner Kunst und englische Gemälde aus allen Epochen, darunter Werke von Hogarth, Reynolds, Blake und Constable. Im April 1987 wurde mit dem *Clore Wing* ein neuer Flügel eröffnet, der einer exzellenten Sammlung von Werken des englischen Künstlers J.M.W. Turner gewidmet ist. In dem Museum befindet sich auch ein gutes, günstiges Restaurant.

Die ausschweifende Nordfassade der Westminster Abbey
Die "Bürger von Calais" von Rodin im Victoria Tower Garden

in der Nähe der Houses of Parliament

St. James's und der Buckingham Palast –
Der Königliche Bezirk

Seit Eduard der Bekenner die City verließ und Westminster Palace erbaute, hatten alle englischen Monarchen hier, in dieser nicht mehr als einer Quadratmeile großen Gegend, ihre Residenz.

Um die Zeremonie der Wachablösung vor dem Buckingham Palace um 11.30 Uhr sehen zu können, sollten Sie zu diesem Rundgang zeitig aufbrechen.

Der Rundgang beginnt beim **Trafalgar Square**, dem zentral gelegensten und belebtesten Platz Londons. Der Trafalgar Square geht auf den Architekt John Nash zurück und die Bauarbeiten begannen um 1820. Der Platz wurde nach der berühmten Schlacht im Jahre 1805 benannt, in der Admiral Nelson die vereinte napoleonische Flotte Frankreichs und Spaniens besiegte und im Moment des Sieges tödliche Verletzungen erlitt. Die große Steinstatue des Admirals, die sich über einer Granitsäule in der Mitte des Platzes erhebt, wurde 1843 erbaut und läuft unter dem Namen **Nelson's Column**. Die Bronzereliefs am Sockel des Denkmals veranschaulichen die Kämpfe zwischen Nelson und Napoleon.

Der Platz ist besonders bei den Touristen sehr beliebt, die hier die Unzahl von Tauben füttern. Zur Weihnachtszeit wird hier alljährlich eine große Tanne aufgestellt und mit unzähligen Farben und Lichtern geschmückt. Hier kommen die Leute zusammen und singen Weihnachtslieder.

Rund um den Platz befindet sich eine Reihe bedeutender Gebäude. In westlicher Richtung liegt das *Canada House* und gegenüber im Osten das *South Africa House.* Im Nordosten befindet sich mit **St. Martin-in-the-Fields** eine der berühmtesten und beliebtesten Kirchen Londons. Sie wurde etwa 1725 vom schottischen Architekten James Gibbs erbaut und weist einen eindrucksvollen Kirchturm auf. Diese Kirche ist die Pfarrkirche des Monarchen: das Wappen von König Georg I. ist deutlich über dem Portal eingraviert. In dieser Kirche nahm eine große musikalische Tradition ihren Anfang, aus der sich die angesehene, gleichnamige Akademie entwickelte. 1929 hatte diese Kirche die Ehre, als erste mit ihrem Gottesdienst im Radio übertragen zu werden. Die musikalische Tradition besteht in Form von Mittagskonzerten noch immer.

Unmittelbar nördlich vom Trafalgar Square befindet sich mit der **National Gallery** ein großes neoklassizistisches Gebäude. (Geöffnet Mo.—Sa. 10.00 bis 18.00 Uhr, So. 14.00 bis 18.00 Uhr. Eintritt frei. Tel. 839-3321.) Das Museum zeigt die weltweit bedeutendste, größte und vielfältigste Sammlung europäischer Kunst von der Renaissance bis zur Moderne. Die Sammlung wurde 1824 vom Parlament begründet, als ein Budget für den Kauf einer Sammlung aus dem Nachlaß von John Julius Angerstein festgelegt wurde. Anfänglich wurde die Sammlung im Hause von Angerstein ausgestellt, 1838 wurde sie an ihren heutigen Ausstellungsort verlegt. Das Gebäude erhielt mehrere Zubauten und kürzlich wurde ein Ausbau des Museums nach Westen genehmigt. Der neue Flügel ist modern gestaltet und eröffnet.

Die Sammlung ist von unschätzbarem Wert und enthält Werke der flämischen Schule, wie z. B. von Van Dyck und Rubens, der holländischen Schule Rembrandts, der italienischen Renaissance von Botticelli und Leonardo da Vinci bis zu Michelangelo, wie auch der spanischen und deutschen Schule, der französischen Impressionisten und natürlich britischer Künstler. Ein Besuch dieses Museums ist ein absolutes Muß.

Nach Südwesten hin verläßt man den Platz in Richtung Mall durch einen gewaltigen Bogen, den **Admiralty Arch**. Dieser wurde im Zuge des Neuentwurfs der Mall zu Ehren der verstorbenen Königin Victoria vom Architekten Aston Webb errichtet. Die Mall führt zum Buckingham Palace und wird zur Zeit für königliche Paraden verwendet. Ursprünglich wurde sie für den jungen Karl II. gepflastert und eingezäunt, sodaß er das sogenannte Pall-mall Ballspiel spielen konnte. (Dieser Ausdruck stammt aus dem Italienischen: *palla* = "Ball" und *maglio* = "Schläger".) Diese Straße ist die nordwestliche Begrenzung des St. James's Park.

Nach dem Bogen sehen Sie linkerhand ein bescheidenes, efeubewachsenes, braunes Gebäude. Es handelt sich um die **Citadel,** die im zweiten Weltkrieg für Regierungsbüros errichtet Zitadelle.

Gehen Sie weiter entlang der Mall. Rechterhand sehen Sie die von John Nash im neunzehnten Jahrhundert entworfene klassizistische Fassade der **Carlton House Terrace**. Die angrenzenden Apartments mit eigenem Eingang von der Straße sind typische Beispiele für die englische städtische Bauweise im achtzehnten und neunzehnten Jahrhundert. Heute sind in der Carlton House Terrace verschiedene Clubs und Organisationen ansässig. Auf Nummer 12 befindet sich der Hintereingang zum **Institute of Contemporary Art**; der Haupteingang liegt in der Mall neben der Duke of York Treppe. (Geöffnet täglich 12.00 bis 23.00 Uhr. Eintrittsgebühr. Tel. 930-3647.) In dem Institut für zeitgenössische Kunst gibt es nicht nur Galerien, die auf internationale zeitgenössische Kultur spezialisiert sind, sondern auch ein Theater, ein Filmzentrum und ein nettes Café.

Zu Ihrer rechten steht die **Duke of York's Column**, eine Statue auf der Spitze einer hohen Granitsäule, die Friedrich, Duke of York, den zweiten Sohn von König Georg III., zeigt. Friedrich, der Oberkommandant der Armee, und seine Geliebte waren berühmt für ihre angebliche Bereitschaft, jedem, der das notwendige Geld hatte, einen Job in der Armee zu verschaffen. Auch die mangelnde Entschlußfreudigkeit Friedrichs war allseits bekannt und findet in einem Kinderlied auf satirische Weise Niederschlag:

The grand old Duke of York
He had thousand men.
He marched them up to the top of the hill,
And he marched them down again.

And when they were up they were up!
And when they were down they were down!
And when they were only half-way up
They were neither up nor down!

Ganz unten in der Mall steht auf einem kleinen Platz in der Mitte der Straße ein zweites, ebenfalls von Webb entworfenes Denkmal für Queen Victoria, das **Queen Victoria Memorial**. Die Marmorstatue der Königin wird von einer vergoldeten Bronzefigur des Siegs gekrönt. An sonnigen Tagen blendet die goldene Figur richtiggehend.

Auf der anderen Seite des Denkmals befindet sich der Buckingham Palace, wo Sie gemeinsam mit unzähligen Leuten aus aller Welt auf die Hauptattraktion Londons warten können: das **Changing of the Guard**, die Wachablösung. (Geöffnet April—Aug. täglich um 11.30 Uhr, Sept.—März bei entsprechendem Wetter jeden zweiten Tag.) Begleitet von Trommelklängen kommt eine Gruppe von Wachen in ihren berühmten Kappen von den angrenzenden Kasernen und zelebriert das Ritual auf dem offenen Platz gegenüber des Palastes, wo die Königin bei ihren Aufenthalten in London residiert. Wenn dies der Fall ist, wird die königliche Standarte, die Royal Standard, auf der Spitze des Gebäudes gehißt.

Der **Buckingham Palace** wurde ursprünglich von John Sheffield erbaut, der von Königin Anne zum Duke of Buckingham ernannt wurde. 1762 kaufte Georg III. den Herrensitz für seine Frau, Königin Charlotte. Der Architekt John Nash begann 1825 mit dem Ausbau und das Gebäude wurde zu einem grandiosen Palast, in den Königin Victoria nach der Besteigung des Throns einzog.

Der Palast und der große dahinterliegende Garten sind nicht für die Öffentlichkeit zugänglich. Sie können aber durch das Buckingham Gate gehen und die **Queen's Gallery** besichtigen. (Geöffnet Di.—Sa. 10.00 bis 17.00 Uhr, So. 14.00 bis 17.00 Uhr. Eintrittsgebühr. Tel. 799-2331.) In wechselnden Ausstellungen sind schöne und dekorative Kunstgegenstände aus der Sammlung der königlichen Familie zu sehen.

Weiter unten heißt die Straße Buckingham Palace Road. Rechterhand befindet sich **Royal Mews**, wo Sie die königlichen Kutschen besichtigen können, die bei besonderen Anlässen und königlichen Besuchen auch heute noch verwendet werden. (Geöffnet Mi. und Do. 14.00 bis 16.00 Uhr, geschlossen während Prozessionen mit den Kutschen und eine Woche im Juni während der Pferderennen in Ascot. Eintrittsgebühr. Tel. 799-2331.)

Biegen Sie nach links auf den Bressenden Place, der Teil des Geschäfts- und Handelsbezirks ist. Gehen Sie bis zur Victoria Street. Die westlich gelegene **Victoria Station** ist die größte, zentral gelegenste und belebteste Bahnstation Londons. In der Station befindet sich eine Touristinformation, die auch bei Hotelreservierungen behilflich ist. Es lohnt sich immer, an der Informationsstelle vorbeizuschauen und sich Broschüren über die aktuellen Ereignisse in der Stadt zu holen.

Gehen Sie die Victoria Street nach Osten. Einige Meter weiter stehen Sie plötzlich vor einem Platz. Die riesige byzantinische Kirche am Rand des Platzes ist die **Westminster Cathedral**. (Geöffnet täglich

DER KÖNIGLICHE BEZIRK

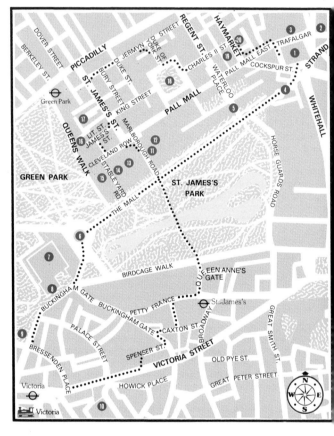

Legende

1. Trafalgar Square
2. St. Martin-in-the-Fields
3. National Gallery
4. Admiralty Arch
5. Carlton House Terrace, Institute of Contemporary Art
6. Queen Victoria Memorial
7. Buckingham Palace
8. Queen's Gallery
9. Royal Mews
10. Westminster Cathedral
11. Queen's Chapel
12. Marlborough House
13. St. James's Palace
14. Clarence House
15. Lancaster House
16. Spencer House
17. Blue Ball Yard
18. St. James's Square
19. Her Majesty's Theatre
20. Theatre Royal, Haymarket

Eine Pause am Trafalgar Square

7.00 bis 20.00 Uhr; der Glockenturm ist im Sommer täglich von 9.30 bis 17.00 Uhr geöffnet. Gebühr für den Aufzug. Tel. 834-7452.) Die Kathedrale geht auf John F. Bentley zurück und wurde um 1900 erbaut. Sie ist die bedeutendste katholische Kirche Englands und der Sitz des Erzbischofs von Westminster. Die Kombination aus grauem Stein und roten Ziegeln verleiht der Kirche einen malerischen Anstrich. Der Innenraum ist teilweise mit goldenen Mosaiken verziert. Ein Großteil des geräumigen Innenraums steht beinahe gänzlich leer und die Wände werden von den immer wieder hereinkommenden Spendengeldern mit Marmor verkleidet.

Weiter unten in der Victoria Street befindet sich eine neue Zweigstelle der *Army & Navy Stores*, die im neunzehnten Jahrhundert entstanden. Auf der anderen Straßenseite können Sie im viktorianischen *Albert Pub* nach Herzenslust speisen oder kurz auf ein Getränk einkehren.

Biegen Sie zuerst bei der Spencer Street, dann beim Buckingham Gate nochmals links zur Ecke Caxton Street ab. In einem Gebäude aus dem frühen achtzehnten Jahrhundert befindet sich die National Trust, die Organisation, die für die Erhaltung historisch bedeutsamer Gebäude und deren Erschließung für die Öffentlichkeit zuständig ist. Über der Tür sehen Sie die Statue eines Buben, die an die frühere Funktion des Gebäudes als Blewcoat School erinnert, die hier von 1701 bis 1926 beheimatet war.

Gehen Sie die Palmer Street bis zur Petty France Street, bis Sie zu einem festungsähnlichen Gebäude, dem British Home Office, gelangen. Dahinter liegt eine kleine, ruhige Gasse aus dem frühen achtzehnten Jahrhundert, eine der schönsten in London. Es handelt sich um die **Queen Anne's Gate**, die ein erstklassiges Beispiel für die Eleganz der englischen Architektur im Stil von Königin Anne ist. Vor Nummer 15 befindet sich eine Statue von Königin Anne.

Im **St. James's Park**, dem ältesten königlichen Park Londons, können Sie eine kleine Nachmittagsrast einlegen. Die heutige Anlage des Parks entspricht im großen und ganzen der ursprünglichen Parkanlage von John Nash. Mit seinem kleinen Teich, den Vögeln und unzähligen Frühlingsblumen ist dieser Park eines der nettesten Plätzchen Londons. Wenn man im Sommer hier spazierengeht, kommt man in den Genuß der Musik einer Freiluftband.

Überqueren Sie die Mall und gehen Sie weiter nach Norden zur Marlborough Road. Rechterhand sehen Sie die **Queen's Chapel**. (Geöffnet für Gottesdienste im Sommer, So. ab 10.45 Uhr.) Diese Kapelle war ursprünglich für die katholische Prinzessin Maria von Spanien, die Verlobte von König Karl I., geplant; fertiggestellt wurde sie aber für die Frau, die Karl I. dann tatsächlich ehelichte, für die ebenfalls katholische Henrietta Maria. Der Entwurf geht auf den Architekten Inigo Jones zurück und die Kapelle war die erste palladianische Kapelle in England.

Etwas verdeckt von der Kapelle befindet sich das **Marlborough House**. Das Gebäude wurde von Sir Christopher Wren etwa 1710 für die Duchess of Marlborough, der Kammerzofe von Königin Anne, entworfen. 1817 ging das Haus in den Besitz der Krone über; hier wohnten unter anderem Eduard VII., bevor er König wurde, der junge Georg V. und später seine Frau, Königin Maria.

Auf der anderen Straßenseite befindet sich der **St. James's Palace**. Dies ist der älteste und malerischste aller in London noch erhaltenen Paläste; leider ist er nicht für die Öffentlichkeit zugänglich, doch das Äußere ist dennoch einen Besuch wert. Der Palast wurde 1532 von Heinrich VIII. für seine Frau Anne Boleyn an jener Stelle erbaut, wo sich früher ein Leprakrankenhaus, das sogenannte St. James's, befand. Nach dem Feuer im Whitehall Palace im Jahre 1698 wurde der königliche Hof hierher verlegt. Obwohl der Buckingham Palace die letzten 150 Jahre hindurch die Londoner Residenz der englischen Monarchen war, ist St. James's noch immer die traditionelle königliche Residenz.

Umrunden Sie den Palast. Auf der Nordseite steht ein Posten der Königlichen Wache der Königin und bewacht das Tor des ursprünglichen Palastes. Die aus der Tudorzeit stammenden eckigen Türme verleihen dem alten Gebäude einen Hauch von Tradition. Direkt zu Ihrer rechten sehen Sie die langgestreckten Fenster der **Chapel Royal**, der Königlichen Kapelle. (Geöffnet für Gottesdienste nur von Oktober bis Karfreitag, So. ab 10.45 Uhr.) Die für Heinrich VIII. erbaute Kapelle wurde im neunzehnten Jahrhundert vergrößert, aber die im Tudorstil entstandene Decke, deren Verzierungen Holbein zugeschrieben werden, ist erhalten geblieben. Hier fand die Hochzeit mehrerer Königspaare statt, darunter auch Wilhelm und Maria, Königin Anne und Prinz Georg von Dänemark, Georg IV., (der zum großen Entsetzen seiner neuen

Frau Karoline bereits heimlich mit jemand anderem verheiratet war) und Victoria und Albert.

Biegen Sie links in die Stable Yard Road ein. Ein Weg zwischen den Gebäuden führt zu einem der Innenhöfe des Palastes, zum **Ambassador's Court**. Da der Palast die offizielle Residenz der Königin ist, empfängt sie hier in diesem Teil des Palastes Auslandsbotschafter, die auf Staatsbesuch kommen.

Rechts des Eingangs in den Hof ist das **Clarence House**. Es wurde von John Nash für den Duke of Clarence, den späteren König Wilhelm IV., erbaut. Die davor positionierte Wache ist ein Zeichen dafür, daß hier Mitglieder des Königshauses wohnen: die Königinmutter, Elisabeth, Witwe von König Georg VI.

Auf der anderen Straßenseite befindet sich gegenüber des Stable Yard das imposante Lancaster House. (Tel. 839-3488.) Friedrich, Duke of York, begann 1825 mit dem Bau, erlebte aber die Fertigstellung des Gebäudes nicht mehr. Er starb zwei Jahre nach Baubeginn hoch verschuldet und das Haus wurde von den Gläubigern an den Duke of Sutherland verkauft. Königin Victoria, die vom nahegelegenen Buckingham Palace auf Besuch zur Herzogin kam, beschrieb die Schönheit von Lancaster House im Vergleich zu ihrem eigenen Wohnsitz mit den Worten: "Ich bin von meinem Haus in Ihren Palast auf Besuch gekommen." Heute wird das Lancaster House für offizielle Versammlungen verwendet.

Gehen Sie entlang Little St. James Street in den angesehen Bezirk St. James. Linkerhand sehen Sie das **Spencer House**, eines der wenigen adeligen Häuser, die sich noch in Privatbesitz befinden. Es gehört dem Earl of Spencer, dem Vater von Lady Diana, Prinzessin von Wales. In ihrer glorreichen Vergangenheit kamen die Adeligen "in der Saison", also im Sommer, in ihre Stadthäuser. Zwischen Theater- und Opernbesuchen und zahlreichen Einladungen nutzten sie damals diese Zeit in der Stadt, um ihre Töchter und Söhne in ihren besten Kleidern herzuzeigen, um einen passenden Partner für sie zu finden.

An der Ecke St. James's Street befindet sich auf Nummer 69 der vor mehr als 150 Jahren gegründete **Carlton Club**. Clubs sind ein wichtiges Statussymbol in der englischen Gesellschaft und sind ein einzigartiges Phänomen. Sie entwickelten sich aus den Kaffeehäusern, die einst ein beliebter Treffpunkt der gehobenen Schichten waren. Hier kam man zusammen, um seine Freizeit mit Trinken, Diskussionen und Glücksspielen zu verbringen. Mit der Zeit boten die Clubs auch Übernachtungsmöglichkeiten an und wurden zunehmend exklusiver und nahmen allmählich auch politischen und sozialen Charakter an. Gleichzeitig wurden auch die Listen potentieller Anwärter auf eine Mitgliedschaft immer länger. Natürlich waren diese Clubs ausschließlich Männern vorbehalten und selbst heute gibt es nur wenige, die auch Frauen offenstehen.

Auf Nummer 72—73 befindet sich das beste japanische Restaurant in der Stadt, das *Suntory*. Rechterhand sehen Sie drei Geschäfte, die den Status dieser Gegend wohl am besten widerspiegeln. Das letzte

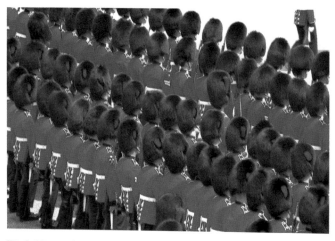

Wachablösung bei Buckingham Palace

dieser drei ist *Berry Bros & Rudd*, ein Weingeschäft, das sich seit 1730 hier befindet. Die Inneneinrichtung erzählt von vergangenen Zeiten. Auf Nummer 6 ist das Hutgeschäft *Lock*, das im achtzehnten Jahrhundert gegründet wurde und noch immer im Dienste der königlichen Familie steht. Daneben sehen Sie den berühmten Schuhmacher *Lobb*. Auch er zählt Mitglieder des Königshauses zu seinen Stammkunden, was aus dem vor dem Geschäft ausgestellten Wappen ersichtlich wird. Die Schuhe werden maßgefertigt und der Laden hat eine stolze Sammlung von Gipsabdrücken der Füße von berühmten Persönlichkeiten von gestern und heute.

Gehen Sie weiter in nördlicher Richtung bis zu dem kleinen Hof zu Ihrer linken, dem **Blue Ball Yard**. Auf diesem überraschend schönen Plätzchen befanden sich einst Ställe und Weinkeller. Auf Nummer 4 ist ein blaues Schild zu sehen, das darauf aufmerksam macht, daß von hier aus Chopin zu seinem letzten Konzert im Jahre 1848 aufgebrochen ist. Im darauffolgenden Jahr starb er.

Weiter unten in der Straße befinden sich einander gegenüber zwei alteingesessene Clubs. Linkerhand ist der traditionelle Club der *Whigs Brook's*, rechterhand sehen Sie in dem hübschen Gebäude das 1775 gegründete *Boodle's*. Fast schon am Ende der Straße gelangen Sie auf Nummer 37—38 zu *White's*, einem Tory-Club, der mit dem Gründungsjahr 1693 zu den ältesten zählt.

Biegen Sie rechts in die Jermyn Street. Früher hielten sich hier allerlei zwielichtige Gestalten auf, doch heute ist die Straße recht gepflegt und weist mehrere gute Läden auf.

Die Königlichen irischen Wachen im Gleichschritt
vor dem Haus der Königinmutter

Zu Ihrer rechten befindet sich auf Nummer 71, dem Gebäude mit den Engeln auf der Fassade, das angesehene Geschäft für Herrenhemden *Turnbull & Asser*. Auf Nummer 87 kennzeichnet ein blaues Schild auf einem relativ neuen Gebäude jenes Haus, in dem einst der Physiker Sir Isaac Newton wohnte. Auf Nummer 89 ist eine kleine Parfumerie, Floris, mit langer Tradition zu Hause; das Wappen davor zeigt an, daß dieser Laden ebenfalls die königliche Familie zu seinen Kunden zählt. Der Geruch, der aus dem Geschäft *Paxton & Whitefield* auf Nummer 93 strömt, stammt von unzähligen verschiedenen Käsesorten, für die dieses Geschäft schon etwa 200 Jahre lang bekannt ist.

Biegen Sie rechts in die Duke of York Street. Rechterhand befindet sich eines der interessantesten Pubs des Bezirks, der *Red Lion*, bei dem man gutes und nicht allzu teures Essen bekommt.

Gehen Sie in südlicher Richtung zum **St. James's Square**. Von den netten Häusern, die diesen Platz im achtzehnten Jahrhundert säumten, sind nur wenige erhalten geblieben: Nummer 4 mit einer klassizistischen Außenfassade, und die von Robert Adam gestalteten Häuser auf Nummer 5, 13, 15 und 20. Auf Nummer 14 befindet sich die 1841 von Thomas Carlyle gegründete **London Library**, eine der größten privaten Leihbüchereien Großbritanniens. Eine Reiterstatue von Wilhelm III. steht in der Mitte des Platzes.

Verlassen Sie den Platz nach Westen in Richtung Regent Street. Dort liegt rechterhand der **Waterloo Place** mit einem Denkmal zur Erinnerung an den Krimkrieg (1853—1856), jenem Krieg, der sich um die Ostfrage, den Streit der Großmächte um die Herrschaft über verschiedene wichtige

Stätten in Palästina, drehte. Weiter entlang der Straße kommen Sie auf Nummer 12 zum *British Travel Center*, wo Sie Informationen über organisierte Rundfahrten in ganz England erhalten. Überqueren Sie nun die Straße zum Haymarket, wo sich im sechzehnten Jahrhundert der Heumarkt befand.

Zu Ihrer rechten befindet sich die Anfang des neunzehnten Jahrhunderts von John Nash entworfene **Royal Opera Arcade**, eine überdachte Passage mit einigen reizenden Geschäften. Daneben liegt **Her Majesty's Theatre**, das 1705 erstmals erbaut und seither dreimal umgebaut wurde. Gegenüber sehen Sie das **Theatre Royal, Haymarket**, das 1821 eröffnet wurde. Etwas später gelangen Sie zum **British Design Centre**, wo Werke von britischen Designern ausgestellt sind.

Biegen Sie rechts in die Haymarket. An der Ecke stoßen Sie auf das hohe *New Zealand House*, das direkt an der Pall Mall liegt. Diese wurde nach dem Ballspiel benannt, das Karl II. und andere Mitglieder der königlichen Familie gerne spielten. Die Straße ist für ihre angesehenen Clubs, wie *Travellers*, wo nur jene Personen aufgenommen werden, die bereits mindestens 1000 Meilen außerhalb der britischen Inseln auf Reisen zurückgelegt haben und *Athenaeum* bekannt, dessen Mitglieder Wissenschaftler, Forscher und ähnliches sind.

Beenden Sie den Rundgang am **Trafalgar Square**.

Mayfair — Das Leben der Adeligen

Beim Namen Mayfair denken die meisten Londoner an elegant gekleidete Herren und an Damen, die den exklusiven Duft ihrer teuren Parfums verbreiten, während ihnen der Chauffeur aus dem Rolls Royce hilft.

Vor gar nicht allzu langer Zeit war Mayfair ein äußerst mondänes und beliebtes Wohnviertel. Es ist nach dem allgemeinen Volksfest benannt, die hier alljährlich im Mai abgehalten wurde. Das Volksfest war für seine seltsamen Attraktionen bekannt, die von Jahr zu Jahr merkwürdiger wurden. Schließlich wurde es Anfang des achtzehnten Jahrhunderts eingestellt, nachdem sich die Anrainer über diese unerwünschte Belästigung beklagt hatten.

Beginnen Sie den Rundgang bei der **U-Bahnstation Piccadilly Circus**. Der **Piccadilly Circus** war ein Teil des großartigen Plans des Architekten John Nash. Der Prinzregent, der spätere König Georg IV., veranlaßte die Neugestaltung des gesamten Gebiets zwischen dem Regent's Park (siehe auch "Regent's Park — Die erste Gartenstadt" und der Mall.

Nash sah eine runde Anlage vor, die aber schließlich dreieckig ausfiel. Viele Pläne zur Renovierung und zum Umbau wurden den Stadtplanern in der Zwischenzeit vorgelegt, doch die meisten wurden glattweg abgelehnt, da vom ursprünglichen Charakter dieser Gegend praktisch nichts übriggeblieben wäre. Vor kurzem wurden Pläne abgesegnet und umfangreiche Renovierungsarbeiten auf dem Platz durchgeführt. Die Straßenführung wurde geändert, die U-Bahnstation verschönert und ein unterirdisches Geschäftszentrum angelegt.

Von den ursprünglichen Häusern rund um den Piccadilly Circus ist kein einziges erhalten geblieben. Am Nordende befindet sich ein Gebäude mit Neonschriftzügen, die zum Markenzeichen des Platzes geworden sind.

Am Südende steht ein viktorianisches Gebäude, in dem das halb unterirdisch gebaute **Criterion Theatre** untergebracht ist. Das Gebäude ist kürzlich renoviert worden und ein Restaurant mit einer Bar, die *Criterion Brasserie*, wurde darin eröffnet. Der goldene Plafond und der juwelengeschmückte Boden, deren Wert auf mehr als eine Million Pfund geschätzt wird, sind die Überreste des ursprünglichen Baus.

Die Mitte des Platzes ziert eine Statue zu Ehren von Lord Shaftesbury. Sie wurde 1892 hier aufgestellt und läuft allgemein unter dem Namen **Eros**. Eigentlich stellt die Statue den christlichen Engel der Barmherzigkeit dar. Die Stufen am Fuße der Statue sind heute ein beliebter Treffpunkt für Jugendliche aus aller Welt; ihnen verdankt diese Gegend letztendlich ihre Berühmtheit.

Junge Leute zieht es auch in das bekannte, mehrstöckige Musikgeschäft *Tower Records*. Dort gibt es eine riesige Auswahl an Schallplatten, Kassetten und CDs, wahrlich ein Paradies für Musikliebhaber.

*L*ONDON

MAYFAIR

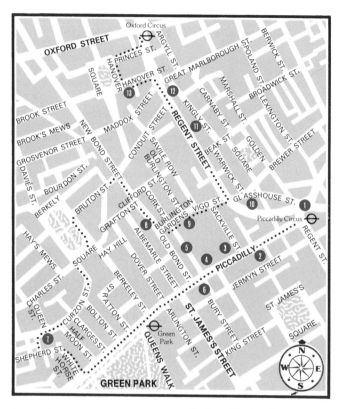

Legende
1. Piccadilly Circus
2. London Brass Rubbing Centre,
   Church of St. James
3. Albany House
4. Burlington House,
   Royal Academy of Arts
5. Burlington Arcade
6. Piccadilly Arcade
7. Shepherd Market
8. Royal Arcade
9. Museum of Mankind
10. The Quadrant
11. Hamleys
12. Liberty
13. London Diamond Centre

In den Piccadilly Circus münden mehrere Straßen. Von Nordwesten her mündet die Regent Street mit ihren neoklassizistischen Gebäuden ein, die ein wesentlicher Bestandteil des Plans von Nash waren. Im Norden liegt die für ihre Theater bekannte Shaftesbury Avenue. Im Osten liegt die Coventry Street, die in den Leicester Square mündet und im Westen liegt die Piccadilly.

Diese Straße ist nach einem Herrensitz namens Pickadill Hall benannt. Ihr Besitzer, Robert Baker, stellte die im England zur Zeit von Elisabeth so populären gerüschten Spitzenkrägen, die sogenannten Pickadills, her. Heute ist dies eine der angesehensten Straßen Londons mit guten Hotels, ausländischen Fluglinien und exklusiven Geschäften.

Rechterhand ist das wuchtige Hotel *Le Meridien, Piccadilly,* dessen oberstes Stockwerk eine Art Säulengang aufweist. Auf der anderen Straßenseite sehen Sie *Simpson*, ein erstklassiges Bekleidungsgeschäft für Damen und Herren.

Einige Schritte weiter befindet sich an der Ecke der enge Church Place mit dem **London Brass Rubbing Centre**. (Geöffnet Mo.—Sa. 10.00 bis 18.00 Uhr, So. 12.00 bis 18.00 Uhr. Eintritt frei. Gebühr für Pausabdrucke. Tel. 437-6023.) Selbst wenn Sie keinen Pausabdruck eines Ritters oder einer mittelalterlichen Lady anfertigen wollen, sollten Sie einen Blick hineinwerfen. Das Zentrum mit seiner mittelalterlichen Hintergrundmusik hat eine Sammlung von etwa 70 Grabplattenkopien aus Messing aus zahlreichen Kirchen. Das Papier und die Wachsstifte für einen eigenen Abdruck kosten gar nicht so viel und Sie können einen eigenen Abdruck mit erstaunlich professionellem Ergebnis anfertigen, selbst wenn Sie kein geborener Künstler sind. Die Preise hängen von der Größe des Abdrucks ab.

Gleich nebenan befindet sich die Pfarrkirche **Church of St. James**, die 1676 vom großen Architekten Sir Christopher Wren erbaut wurde. Sie ist zwar eine seiner einfachsten Kirchen, war aber dennoch im achtzehnten Jahrhundert die feinste und beliebteste Kirche in London. Die Kirche erlitt während der deutschen Bombenangriffe 1940—1941 schwere Schäden und mußte stark renoviert werden. Im Zuge der Renovierungsarbeiten wurde 1968 auch eine neue Kirchturmspitze hinzugefügt. Die Decke der Kirche ist ein Tonnengewölbe, das rund um die nach den Bombenangriffen noch erhaltenen Teile mit Stuckarbeiten verziert wurde. Die hervorragenden Holzschnitzereien stammen ebenso wie die Marmorfassade mit dem Baum des Lebens von Adam und Eva zu beiden Seiten von Grinling Gibbons. Die Kirche ist heute ein aktives Kulturzentrum mit Lesungen und Konzerten. In dem kleinen, ruhigen Hof neben der Kirche kann man den Massen und dem Lärm des Piccadilly Circus entfliehen.

Folgen Sie der Piccadilly weiter in westlicher Richtung. Blicken Sie bei den großen Glasfenstern einer Fluglinie hinauf zu den Büsten britischer Künstler, die die Fassade des Gebäudes zieren. Das Gebäude gehörte früher dem Royal Institute of Painters in Water Colours, dem königlichen Institut für Aquarellmaler.

Hatchard's auf Nummer 187 ist eines der ältesten Buchgeschäfte Londons; es wurde 1797 hier gegründet. Unmittelbar daneben steht auf Nummer 185 ein weiteres Geschäft aus dem achtzehnten Jahrhundert; *Swain, Adeney, Brigg* ist auf ausgefallene Regenschirme, Ledertaschen und -koffer sowie auf Jagdbekleidung und -ausrüstung spezialisiert und erinnert an den Jagdsport, der vor den Protesten diverser Tierschutzvereine bei den britischen Adeligen sehr beliebt war.

Auf Nummer 181 ist *Fortnum & Mason*. Dieses äußerst angesehene Warenhaus ist besonders für seine Lebensmittelabteilung berühmt und wurde im achtzehnten Jahrhundert von einem Gemischtwarenhändler namens Mason und einem Höfling namens Fortnum gegründet. In der Lebensmittelabteilung können Sie um einen entsprechenden Preis einen Picknickkorb mit den besten Leckereien kaufen. Hinten im Geschäft ist ein Café — ein beliebter Platz für eine englische Teepause. Beachten Sie die hellgrüne Uhr außen am Geschäft. Zu jeder vollen Stunde öffnet sich die Tür und die Figuren von Mr. Mason und Mr. Fortnum kommen in Gewändern aus dem achtzehnten Jahrhundert heraus und verbeugen sich voreinander.

Überqueren Sie die Straße. Der kleine **Albany Court Yard** zählt zu den angesehensten Straßen Londons. Das **Albany House** wurde 1770 für Lord Melbourne erbaut, ist aber nach Friedrich, Duke of York and Albany benannt, der später hier einzog. Es wurde dann verkauft, ausgebaut, und in einzelne Wohnungen getrennt, die besonders bei Junggesellen äußerst beliebt waren.

Das große Gebäude mit der neoklassizistischen Fassade etwas weiter westlich ist das **Burlington House**, in dem gegenwärtig unter anderem die **Royal Academy of Arts** untergebracht ist. (Geöffnet täglich 10.00 bis 18.00 Uhr. Eintrittsgebühr für besondere Ausstellungen. Tel. 439-7438.) Das Gebäude gehörte ursprünglich dem Earl of Burlington und mit dem Bau wurde etwa 1665 begonnen. Im achtzehnten Jahrhundert wurde es von Colen Campbell im palladianischen Stil umgebaut; im neunzehnten Jahrhundert wurde es im viktorianischen Renaissancestil renoviert. 1868 zog hier die Royal Academy of Arts anläßlich ihrer 100 Jahr Feier ein.

Gehen Sie in den Innenhof, wo Sie in der Mitte eine Statue von Joshua Reynolds, dem ersten Präsidenten der Akademie, sehen. Betreten Sie das Gebäude durch die Bögen auf der anderen Seite und bewundern Sie die eindrucksvolle Treppe. In den Räumen ist eine hervorragende Sammlung englischer Kunstgegenstände zu sehen. Es wird auch eine unvollendete Skulptur der Madonna mit dem Kinde von Michelangelo gezeigt. Jeden Sommer wird in der Galerie der Akademie zur Anerkennung des begabten englischen Nachwuchses eine Ausstellung englischer Malerei abgehalten.

Unmittelbar nach dem Burlington House gelangen Sie zu einer reizenden, überdachten Passage, der 1819 von Lord Cavendish erbauten **Burlington Arcade**. Sie ist wohl in jeder Hinsicht die exklusivste und teuerste Einkaufsstraße in London. Zwei uniformierte Wachen patrouillieren hier und Schilder verbieten den Besuchern nicht nur das Laufen und Pfeifen, sondern auch das Singen. Auf der anderen Straßenseite ist eine weitere überdachte Passage mit ausgefallenen Geschäften, die **Piccadilly Arcade**.

Gehen Sie weiter auf der Piccadilly in Richtung Westen. Linkerhand kommen Sie nach der Kreuzung mit der St.James's Street zu einem der berühmtesten Hotels Londons, *The Ritz*, das auch ein beliebter Treffpunkt für den Nachmittagstee ist. Dahinter liegt der ausgedehnte **Green Park**, wo Sie mitten in der Natur eine angenehme Pause einlegen können.

Auf der Nordseite der Straße befindet sich eine Reihe von Büros, Clubs und Luxushotels mit Blick auf den Green Park. Auf Nummer 94 befindet sich der *Naval and Military Club*. Biegen Sie bei der White Horse Street nach rechts; Sie kommen dann zum malerischsten Teil von Mayfair, dem **Shepherd Market**, dessen enge Gassen mit kleinen Läden, Kaffeehäusern und Pubs gesäumt sind. In diesem Teil wurde früher alljährlich im Mai das Volksfest abgehalten.

Gehen Sie bis zur Curzon Street und biegen Sie dort nach rechts ab. Auf Nummer 20 sehen Sie einen Frisiersalon, *Trumper's*, der seit 1875 für die Haarpracht der königlichen Familie verantwortlich zeichnet. Folgen Sie der Straße bis zum **Berkeley Square**, einem der berühmten Plätze in Mayfair. Er wurde nach dem Berkeley House benannt, das sich von 1644 bis 1733 an dieser Stelle befand. Danach stand hier das im zwanzigsten Jahrhundert zerstörte Devonshire House. Das nette Flair einiger Häuser aus dem achtzehnten Jahrhundert ist auf der Westseite des Platzes, ganz besonders auf Nummer 14, erhalten geblieben. In der Mitte des Platzes befindet sich ein Pumpenhaus aus dem frühen neunzehnten Jahrhundert.

Verlassen Sie den Platz über die Bruton Street. Die **Le Fevre Gallery** auf Nummer 30 ist auf impressionistische und moderne Kunst spezialisiert. Diese angesehene Galerie ist eine der vielen Galerien, die heute typisch für Mayfair sind. Das *Time Life Building* befindet sich an der Ecke New Bond Street.

Die **Bond Street** ist *die* Straße Londons im allgemeinen und von Mayfair im besonderen. Die Entwicklung begann hier im späten siebzehnten Jahrhundert am Südende, der Old Bond Street, und wurde im Norden bis zur New Bond Street fortgesetzt. Sie wurde nach Sir Thomas Bond, dem Schatzmeister von Henrietta Maria, der Frau von Karl I., benannt.

In dieser Straße finden Sie von allem das Schönste, Seltenste und Teuerste. In 26 Bond Street ist der Juwelier *Tessiers* mit seiner Fassade aus dem achtzehnten Jahrhundert. Auf Nummer 34—35 befindet sich *Sotheby's*, das weltweit größte und berühmteste Auktionshaus aus dem Jahre 1744. Weiter nördlich sind die Modehäuser *Ralph Loren* (Nummer 143) und *Georgio Armani* (Nummer 123). Gehen Sie südlich zur Old Bond Street; dort können Sie Schaufenster mit weiteren Designermoden, Schmuck, Lederwaren, Möbeln, Antiquitäten und allen nur erdenklichen, wertvollen Gegenständen begutachten. Rechterhand ist in 28 Old Bond Street die **Royal Arcade**, wo die berühmten Schokoladehersteller *Charbonnet et Walker* ihr Geschäft haben. Wenn Sie sich den Magen mit Schokolade vollgeschlagen haben, biegen Sie bei Burlington Gardens links ab. Die erste Straße links ist die Cork Street, in der sich zu beiden Seiten viele der berühmten Galerien von Mayfair befinden.

Rechterhand sehen Sie die Rückseite des Burlington House, in dem das **Museum of Mankind** untergebracht ist. (Geöffnet Mo.—Sa. 10.00 bis 17.00 Uhr, So. 14.30 bis 18.00 Uhr. Eintritt frei. Tel. 323-8043.) In dem Museum ist die ethnographische Abteilung des British Museum untergebracht. Die Ausstellungsstücke variieren, um nacheinander alle Gegenstände der Sammlungen des Museums zeigen zu können. Es empfiehlt sich, sich vorher nach den gerade gezeigten Ausstellungsstücken zu erkundigen.

Die Royal Arcade, die königliche Arkade

Liberty — ein imposantes Gebäude im Tudorstil

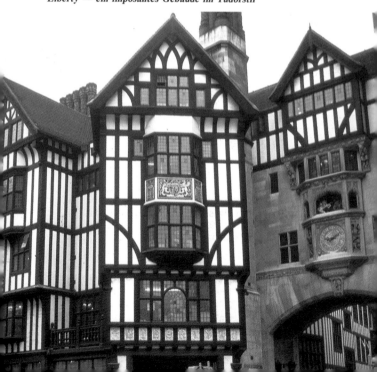

Vorbei am Museum gelangen Sie zur Rückseite des Albany House. Linkerhand ist die für ihre elitären Schneider bekannte **Saville Row**. Jeder englische Gentleman, der etwas auf sich hält, läßt sich seine Anzüge bei einem dieser Schneider anfertigen; es wäre schrecklich peinlich, in einem Anzug aus einem Warenhaus gesehen zu werden. Auf Nummer 3 befinden sich die Büros von Apple, der Plattenfirma der Beatles. Auf dem Dach dieses Gebäudes gaben sie im Januar 1969 ihr letztes offizielles Konzert. Das Konzert wurde aber leider aufgrund von Beschwerden der Nachbarn, die daran keinen Gefallen finden konnten, von der Polizei frühzeitig abgebrochen.

Folgen Sie nun der Vigo Street bis zur Regent Street. Die steil zum Piccadilly Circus hinunterführende Straße zu Ihrer rechten wird **The Quadrant** genannt. Nach den Plänen von Nash wäre die Geschäftsgegend auf dieses Gebiet beschränkt gewesen. Hier befindet sich auch das *Café Royal*, das im späten neunzehnten Jahrhundert ein beliebter Treffpunkt von Schriftstellern, Intellektuellen und Mitgliedern des Königshauses war. Es ist noch immer ein Restaurant und Kaffeehaus und die Preise stehen dem hohen Bekanntheitsgrad um nichts nach.

Die **Regent Street** ist ebenfalls für ihre modischen Geschäfte bekannt, die zwischen den Büros der vielen Fluglinien angesiedelt sind. An der gegenüberliegenden Ecke befindet sich auf Nummer 100 *Aquascutum*, ein Geschäft für Damen- und Herrenbekleidung. Auf Nummer 12 ist Garrard, der Juwelier der königlichen Familie, der für die Reinigung und Erhaltung der Kronjuwelen zuständig ist.

Folgen Sie dieser Straße weiter nach Norden und werfen Sie einen Blick in die Bekleidungs- und Porzellanläden. Das berühmte Spielzeuggeschäft **Hamleys** zählt weltweit zu den größten und erstreckt sich über einen ganzen Häuserblock (Nummer 188-196). Es wurde im achtzehnten Jahrhundert gegründet und das königliche Wappen davor zeigt, daß auch das Spielzeug der kleinen Prinzen und Prinzessinnen aus diesem Geschäft stammt.

Auf Nummer 204 befindet sich *Jaeger*, der mit dem Design von modischer Bekleidung begann und später eine Abteilung für Haushaltswaren hinzufügte. Mittlerweile hat sich dieses Geschäft zu einer Ladenkette entwickelt.

Biegen Sie an der nächsten Ecke rechts zur Carnaby Street ab, die in den wilden 60er Jahren bei der Jugend sehr beliebt war. Heute ist von dem Glanz vergangener Tage nicht mehr viel übrig.

Daneben befindet sich mit *Liberty* ein Geschäft, das erstmals 1875 eröffnete und für seine bedruckten Baumwollstoffe (sogenannte Liberty Prints) berühmt wurde, die teilweise von William Morris und seinen Schülern entworfen wurden. Die 1924 im Tudorstil erbaute Rückseite des Geschäftes geht auf die Marlborough Street.

Auf der anderen Straßenseite befindet sich linkerhand die Hanover Street, die zum Hanover Square führt. Hier ist das **London Diamond Centre** beheimatet. (Geöffnet Mo.—Fr. 9.30 bis 17.30 Uhr, Sa. 10.00 bis 13.00 Uhr. Eintrittsgebühr. Tel. 629-5511.) Es zeigt eine Ausstellung über die gesamte Diamantenproduktion von der Mine bis zum Endprodukt.

Beenden Sie den Rundgang bei der **U-Bahnstation Oxford Circus**.

Soho — Alternativer Schick

Soho war einst das Symbol der wilden 60er Jahre in London. In den Straßen von Soho nahm die Hippiebewegung ihren Anfang und brachte so die alternative Welle und das Verruchte zusammen. Die jungen Trendsetter von heute sind nach Kensington gezogen und statt den Sexschuppen gibt es in Soho jetzt ethnische Restaurants. Damit bleibt Soho eine nostalgische Erinnerung an das Finstere und Mysteriöse auf der einen und das Junge und Lebendige auf der anderen Seite.

Das besonders internationale Flair von Soho geht schon auf das siebzehnte Jahrhundert zurück, als kurz vor der Jahrhundertwende nach der Aufhebung des Edikts von Nantes im Jahre 1685, in dem die Rechte der Protestanten im katholischen Königreich Frankreichs offiziell anerkannt wurden, die ersten hugenottischen Einwanderer ankamen. Danach kamen Griechen, Deutsche, Italiener, Spanier und vor nicht allzu langer Zeit Einwanderer aus dem Nahen Osten, besonders aus China und Singapur.

Beginnen Sie den Rundgang am **Piccadilly Circus**. Wenn man sich die vielen jugendlichen Tramper am Fuße des Eros-Brunnens ansieht, fühlt man sich fast in die 60er Jahre zurückversetzt. Biegen Sie bei der Coventry Street nach Osten. Unmittelbar zu Ihrer linken befindet sich der 1984 eröffnete **Trocadero-Komplex** mit einer Reihe von Geschäften und Touristenattraktionen. (Geöffnet täglich 10.00 bis 22.00 Uhr.) Unter anderem können Sie mit The *London Experience* eine von unangenehmen Raucheffekten begleitete Ton-Licht-Show über die Geschichte der Stadt sehen (nichts Besonderes). Im Gegensatz dazu erwartet Sie im **Guinness World of Records** ein Erlebnis ganz besonderer Art, denn dort wird Ihnen mit einer Mischung aus Fotos, Vorführungen, Musik und Text eine Auswahl an Guinness Rekorden geboten, die für Kinder und Erwachsene gleichermaßen interessant ist. (Geöffnet täglich, 10.00 bis 22.00 Uhr. Eintrittsgebühr. Tel. 439-7331.) Hier befindet sich auch das **Light Fantastic, the World Centre of Holography**, das die einzigartige Kunstrichtung der Holographie zum Inhalt hat. (Tel. 734-4516).

Vor dem **Trocadero** stehen offene Touristenbusse, die Sie in einer geführten Rundfahrt in eineinhalb Stunden zu den wichtigsten Touristenattraktionen Londons führen. Auf der gegenüberliegenden Ecke ist das **Swiss Centre** mit den besten Sachen aus dem Land des Fondues und der Schokolade.

Gehen Sie hinüber zum **Leicester Square**, der gemeinsam mit dem Piccadilly Circus in einem berühmten Lied aus dem ersten Weltkrieg verewigt ist:

It's a long way to Tipperary
It's a long way to go
It's a long way to Tipperary

To the sweetest girl I know
Good-bye Piccadilly, farewell Leicester Square
It's a long way to Tipperary
But my heart is right there!

Die Soldaten nahmen von diesem Platz nicht umsonst Abschied; er ist das Herz der Londoner Unterhaltungsindustrie, einer Industrie, die weltweit Einfluß ausübt. Die Felder von Leicester waren schon immer öffentliches Land. Der Platz wurde 1670 entworfen und nach dem 1631 hier erbauten Haus des Earl of Leicester benannt. Zu den Bewohnern zählten viele Künstler, unter anderem Hogarth und Reynolds, aber sowohl ihre Häuser als auch die der Adeligen mußten den meistfrequentierten Kinozentren Londons weichen.

In dem kleinen Kiosk an der Westseite des Platzes ist die **Half-Price Ticket Booth** der Society of West End Theatres, wo man für Aufführungen am gleichen Tag um Restkarten zum halben Preis anstehen kann. (Geöffnet 12.30 bis 14.00 Uhr für Matineen, 14.30 bis 18.30 Uhr für Abendvorstellungen.) Normalerweise steht hier eine lange Schlange — hauptsächlich Touristen — die schon früher hierher gekommen sind, um noch Karten für die meistbesuchten Aufführungen zu erhalten. An der nordwestlichen Ecke des Platzes sind die Entfernungen zwischen London und den Hauptstädten des britischen Commonwealth auf dem Gehsteig angegeben. Am Südwestende steht eine Statue von Charlie Chaplin; der große Komödiant war ein geborener Londoner. In der Mitte des Platzes befindet sich ein Denkmal zu Ehren von William Shakespeare.

Zwei kleine Straßen zweigen vom Platz in nördlicher Richtung ab; die östlichere ist der Leicester Place mit der Rundkirche **Notre Dame de France**, die für ihre exquisiten Verzierungen durch den Franzosen Jean Cocteau bekannt ist.

Verlassen Sie den Leicester Square am südöstlichen Ende und gehen Sie zur **National Portrait Gallery**. (Geöffnet Mo.—Fr. 10.00 bis 17.00 Uhr, Sa. 10.00 bis 18.00 Uhr, So. 14.00 bis 18.00 Uhr. Eintritt frei. Tel. 306-0055.) In der Galerie sehen Sie eine einmalige Sammlung von Porträts britischer Persönlichkeiten aller Epochen; viele Gemälde stammen von den größten Künstlern der letzten Jahrhunderte. Ganz besonders interessant sind die Porträts der englischen Monarchen und berühmter Intellektueller.

Nördlich der Galerie befindet sich die breite, vor allem bei Leseratten bekannte und beliebte Charing Cross Road. Diese sollten sich die Gelegenheit, durch die vielen neuen und gebrauchten Bücher zu schmökern, auf keinen Fall entgehen lassen. Rechterhand befinden sich auf dem reizenden **Cecil Court** Fachbuchläden mit Spezialgebieten wie Theater, Mystik, Reise und Geschichte. Die Straße wurde im siebzehnten Jahrhundert gepflastert und ist heute eine mit alten Gaslaternen beleuchtete Promenade.

Folgen Sie der Charing Cross Road weiter nach Norden und biegen Sie bei der Little Newport Street nach links ab. Diese Gegend hat seit einiger Zeit ein asiatisches Flair — die vielen Einwanderer aus dem Nahen Osten haben sie zu ihrem Zentrum gemacht. In der Lisle

SOHO

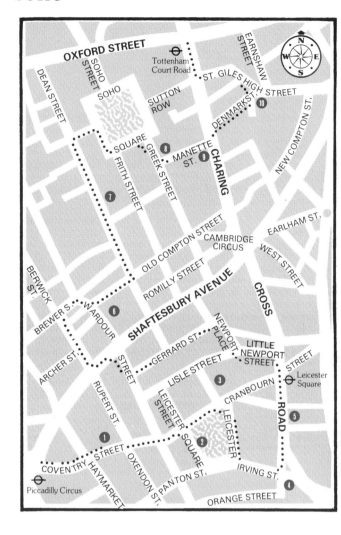

Legende

1. The Trocadero
2. Half-Price Ticket Booth
3. Notre Dame de France
4. National Portrait Gallery
5. Cecil Court
6. St. Anne's
7. Leoni's Quo Vadis
8. House of St. Barnabas
9. Foyles
10. St. Giles-in-the-Fields

ypisch britische Telefonzellen — Museumstücke auf der Straße

Street befinden sich mehrere gute chinesische Restaurants, wie z. B. *Fung Shing* auf Nummer 15, *Mr. Kong* auf Nummer 21 oder *Poons* auf Nummer 27.

Die *Gerrard Street* mit ihren pagodenartigen Toren an beiden Enden, chinesischen Buchgeschäften, einem chinesischen Kino und natürlich einer großen Auswahl an chinesischen Restaurants und Supermärkten, die auf chinesische Delikatessen spezialisiert sind, ist bereits die offizielle Chinatown Londons. An den Wochenenden tummeln sich hier die Familien chinesischer Einwanderer, von den Großeltern bis zu den Enkelkindern. Ihre Musik erfüllt die Luft und läßt einen für einen kurzen Moment vergessen, daß man sich auf britischem Boden befindet.

Biegen Sie bei der Wardour Street nach recht, dann bei der Shaftesbury Avenue nach links. Ebenso wie die Charing Cross Road wurde auch dieser breiter Boulevard im späten neunzehnten Jahrhundert gepflastert, um die kleinen Gassen der riesigen Slums, die sich in Soho entwickelt hatten, voneinander loszulösen. Weiter im Osten an der Kreuzung der beiden Straßen befindet sich der sehr ungastliche **Cambridge Circus**, der demnächst neu gestaltet werden soll. Westlich des Platzes ist das von Richard d'Oyly 1891 erbaute **Palace Theatre**. Nur ein Jahr war dies die Spielstätte der staatlichen Oper Englands, bevor es zu einem Varietétheater umfunktioniert wurde. Es ist auch heute während der Renovierungsarbeiten noch in Betrieb. Das Palace Theatre ist aber nur eines der vielen Theater an der Shaftesbury Avenue. Namen wie Apollo, Globe, Queen's and Lyric machen den Bezirk erst zum wirklichen Herzen des Londoner West End.

Biegen Sie nach rechts in die Rupert Street. In der verlängerten Rupert Street, der Berwick Street, befindet sich schon seit dem frühen achtzehnten Jahrhundert ein reger Obst- und Gemüsemarkt. Am Nordende gibt es einige Großhandelsgeschäfte, die hauptsächlich Stoffe, Schmuck und Modeaccesoires führen.

Biegen Sie bei der Brewer Street rechts ab, eine Straße, die nach den vielen Brauereien benannt wurde, die sich einst hier befanden. In westlicher Richtung führt die Straße zum Golden Square, dem Zentrum der britischen Filmindustrie. In östlicher Richtung befindet sich am Ende der Straße das Zentrum der rückgängigen Sexindustrie von Soho. Von den unzähligen Sexklubs und -läden von einst gibt es heute nur mehr einige wenige. Dies ist den strengen Bestimmungen und vielleicht auch der konservativen Gegenbewegung nach der Zeit der sexuellen Freizügigkeit zuzuschreiben. Biegen Sie nochmals rechts ab und gehen Sie zurück zur Wardour Street, wo Sie die Ruinen der Pfarrkirche von Soho, **St. Anne's**, sehen. Bis auf den später wiederaufgebauten Turm wurde sie während des zweiten Weltkriegs beinahe vollständig zerstört.

Folgen Sie der **Old Compton Street** nach Osten. Diese Straße ist nach Henry Compton, dem Dekan der Chapel Royal benannt. Die Old Compton Street war einst die wichtigste Geschäftsstraße in Soho. Auch heute noch gibt es eine Reihe von Feinkostläden und Bäckereien, wie z. B. die *Patisserie Valerie* auf Nummer 44. Dazu haben sich mehrere ethnische Restaurants, wie das italienische *Amalfi* auf Nummer 29—31 gesellt.

Biegen Sie bei der Dean Street nach Norden ab. Am Südende der Straße befindet sich auf Nummer 49 ein sehr beliebtes und bekanntes Pub. Bis vor kurzem trug es offiziell den Namen York Minster, wurde aber nach der Herkunft des Besitzers und seiner Söhne "French Pub" genannt; schließlich wurde es offiziell in **French House** umbenannt.

Das Nordende der Straße schmücken hübsche Häuser aus dem achtzehnten Jahrhundert. Auf Nummer 26—29 befindet sich ein weiteres italienisches Restaurant, *Leoni's Quo Vadis*. In der winzigen Wohnung über dem Restaurant hausten von 1851 bis 1856 in schrecklicher Armut Karl Marx, seine Familie und das Kindermädchen. Auf Nummer 88 befindet sich ein Zeitschriftenladen namens *Rippon* mit einer reizenden Rokokofassade aus dem späten achtzehnten Jahrhundert. In dieser

Straße gibt es auch zwei gute indische Restaurants: *Trusha* auf Nummer 11-12 und *The Red Fort* auf Nummer 77.

Biegen Sie nach rechts zum **Soho Square** aus dem Jahre 1681 ab. Soho soll nach dem Schrei benannt sein, mit dem die hier ansässigen Jäger ihre Hunde auf die Jagd schickten. Der Duke of Monmouth, eines der unehelichen Kinder von Karl II., baute sich in der Nähe des Platzes ein riesiges Haus. In der schicksalshaften Schlacht von Sedgemoor 1685, in der er sich gegen die Krone auflehnte, wählte er "Soho" als seinen Schlachtruf. Auch andere Adelige errichteten rund um diesen Platz ihre Villen, und sehr bald entwickelte sich diese Gegend zu einem modernen Wohnviertel, das auf reiche hugenottische Einwanderer eine ebensolche Anziehungskraft ausübte wie später auf Auslandsbotschafter.

Auf dem Platz steht eine von Caius Gabriel Cibber 1681 errichtete Statue von Karl II. 1876 stellte W.S. Gilbert sie im Garten seines Hauses auf, doch 1938 wurde sie zurückerstattet. Von den ursprünglichen Gebäuden auf dem Platz ist kein einziges erhalten geblieben. Auf der Ostseite befindet sich die **St. Patrick's Church**, die im späten neunzehnten Jahrhundert im italienischen Stil wiederaufgebaut wurde. An der nordwestlichen Ecke sehen Sie die **French Protestant Church** Londons, die 1550 gegründet wurde. Das heutige Gebäude wurde 1893 errichtet.

An der südöstlichen Ecke steht ein Gebäude, hinter dessen unscheinbarer Fassade man wohl nicht ein derart luxuriöses Inneres erwarten würde. Es handelt sich um das **House of St. Barnabas** aus dem Jahre 1746. (Geöffnet Mi. 14.30 bis 16.15 Uhr. Do. 11.00 bis 12.30 Uhr. Eintritt frei.) Zu seinen Schätzen zählen Stuckverzierungen im Rokokostil, Holzschnitzarbeiten und feinste Schmiedearbeiten. In dem Haus fanden früher Arme und Bedürftige Zuflucht, heute ist es ein Frauenhaus.

Das Haus geht auf die Greek Street, die nach den griechischen Einwanderern benannt ist, die sich hier nach der Flucht aus dem Osmanischen Reich niederließen. In dieser Straße gibt es zwei gute Restaurants aus dem Land der Magyaren: *The Gay Hussar* auf Nummer 2 und das *Old Budapest* auf Nummer 6. Günstiges und herrliches griechisches Essen erhalten Sie im *Mykonos* um die Ecke in 17 Frith Street.

Biegen Sie bei der ersten Gasse, der Manette Street, nach links. Sie gelangen nun zurück zur Charing Cross Road, wo Sie an der rechten Ecke auf Nummer 113—119 mit **Foyles** das größte Buchgeschäft Londons, ja vielleicht sogar der ganzen Welt, sehen. Zwei Brüder, William and Gilbert Foyle, gründeten dieses Geschäft. Nachdem sie 1904 bei ihren Prüfungen zum Eintritt in den Staatsdienst durchgefallen waren, beschlossen sie, ihre Lehrbücher zu verkaufen. Die erstaunlichen Einnahmen brachten sie auf die Idee, Buchhändler zu werden. In ihrem Imperium befindet sich auch eine Abteilung mit antiquarischen Büchern. Das sage und schreibe fünfstöckige Gebäude quillt nur so über vor Büchern über alle nur erdenklichen Themen und die Manager behaupten, daß Foyles etwa sechs Millionen Bücher lagernd hat. Ein Besuch bei Foyles ist für Buchliebhaber aus aller Welt ein Muß.

Überqueren Sie die Straße und biegen Sie in die Denmark Street ab. Nach einigen Metern kommen Sie zu einer faszinierenden Kirche mit einem hübschen, etwa 50 Meter hohen Barockkirchturm. Es handelt sich um die Kirche **St. Giles-in-the-Fields**, die ursprünglich 1101 als Kapelle eines von Matilda, der Frau von König Heinrich I., gegründeten Leprakrankenhauses errichtet wurde. Es wurde nach dem Heiligen Ägidius, dem Schutzpatron der Geächteten und Bedauernswerten benannt. Im Lauf der Zeit wurde aus der Kapelle eine Pfarrkirche und der Hof füllte sich mit Gräbern von Pestopfern und hingerichteten Gefangenen. 1737 wurde sie von Flitcroft neu aufgebaut; er integrierte viele Elemente des früheren Gebäudes, so z. B. die Eichenschnitzereien über dem Westtor, die den Jüngsten Tag darstellen. In der Kirche befindet sich eine schöne Orgel aus dem Jahre 1671.

Bevor Sie den Rundgang bei der **U-Bahnstation Tottenham Court Road** beenden, kommen Sie an einem weiteren griechischen Restaurant vorbei; das *Rodos* befindet sich ganz in der Nähe in 59 St.Giles High Street. Guten Appetit!

Hilfreicher Bobby

Die HMS Belfast auf der Themse

Bloomsbury — Heimat von
Schriftstellern und Dichtern

Bereits im siebzehnten Jahrhundert war der Bezirk **Bloomsbury** das Wohnviertel der Reichen. Im achtzehnten und neunzehnten Jahrhundert erlebte der Bezirk einen starken Aufschwung und rund um die berühmten Plätze des Bezirks wurden innerhalb kürzester Zeit zahlreiche Häuser erbaut.

Im letzten Jahrhundert erfreute sich dieses Viertel vor allem bei Schriftstellern und Künstlern größter Beliebtheit. Zu den berühmtesten Bewohnern der Häuser rund um die Plätze zählten die Mitglieder der Bloomsbury Group Virginia Woolf, Vanessa Bell und andere, die die Literatur- und Kunstszene in der ersten Hälfte des zwanzigsten Jahrhunderts stark prägten.

Beginnen Sie den Rundgang bei der **U-Bahnstation Tottenham Court Road**. Die gleichnamige Straße verläuft nach Norden und ist sowohl für ihre Elektronik- als auch für ihre Möbelgeschäfte bekannt. Gehen Sie nach Norden und biegen Sie sofort in die Great Russell Street ein. Durch die Nähe zur größten Kulturstätte Londons, dem British Museum, gibt es in dieser Straße unzählige Geschäfte, die hauptsächlich antiquarische Bücher und Landkarten führen.

Biegen Sie nun nach links zum hübschen **Bedford Square**, der sich seit seiner Gründung nur wenig verändert hat. Er wird rundherum von Terrassenhäusern aus dem späten achtzehnten und neunzehnten Jahrhundert begrenzt.

Gehen Sie über die Bloomsbury Street zurück zur Great Russell Street. Linkerhand sehen Sie das riesige, massive Gebäude, in dem das **British Museum** untergebracht ist. (Geöffnet Mo.—Sa. 10.00 bis 17.00 Uhr, So. 14.30 bis 18.00 Uhr. Eintritt frei. Tel. 636-1555.) Das Museum besitzt eine der weltweit größten, umfassendsten und interessantesten Sammlungen an Antiquitäten von unschätzbarem Wert.

Diese Gegenstände wurden von bedeutenden Forschern, fanatischen Sammlern, Antiquitätenhändlern und einfachen Abenteurern zusammengetragen. Sir Hans Sloane legte den Grundstein für das Museum. Er überließ dem Staat 1753 seine Bibliothek und Antiquitätensammlung und beeinflußte das Parlament damit dahingehend, ein nationales britisches Museum zu gründen. Ursprünglich wurde das Museum im Montagu House eingerichtet, wo wertvolle Sammlungen mittelalterlicher Schriften hinzukamen. Die Ausstellungsstücke, die der Öffentlichkeit 1759 in einem begrenzten Rahmen zugänglich gemacht wurden, lockten bald 10 000 Besucher pro Jahr an. Das Areal des Museums wurde für die rasch wachsenden Sammlungen bald zu klein und so wurde 1823 mit dem Bau des heutigen Gebäudes begonnen.

Besorgen Sie sich zuallererst beim Informationsschalter einen Lageplan. Das Museum enthält hervorragende Sammlungen antiker assyrischer und ägyptischer Gegenstände, darunter den Rosetta Stone, den Stein von Rosetta, einen ägyptischen Obelisken und ägyptische Mumien und ihre verzierten Sarkophage. Die griechisch-römische Sammlung weist Skulpturen, Tempelruinen, bemalte Keramikwerkzeuge, Mosaike, Denkmäler und Särge sowie eine sehenswerte Auswahl an etruskischer Kunst auf. Darüberhinaus besitzt das Museum eine Sammlung orientalischer Kunst aus Staaten wie Indien, China, Japan und ihren Nachbarn und Kunstgegenstände und archäologische Funde von den britischen Inseln.

In dem Gebäude befindet sich auch die großartige **British Library**, die Bibliothek mit mehr als 16,5 Millionen Büchern (von denen etwa die Hälfte in anderen Gebäuden in ganz London aufbewahrt werden). Im Round Reading Room, in dem Karl Marx *Das Kapital* schrieb, befinden Sie sich inmitten von etwa 100 000 Büchern. (Lesesäle geöffnet Mo., Fr. und Sa. 9.00 bis 17.00 Uhr, Di. und Do. 9.00 bis 21.00 Uhr. Tel. 323-7111.) Die Bibliothek umfaßt auch eine unschätzbare Sammlung antiker Manuskripte; einige, wie z. B. die Magna Charta sind ausgestellt.

Der Besuch des Museums wird wahrscheinlich einige Stunden in Anspruch nehmen. Danach gehen Sie zum östlich gelegenen **Bloomsbury Square** weiter. Der Platz wurde im siebzehnten Jahrhundert vom vierten Duke of Southhampton gelegt, nach dem er ursprünglich auch benannt wurde. Die ursprünglichen Gebäude sind nicht erhalten geblieben, aber der Platz ist noch immer sehr nett. Folgen Sie der Bedford Place mit ihren netten Häusern aus dem achtzehnten Jahrhundert zu beiden Seiten, die großteils als Büros oder kleine Hotels verwendet werden.

Der nächste Platz ist der **Russell Square**, der größte Platz in Bloomsbury. Auf der Südseite liegen die Gebäude der 1836 gegründeten **Londoner Universität**. London bekam als letzte der großen europäischen Hauptstädte eine eigene Universität. 1878 war sie die erste Universität in Großbritannien, die Frauen mit voller Gleichberechtigung zum Studium zuließ.

Die Gasse, die von der nordwestlichen Ecke des Platzes abzweigt, führt zum Woburn Square. Am Westende befand sich die **Courtauld Institute Galleries** mit einer wunderschönen Sammlung impressionistischer und moderner Kunst, die 1989 ins Somerset House verlegt wurde. (Geöffnet Mo.—Sa. 10.00 bis 18.00 Uhr, So. 14.00 bis 18.00 Uhr. Eintrittsgebühr. Tel. 873-2526.)

Rechterhand wird der Platz von der **Percival David Foundation of Chinese Art** begrenzt, die eine einzigartige und umfassende Sammlung chinesischer Keramik vom zehnten bis zum achtzehnten Jahrhundert aufweist. (Geöffnet Mo. 14.00 bis 17.00 Uhr, Di.—Fr. 10.30 bis 17.00 Uhr, Sa. 10.30 bis 13.00 Uhr. Eintritt frei. Tel. 387-3909.)

Der Gordon Square wird ebenfalls von netten Häusern umgeben, die sich den Charakter vergangener Tage bewahrt haben. Gehen Sie nach rechts in Richtung **Tavistock Square**. Hier wohnten Virginia und Leonard Woolf, die den Mittelpunkt der Bloomsbury Group bildeten. Biegen Sie

BLOOMSBURY

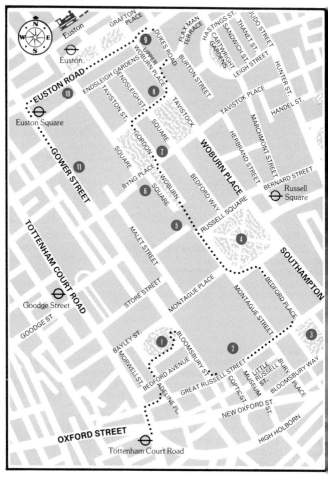

Legende
1. Bedford Square
2. British Museum
3. Bloomsbury Square
4. Russell Square
5. London University
6. Courtauld Institute Galleries
7. Percival David Foundation of Chinese Art
8. Jewish Museum
9. St. Pancras Church
10. Wellcome Institute for the History of Medicine
11. University College

Vier Karyatiden der St. Pancras Church

nach links auf den Upper Woburn Place. An der Ecke befindet sich das **Jewish Museum** mit einer Sammlung jüdischer ritueller und religiöser Gegenstände. (Geöffnet Di.—Fr. 10.00 bis 16.00 Uhr, Fr. im Winter und So. 10.00 bis 12.45 Uhr. Eintritt frei. Tel. 388-4525.)

Biegen Sie nach rechts auf den Woburn Walk, wo einige nette Läden mit Fassaden aus dem achtzehnten Jahrhundert zu sehen sind. Folgen Sie nun der Dukes Road bis zur Rückseite der 1822 im Stil der griechischen Renaissance erbauten **St. Pancras Church**. An der Nordfassade der Kirche befindet sich in Anlehnung an das Erechtheum in der Akropolis in Athen eine Veranda. Die vier Frauenfiguren sind keine besonders gelungenen Kopien der Karyatiden an ihrer Außenseite.

Die geschäftige Euston Road verläuft in Ost-West-Richtung. In der Ferne erheben sich im Osten die Türme von **St. Pancras Chambers** (das ehemalige Midland Grand Hotel), ein viktorianisches, gotisches Prachtwerk von Sir George Gilbert Scott aus dem Jahre 1869. Heute ist es ein Bürogebäude. Darunter liegt die **Eisenbahnstation King's Cross**; das riesige Gebäude aus Eisen und Glas wurde zwar zur selben Zeit erbaut, stellt aber in starkem Gegensatz dazu den Höhepunkt der viktorianischen Moderne dar.

Biegen Sie nach links auf die Euston Road, wo sich auf Nummer 183 das **Wellcome Institute for the History of Medicine** befindet. Es enthält eine Bibliothek über die Geschichte der Medizin und wechselnde

Ausstellungen über Gesundheit und Medizin. (Geöffnet Mo.—Mi. und Fr. 9.15 bis 17.15 Uhr, Do. 9.15 bis 19.30 Uhr. Eintritt frei. Tel. 387-4477.)

Biegen Sie bei der Gower Street nach links. Auf der Westseite der von georgianischen Häusern gesäumten Straße wohnten früher viele englische Künstler und Intellektuelle, darunter John Millais, P.M. Roget (der den Thesaurus verfaßte), D.H. Lawrence, Charles Darwin und andere.

Auf der Ostseite der Straße befindet sich in einem klassizistischen Gebäude mit korinthischer Außenfassade das **University College** der Londoner Universität. Es enthält eine Reihe von sehenswerten Ausstellungsobjekten. In der **Flaxman Gallery** sehen Sie eine Sammlung von Gemälden, Zeichnungen und Stuckarbeiten von John Flaxman. (Geöffnet Mo.—Fr. 10.00 bis 17.00 Uhr. Eintritt frei. Tel. 387-7050.)

Das **Petrie Museum**, das für die Anzahl der ausgestellten Gegenstände etwas klein ist, beherbergt eine außergewöhnliche Sammlung ägyptischer archäologischer Funde von der prähistorischen bis zur koptischen Epoche mit seltenen Fragmenten von Briefen von El Amarna. (Geöffnet Mo.—Fr. 10.00 bis 12.00 Uhr und 13.15 bis 17.00 Uhr. Eintritt frei. Tel. 387-7050/Dw. 2884.)

Die Ausstellungsgegenstände des College werden durch das "Selbstporträt" des 1832 verstorbenen Jeremy Bentham vervollständigt. Auf seinen Wunsch hin wurde sein Körper konserviert und ist nun in seinen besten Kleidern in einem Glassarg ausgestellt.

Weitere Sehenswürdigkeiten in der Umgebung

Im **Dickens House Museum** wohnte der talentierte Schriftsteller Charles Dickens von 1837 bis 1839. (48 Doughty St. Geöffnet Mo.—Sa. 10.00 bis 17.00 Uhr. Eintrittsgebühr. Tel. 405-2127.) Hier schrieb er *Oliver Twist* und stellte *The Pickwick Papers* und *Nicholas Nickleby* fertig. Zu den Ausstellungsstücken zählen auch persönliche Gegenstände des Autors.

Die **Thomas Coram Foundation for Children** stellt Kunstschätze des 1738 von Captain Thomas Coram gegründeten Foundling Hospital aus. (40 Brunswick Square. Geöffnet Mo.—Fr. 10.00 bis 16.00 Uhr. Manchmal wegen Tagungen geschlossen. Eintrittsgebühr. Tel. 278-2424.) Hogarth, Reynolds und andere vermachten dem Spital ihre Werke, damit sie ausgestellt würden und die Aufmerksamkeit der Öffentlichkeit und Spendengelder anlockten.

Oxford Street und St. Marylebone —
Ein Einkaufsparadies

Jedes Jahr kommen Millionen Touristen nach London. Viele kommen wegen der unzähligen Einkaufsgelegenheiten und lassen die Kassen der Geschäfte und Warenhäuser klingeln. Sie lassen Pfundbeträge in Millionenhöhe im Land und leisten somit einen wichtigen Beitrag zur englischen Wirtschaft.

Der Großteil der Einkäufe erfolgt in einer Gegend, die sich unter allen Einkaufstouristen bereits einen Namen gemacht hat: der **Oxford Street**. Diese Straße erstreckt sich vom Marble Arch im Westen bis zur Tottenham Court Road im Osten und wurde anscheinend schon zur Zeit der Römer gepflastert. Ihren Namen erhielt sie erst relativ spät, im sechzehnten Jahrhundert; sie wurde nach der Familie De Vere benannt, den Earls of Oxford im sechzehnten Jahrhundert.

Beginnen Sie den Rundgang bei der **U-Bahnstation Marble Arch** und gehen Sie in Richtung Osten. Da es unmöglich ist, alle Geschäfte in der Oxford Street anzuführen, beschränken wir uns auf die wichtigsten.

Im ersten Häuserblock finden Sie auf der rechten Straßenseite auf Nummer 527-531 das riesige Plattengeschäft *Smithers and Leigh*, das angeblich alles anbietet, was hörenswert ist. Auf Nummer 506 befindet sich an der Ecke Portman Street das auf relativ günstige Kleidung spezialisierte Geschäft *Littlewoods*. Etwas weiter östlich gelangen Sie auf Nummer 485 zu einer Niederlassung der beliebtesten und berühmtesten Bekleidungskette in London, **Marks & Spencer**. Niederlassungen von *Marks & Spencer* gibt es in London, England und sogar in Übersee. Sie sind für ihre nicht allzu hohen Preise und qualitativ hochwertigen Waren, von Bekleidung bis zum Räucherlachs, bekannt.

Bevor Sie links in die Orchard Street einbiegen, besuchen Sie das angesehene Warenhaus, das der Straße ihren Ruf und ihr Ansehen verschaffte, **Selfridges**. Es wurde 1908 vom Amerikaner Gordon Selfridge gegründet und seine neoklassizistische Außenfassade sticht sofort ins Auge; beachten Sie die Dame auf der Fassade. Selfridges ist besonders für seine Kosmetik-, Lebensmittel- und Bekleidungsabteilung bekannt und die Preise sind normalerweise extrem hoch. Ein ganz besonderes Erlebnis ist ein Besuch zur Weihnachtszeit.

Im Keller dieses Gebäudes hatte Bell Telephone das ''Mischpult'' untergebracht, mit Hilfe dessen eine direkte Telefonverbindung zwischen dem amerikanischen Präsidenten und dem britischen Premierminister Winston Churchill hergestellt wurde.

Folgen Sie der Orchard Street bis zum Kern des Bezirks **St. Marylebone**, das sich zum Großteil im achtzehnten Jahrhundert entwickelte. Am

OXFORD STREET
UND ST. MARYLEBONE

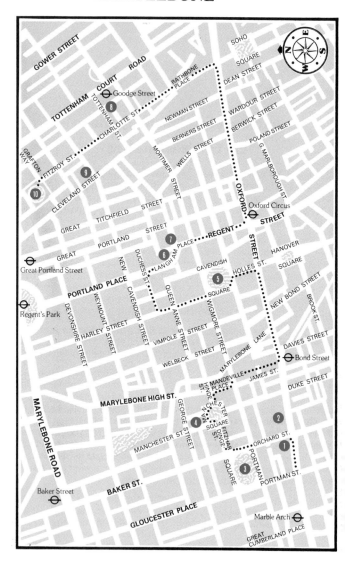

Legende

1. Marks & Spencer
2. Selfridges
3. Portman Square
4. Wallace Collection
5. Cavendish Square
6. BBC Gebäude
7. All Souls Church
8. Pollock's Toy Museum
9. British Telecom Tower
10. Fitzroy Square

Öffentlicher Verkehr auf der Londoner Oxford Street

Portman Square sind zwei alte Häuser auf Nummer 21 und 20 erhalten geblieben; letzteres wurde 1776 von Robert Adam erbaut.

Biegen Sie nach rechts in die Fitzhardinge Street und gehen Sie bis zum **Manchester Square**, der 1776, zur selben Zeit wie das Haus des vierten Duke of Manchester, entstand. 1872 wurde das Haus an Richard Wallace, den Marquis von Hertford, verkauft. Heute ist darin eine fantastische Kunstsammlung, die **Wallace Collection**, zu sehen. (Geöffnet Mo.—Sa. 10.00 bis 17.00 Uhr, So. 14.00 bis 17.00 Uhr. Eintritt frei. Tel. 935-0687.) Dies ist eine der umfassendsten und bedeutendsten Sammlungen Großbritanniens. Sie wurde 1900 für die Öffentlichkeit zugänglich gemacht und enthält eine große Anzahl und breite Palette schöner Werke, von den Gemälden bedeutender Künstler bis hin zu Möbeln und Haushaltsgegenständen. Zu den Prachtstücken zählen Gemälde von Rembrandt, Velázquez und Rubens. Dieses einmalige Museum sollten Sie sich nicht entgehen lassen.

Gehen Sie beim Verlassen des Gebäudes nach Osten. In dieser Gegend gibt es mehrere gewundene Straßen, die dem ehemaligen Flußbett des Tyburn River folgen. Biegen Sie beim Mandeville Place nach rechts und gehen Sie über den St. Christopher's Place zurück zur Oxford Street. Diese auf beiden Seiten mit viktorianischen Gebäuden gesäumte Straße weist eine Vielzahl von Boutiquen und feinen Restaurants auf.

Gehen Sie weiter auf der Oxford Street in Richtung Osten. Nahe der U-Bahnstation Bond Station befindet sich ein kleines, nettes Einkaufszentrum, in das man zumindest einen Blick werfen sollte.

Daneben befindet sich das große Plattengeschäft *HMV*. Das nächste Warenhaus ist *Debenham's* auf Nummer 334-338; auch dieses hat sich in England zu einer Kette entwickelt. Es bietet eine Auswahl an qualitativ hochwertiger Bekleidung um einen verlockenden Preis. Es ist sicher einen Besuch wert, besonders auch um seine geschmackvolle Inneneinrichtung zu sehen.

Im beliebten Geschäft *John Lewis* finden Sie eine große Auswahl an günstigen Stoffen und Haushaltsartikeln. Biegen Sie nach links in die Holles Street ein, über die Sie zum **Cavendish Square** gelangen. Zur Mittagszeit begeben sich die Londoner scharenweise hierher, um hier im Schatten der Bäume ihre Mittagspause zu halten und ein Sandwich und ein Getränk zu sich zu nehmen.

Der Cavendish Square wurde 1717 für Robert Harley angelegt, nach dem die nordwestlich abzweigende Straße benannt wurde. Folgen Sie dieser Straße, die zu beiden Seiten von netten Häusern aus dem achtzehnten Jahrhundert gesäumt ist. Die Harley Street hat sich zu einer besonders bei Fachärzten sehr beliebten Gegend entwickelt und das Ansehen dieser Gegend spiegelt sich in ihren Honoraren wider.

Biegen Sie nach rechts in die Duchess Street und gehen Sie bis zur Portland Place. Diese Straße beginnt beim Regent's Park und war ein Teil des grandiosen Plans von Nash aus dem frühen neunzehnten Jahrhundert (siehe auch ''Regent's Park — Die erste Gartenstadt'').

Gehen Sie in Richtung Süden. Zu Ihrer linken befindet sich am Ostende der Portland Place das riesige Gebäude, in dem seit 1931 die **BBC** untergebracht ist. Dieses Gebäude ist der Ersatz für ein von Nash als Teil seines Plans errichteten Gebäudes; Nash erbaute dieses als Ersatz für das Foley House aus dem achtzehnten Jahrhundert.

Gleich nebenan befindet sich in der Kurve der heutigen Langham Place die Kirche **All Souls Church**. Auch sie war Teil des Plans von John Nash (1824). Die Kirche wurde im zweiten Weltkrieg zerstört und die heutige Innengestaltung ist relativ modern.

Hier beginnt die Regent Street. Gehen Sie zum Oxford Circus und biegen Sie links in die Oxford Street. Dieser Abschnitt bietet ebenfalls eine Vielzahl an Geschäften, die Kleidung, Schuhe, Schmuck und Schallplatten anbieten.

Sie können Ihren Rundgang hier beenden oder die Straße noch bis zur Rathbone Place entlangspazieren. Wenn Sie Ihren Blick linkerhand nach oben schweifen lassen, sehen Sie den **British Telecom Tower** aus dem Jahre 1965. Allgemein läuft er unter der Bezeichnung Post Office Tower (sein ursprünglicher Name). Mit einer Höhe von etwa 189 Metern gehört er zu den höchsten Gebäuden in London.

Biegen Sie nach links ab. Der obere Teil der Straße, die Charlotte Street, ist von Restaurants gesäumt. Auf der Scala Street befindet sich **Pollock's Toy Museum** mit einer vielfältigen Sammlung von Spielzeug aus dem neunzehnten Jahrhundert. (Geöffnet Mo.—Sa. 10.00 bis 17.00 Uhr. Eintrittsgebühr. Tel. 636-3452.) Von ganz besonderem Interesse ist dieses Museum für jene, die oft nostalgisch an die Kindheit zurückdenken.

Vorbei am British Telecom Tower können Sie den Rundgang beim reizenden **Fitzroy Square** beenden. Er wird von Gebäuden aus dem späten achtzehnten Jahrhundert umgeben, die zum Großteil auf Robert Adam zurückgehen. Anfang des Jahrhunderts wohnten hier viele Mitglieder der Bloomsbury Group, darunter George Bernard Shaw auf Nummer 29, später dann Virginia Woolf. Dieser Platz erfreut sich heute größter Beliebtheit und rundherum haben viele Restaurants aufgemacht — eine gute Gelegenheit, einen anstrengenden Einkaufstag angenehm ausklingen zu lassen.

Regent's Park —
Die erste Gartenstadt

Der Regent's Park ist ein freundliches, nettes Plätzchen im Zentrum der englischen Hauptstadt. Gleichzeitig gehört er mit seiner Kombination aus Wohnhäusern und viel freiem, naturbelassenem Areal rundherum zu den erfolgreichsten Konzepten und Entwicklungsprojekten Londons.

Dieser Bezirk, der einst unter dem Namen Marylebone Fields lief, wurde erstmals vom begeisterten Jäger König Heinrich VIII. eingezäunt. Er blieb bis zum Bürgerkrieg im siebzehnten Jahrhundert, als Oliver Cromwell das Land aufteilte und als Farmland verpachtete, im Besitz der Krone. Nach dem Auslaufen der Pacht im Jahre 1811 ging das Gebiet wieder gänzlich an die Krone und der Prinzregent, der spätere König Georg IV., beschloß die Neugestaltung dieses Gebiets.

Diese Aufgabe fiel dem angesehenen Architekten des neunzehnten Jahrhunderts John Nash zu. Er entwarf ein Stadtviertel mit Parks mit einem Teich, Bäumen, großen Rasenflächen, riesigen Villen und einem inneren und einem äußeren Ring mit herrlichen Terrassenhäusern. Ein breiter Boulevard sollte den Park mit dem Stadtzentrum verbinden und das Südende sollte als Geschäftsteil ausgelegt werden.

Der grandiose Plan wurde aber nur teilweise realisiert. Von den sechsundzwanzig geplanten Villen wurden nur acht erbaut und von den Terrassenhäusern des inneren Rings wurde kein einziges errichtet. Dennoch ist jener Teil des Entwurfs, der tatsächlich realisiert wurde, auch heute noch eine erfrischende grüne Oase mitten in der Metropole London. Das ganze Jahr über kommen viele Touristen hierher, um die Anlage zu bewundern.

Beginnen Sie den Rundgang bei der **U-Bahnstation Regent's Park**. Beim Verlassen der Station sehen Sie am Südrand des Platzes eine Reihe von halbkreisförmig angeordneten Häusern. Es handelt sich um den **Park Crescent**. Von der Mitte des Parks verläuft die Straße südlich bis ins Zentrum Londons. Blicken Sie über den großen **Park Square** nach Norden. Terrassenhäuser mit ionischen Fassaden umgeben den Platz auf beiden Seiten. Die Häuser zu Ihrer rechten wurden im neunzehnten Jahrhundert für das Diorama verwendet, eine Unterhaltungsshow, die vor der Einführung bewegter Bilder in Mode war. An der nordöstlichen Ecke gegenüber des Platzes befindet sich das 1964 erbaute **Royal College of Physicians**.

Betreten Sie den Park über den Broad Walk. Dieser Weg verläuft in Süd-Nord-Richtung durch den Park. Hinter den Grünflächen zu Ihrer rechten können Sie entlang des äußeren Rings des Parks einige der hübschen Terrassenhäuser von Nash sehen; zuerst Cambridge Terrace, dann Chester Terrace und schließlich Cumberland Terrace (das wohl beeindruckendste Gebäude hier). Daneben befindet sich die **Danish**

REGENT'S PARK

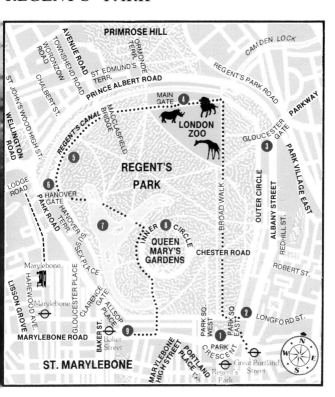

Legende

1. Park Square	6. London Mosque
2. Royal College of Physicians	7. Regent's Park Lake
3. Danish Church	8. Open Air Theatre
4. London Zoo	9. Madame Tussaud's Wax Museum,
5. Winfield House	London Planetarium

Church; sie wurde im neunzehnten Jahrhundert im neugotischen Stil errichtet und ursprünglich nach der Heiligen Katherina benannt. In den 50er Jahren dieses Jahrhunderts machte die dänische Gemeinde sie zu ihrem Zentrum. Das Gebäude nördlich der Kirche, **Gloucester Lodge**, stellt auf dieser Seite die Begrenzung des Projekts von Nash dar.

Gehen Sie bis zum Ende dieses Wegs, bis Sie zum **Regent's Canal** kommen. Er wurde 1820 ausgehoben und begrenzt den Park im Norden. Im Sommer fährt der Waterbus vom Pier am Ufer des Kanals ab nach **Little Venice**, einem ruhigen Plätzchen westlich des Parks, das von hübschen viktorianischen Gebäuden umgeben ist. Die zahlreichen kleinen Kaffeehäuser sind genau das Richtige für einen gemütlichen Nachmittag.

Am Nordufer des Kanals liegt der grasbewachsene **Primrose Hill**. Linkerhand sehen Sie den Zaun des berühmten **London Zoo**. (Geöffnet April—Okt. Mo.—Sa. 9.00 bis 18.00 Uhr, So. 9.00 bis 19.00 Uhr; Nov.—März täglich 10.00 bis Sonnenuntergang. Eintrittsgebühr. Tel. 722-3333.) Der Londoner Zoo ist der älteste der Welt. Er wurde 1825 für die Mitglieder der Zoological Society gegründet und 1847 zweimal wöchentlich für die Öffentlichkeit zugänglich gemacht. Von den ursprünglich fünf Morgen wurde der Zoo seither auf etwa 35 Morgen ausgeweitet. Er beheimatet eine große Palette an Säugetieren, Vögeln, Reptilien und andere Geschöpfe aus aller Welt. Es gibt hier viele Attraktionen für die ganze Familie, darunter einen Kinderzoo, wo die Kinder manche Tiere angreifen und streicheln können und auf manchen sogar reiten dürfen.

Gehen Sie weiter in westlicher Richtung entlang des äußeren Rings, des Outer Circle. Nach ein paar hundert Metern sehen Sie in der Südkurve der Straße linkerhand das **Winfield House**, eine der wenigen Villen in dem Park. Sie wurde 1936 für die reiche Erbin Barbara Hutton anstelle eines der ursprünglichen Häuser erbaut und ist heute der Wohnsitz des amerikanischen Botschafters in Großbritannien.

Einige Schritte weiter sehen Sie rechterhand das Minarett und die goldene Kuppel der eindrucksvollen **London Mosque**, der Londoner Moschee aus dem Jahre 1977. Die angrenzenden Gebäude dienen der moslemischen Bevölkerung Londons als Kulturzentrum.

Biegen Sie nach links und folgen Sie dem Weg zu einer Brücke über den **Regent's Park Lake**. Der Teich gehörte auch zum ursprünglichen Entwurf von Nash; das Wasser kommt vom unterirdisch verlaufenden Fluß Tyburn. Gehen Sie nun über die nächste Brücke zum Inner Circle, zum inneren Ring des Parks. Vor Ihnen befindet sich das **Open Air Theatre**, ein Freilufttheater, in dem seit 1932 im Sommer bei entsprechendem Wetter Aufführungen stattfinden.

Anstelle der für den inneren Ring geplanten Terrassenhäuser wurde unter der Leitung der Royal Botanic Society ein Garten angelegt. Nach der Auflösung dieser Gesellschaft wollte Königin Maria, die Frau von König Georg V., diesen Garten erhalten und daher trägt dieser heute den Namen **Queen Mary Gardens**. Es gibt hier einen exquisiten Rosengarten und einen kleinen Pavillion, von wo aus Musiker während der Sommermonate die vorbeispazierenden Parkbesucher unterhalten. 1982 wurden bei einem Bombenanschlag von Terroristen hier viele der Orchestermusiker verletzt. Es gibt hier auch eine Cafeteria.

Verlassen Sie den Park am Südeingang und gehen Sie zwischen zwei Terrassenhäusern durch auf die geschäftige Marylebone Road. Biegen Sie nach rechts und beenden Sie den Rundgang bei der bekanntesten und berühmtesten Touristenattraktion Londons, bei **Madame Tussaud's Wax Museum**. (Geöffnet täglich 10.00 bis 17.30 Uhr. Eintrittsgebühr. Tel. 935-6861.) Die Französin Madame Tussaud begann ihre Karriere mit dem Entwurf von Wachsfiguren der französischen Königsfamilie und gestaltete später die Totenmasken all jener, die während der französischen Revolution durch die Guillotine starben. Nachdem sie schon viele Jahre in England gelebt hatte, gründete sie 1835 das Wachsfigurenkabinett. Die Museumsdirektoren wollen heute mit der

Zeit gehen und die ausgestellten Figuren wechseln, sobald neue Stars auftauchen. Nur die Dauerbrenner in der Gunst des Publikums sind immer ausgestellt. Unter anderem können Sie die größten Popstars, Politiker, die königliche Familie, bedeutende historische Begebenheiten, eine Nachstellung der Schlacht von Trafalgar und den obligaten Raum des Schreckens sehen, wo auch eine Hinrichtung nachgestellt wird.

Neben dem Museum befindet sich das **London Planetarium**. (Geöffnet täglich 11.00 bis 16.30 Uhr. Eintrittsgebühr. Kombinationstickets mit Madame Tussaud's erhältlich. Tel. 486-1121.) Hier wird stündlich die Welt vor Ihnen ausgebreitet. Viel Spaß!

Hyde Park und Kensington Gardens — grüne Oasen in der Stadt

Der Hyde Park umfaßt riesige Grünflächen mit Bäumen, Blumen und Gewässern, Vogelbestände, Reitpfade und Sport- und Freizeiteinrichtungen und all das im Herzen der pulsierenden Weltstadt. All diese Faktoren tragen das ihre dazu bei, daß dieser Park nicht nur der berühmteste Park der Stadt, sondern auch der Lieblingspark der Londoner ist. Ein Spaziergang hier ist jeden Tag ein Vergnügen, besonders aber sonntags, wenn spezielle Aktivitäten stattfinden.

Beginnen Sie den Rundgang bei der **U-Bahnstation Marble Arch**, die sich am nordöstlichen Ende des Parks befindet. Beim Verlassen der U-Bahnstation stehen Sie vor dem riesigen, von John Nash als Tor zum Buckingham Palast entworfenen **Marble Arch**. Nash hatte sich dabei von dem Konstantinsbogen in Rom beeinflussen lassen. 1851 wurde der Bogen vom Buckingham Palast an seinen heutigen Standort verlegt und als die Straßen in dieser Gegend verbreitert wurden, blieb der Bogen einfach in der Mitte einer Verkehrsinsel stehen.

Im Süden zweigt von dem Bogen die Park Lane mit den vornehmsten Londoner Hotels ab. Das berühmteste ist zweifellos das *Dorchester*. Von den ursprünglich Anfang des neunzehnten Jahrhunderts hier errichteten Gebäuden sind nur wenige erhalten geblieben; sie befinden sich zwischen Nummer 93 und 99.

Am Ende der Park Lane befindet sich der ursprünglich 1828 am Südosteingang des Parks errichtete **Wellington Arch**. Heute befindet sich dieser Bogen gegenüber vom **Apsley House**, das zwischen 1770 und 1780 von Robert Adam erbaut wurde. 1817 kaufte der erste Duke of Wellington, der Anfang des neunzehnten Jahrhunderts Oberkommandant der Armee war, das Gebäude. 1952 wurde hier das **Wellington Museum** eröffnet; es zeigt Erinnerungsstücke, persönliche Gegenstände und eine große Kunstsammlung des "Eisernen Grafen". (Geöffnet Di.—Do. und Sa. 10.00 bis 18.00 Uhr, So. 14.30 bis 18.00 Uhr. Eintrittsgebühr. Tel. 499-5676.) Das Museum und der Bogen befinden sich in der Mitte einer Verkehrsinsel und das gesamte Gebiet wird als **Hyde Park Corner** bezeichnet.

Etwas weiter westlich der Station Marble Arch befindet sich eine weitere Verkehrsinsel. In der Mitte steht das **Tyburn Memorial**, das an die schauderlichsten Aspekte in der Geschichte Londons erinnert. Vom zwölften bis zum achtzehnten Jahrhundert wurden auf diesem Platz am Ufer des Tyburn all jene hingerichtet, die von den königlichen Gerichten zum Tode verurteilt worden waren. Anfänglich wurde einfach ein hier befindlicher Baum verwendet, um die Verurteilten zu hängen. Als die Zahl der Hinrichtungen immer größer wurde, errichtete man hier in einer Art Dreieck ständige Galgen, sodaß fünfzehn Hinrichtungen gleichzeitig möglich wurden. Die Hinrichtungen lockten scharenweise Schaulustige an, vom Bettler bis zu den Adeligen, die manchmal in den Genuß besonderer Attraktionen, wie Züchtigungen, Folterungen und Vierteilungen kamen.

HYDE PARK
UND KENSINGTON GARDENS

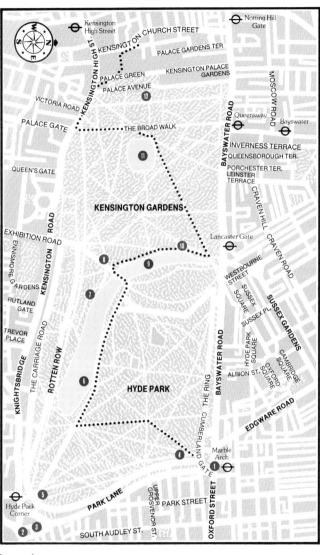

Legende

1. Marble Arch
2. Wellington Arch
3. Apsley House, Wellington Museum
4. Speakers' Corner
5. Achilles-Statue
6. Serpentine
7. Lido
8. Serpentine Gallery
9. Long Water
10. Peter Pan Statue
11. Round Pond
12. Kensington Palace

Wenn Sie die Straße im Park überqueren, kommen Sie zum **Speaker's Corner**. 1872 erließ das Parlament ein Gesetz, demzufolge sich die Menschen hier versammeln durften. Heute darf hier jedermann seine Meinung kundtun, solange er nicht gegen die öffentliche Moral verstößt oder öffentliches Ärgernis erweckt. Sonntags finden sich im Speaker's Corner zahlreiche Londoner und Unmengen an Touristen ein. Die Redner kämpfen um die Gunst ihrer Zuhörer, überall sind verbale Auseinandersetzungen zu vernehmen und nicht erst einmal sind die angeregten Diskussionen nur knapp an physischen Auseinandersetzungen vorbeigegangen.

Spazieren Sie auf den verschiedenen Wegen des Hyde Park entlang. Ursprünglich war der **Hyde Park** Teil des Eia Anwesens. In der für ihn typischen Art wollte König Heinrich VIII. das Gebiet für sich alleine haben, denn hier gab es Wild und Wölfe in großer Zahl. Um aus diesem Gebiet königliches Jagdgebiet zu machen, überredete er die Besitzer, die Mönche der Westminster Abtei, es gegen ein anderes, für ihn nicht so nützliches zu tauschen. Das Gebiet, das er von den Mönchen erhielt, ließ er einzäunen.

1637 bestimmte König Karl I. den Hyde Park zum ersten königlichen Park, der für die Öffentlichkeit zugänglich gemacht werden sollte. Damals war der **Ring**, die Straße rund um den Park, bereits gepflastert und entwickelte sich sehr rasch zu einem häufig von Kutschen befahrenen Ort. Im achtzehnten Jahrhundert war der Park eine eher zwielichtige Gegend und vielleicht gerade deshalb bei den Söhnen Adeliger sehr beliebt, die sich in den versteckteren Teilen des Parks ungesetzliche Duelle lieferten. Anfang des neunzehnten Jahrhunderts stieg das Ansehen des Parks und er erfreute sich immer größerer Beliebtheit.

Gehen Sie auf dem Weg zum Ufer der **Serpentine**, des langen, künstlichen Teichs, in südlicher Richtung. Der Teich schlängelt sich durch den Park und ist bei Wasservögeln ebenso beliebt wie bei allen, die gerne baden, denn dies ist am Strand **Lido** am Südufer möglich. Entlang des südlichen Teils des Parks wurde die Rotten Row gepflastert, 1851 fand in dem Gebiet zwischen der Rotten Row und Knightsbridge die Weltausstellung statt. Anläßlich dieser Ausstellung erbaute John Paxton den berühmten Crystal Palace, den Kristallpalast, der später abgebaut und verlegt wurde. Vor einiger Zeit wurde in diesem Gebiet ein Denkmal für die jüdischen Opfer des Holocaust errichtet. Weiter östlich befindet sich nahe des Eingangs Hyde Park Corner die **Achillesstatue**, die zu Ehren des Duke of Wellington und seiner Soldaten errichtet wurde.

Spazieren Sie am Nordufer der Serpentine entlang und überqueren Sie nach dem Bootssteg auf der letzten heute noch in London in Verwendung stehenden Brücke von John Rennie den Teich. Südwestlich des Teichs befindet sich das *Serpentine Restaurant* und gleich daneben liegt die **Serpentine Gallery**, die für ihre Ausstellungen moderner Kunst bekannt ist. (Die jeweils aktuellen Ausstellungen entnehmen Sie den Zeitungen.) Der nördliche Teil des Teichs liegt im Gebiet von Kensington Gardens und trägt den Namen **Long Water**.

Gehen Sie am Westufer des Teichs weiter nach Norden, bis Sie zur **Statue von Peter Pan** kommen. Nördlich davon liegen Wassergärten.

Beginnen Sie hier Ihren Spaziergang durch **Kensington Gardens**. Dieser Park wirkt wie die Verlängerung des Hyde Park, ist aber symmetrischer angelegt und auch schöner als der Hyde Park. Queren Sie in südwestlicher Richtung bis zum **Round Pond**, dem runden Teich, der mit bunten Blumenbeeten verziert ist. Der Teich liegt gegenüber vom **Kensington Palace**, der Londoner Residenz von Charles und Diana, dem Prinzen und der Prinzessin von Wales.

Wilhelm III. erstand dieses Gebäude 1689 und beauftragte Wren mit der Renovierung und dem Ausbau. Wilhelm und Maria waren das erste Königspaar, das hier wohnte; später wohnten hier auch Königin Anne, Georg I. und Georg II.

Königin Victoria wurde im Kensington Palace geboren und lebte hier bis zu ihrem achtzehnten Geburtstag, an dem sie gekrönt wurde. 1899 eröffnete sie anläßlich ihres achtzigsten Geburtstags die **State Apartments**, die Staatsgemächer, für die Öffentlichkeit. (Geöffnet Mo.—Da. 9.00 bis 17.00 Uhr, So. 13.00 bis 17.00 Uhr. Eintrittsgebühr. Tel. 937 9561.) Der Eingang befindet sich an der Ostseite und erfolgt durch den Park.

In den Räumen des Palastes befindet sich eine Vielzahl an Schätzen. Die **Queen's Staircase**, die Treppe der Königin, wurde von Wren entworfen, um den öffentlichen Zutritt zu den State Apartments zu ermöglichen. Die Queen's Apartments wurden seit ihrer Erbauung durch Wren nur geringfügig verändert. In der **Queen's Gallery** sind einige exquisite Schnitzarbeiten zu sehen. Die Privy Chamber weist Deckengemälde auf, die Gott Mars mit dem Order of the Garter, dem Hosenbandorden, darstellen und Wandteppiche der vier Jahreszeiten. Die Decke der Presence Chamber zeigt Apollo. Auch die King's Staircase, die Treppe des Königs, geht auf Wren zurück; die schmiedeeiserne Balustrade von John Tijou wurde erst später hinzugefügt.

An der Decke der **King's Gallery** sind die Abenteuer von Odysseus zu sehen. Ein Teil der Galerie war das Wohnzimmer der Duchess of Kent, der Mutter von Königin Victoria. Hier erfuhr Queen Victoria in der Nacht des 20. Juni 1837 vom Tod ihrer Tante und wurde in Folge zur Königin erklärt.

Im **Duchess of Kent's Dressing Room** wurde die Einrichtung der hiesigen Bewohner im neunzehnten Jahrhundert reproduziert. Im danebenliegenden Raum ist das Spielzeug von Königin Victoria ausgestellt. Durchqueren Sie das **Queen Victoria's Bedroom**, das Schlafzimmer von Königin Victoria, das sie mit ihrer Mutter teilte, und gehen Sie in den **Cupola Room**, in dem Königin Victoria getauft wurde. Vom Fenster dieses Raums sieht man auf den Round Pond.

Im 1984 freigegebenen Erdgeschoß befindet sich die fantastische **Court Dress Collection**, die die Bekleidung von Männern und Frauen umfaßt, die in den letzten beiden Jahrhunderten auf den königlichen Hof kamen. Im neunzehnten Jahrhundert war es so üblich, daß die Adeligen ihre Kinder, sobald sie volljährig waren, dem Hof vorstellten. Zu diesem Anlaß wurden besondere Kleider getragen. Beachten Sie die unter Königin Victoria und ihren Hofdamen beliebte Hutmode: ein langer, weißer Netzschal, der in den Haaren festgesteckt wurde.

Redner und Zuhörer im Speaker's Corner im Hyde Park

Außerhalb des Gebäudes befindet sich die **Orangerie**, die aber normalerweise nicht öffentlich zugänglich ist. Gehen Sie bis zum Broad Walk und biegen Sie nach Süden. Nach der **Queen Victoria Statue**, die 1882 von ihrer Tochter Prinzessin Louise gestaltet wurde, kommen Sie nun zur Kensington Road, einer verkehrsreichen Durchgangsstraße, die den östlichen und den westlichen Teil Londons verbindet.

Gehen Sie in westlicher Richtung bis zum Geschäftsviertel von Kensington, wo heute die Modetrends der Punkgeneration festgelegt werden.

Biegen Sie bei Palace Green nach rechts. Entlang dieses grünen Boulevards befinden sich in fast absoluter Ruhelage einige Villen aus dem neunzehnten Jahrhundert. Heute sind darin größtenteils Konsulate untergebracht.

Biegen Sie nach links und queren Sie zur Kensington Church Street, einer langen, verschlängelten Straße mit einer eher ländlichen Atmosphäre, die an jene Zeit erinnert, als Kensington noch ein malerisches Dorf war. In dieser Straße befindet sich eine Unmenge an Läden, die Bücher und Antiquitäten verkaufen — alles in allem eine nette Gegend für einen Spaziergang. Allen "Schatzsuchern", denen es nicht an Geld mangelt, bieten sich hier unzählige Möglichkeiten, dieses auszugeben.

Beenden Sie den Rundgang bei der **U-Bahnstation Notting Hill Gate**. Hier wird jeden August der Notting Hill Carnival gefeiert, ein buntes, lebhaftes und lautstarkes Fest der westindischen Einwanderer. Eine Pflichtveranstaltung für Reggae- und Kalypsofans. Falls Sie an einem Samstag hierher kommen, lohnt sich auch ein kleiner Spaziergang nach Norden zum facettenreichen **Portobello Road Market**.

Auf dem Rücken eines Pferdes durch den Hyde Park

Die Royal Albert Hall

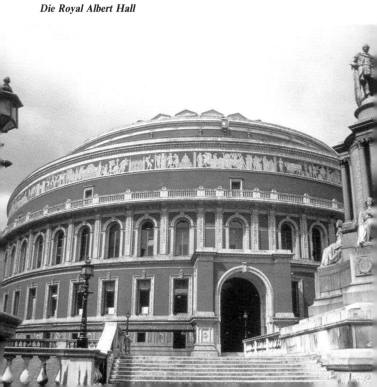

Knightsbridge und Kensington —
Geschäfte und Museen

Namen wie Knightsbridge, Brompton, Belgravia und Kensington wurden schon immer mit Geld, gesellschaftlichem Ansehen, Kultur und anderen Charakteristika der gehobenen Schichten assoziiert. In diesen Gegenden ist auch heute noch diese eigene Mischung aus Glanz, Prestige und Kultiviertheit vorhanden.

Beginnen Sie den Rundgang bei der **U-Bahnstation Knightsbridge**. In dieser Gegend gibt es unzählige vornehme Geschäfte der teuersten Modedesigner. Gehen Sie in die Brompton Road zu dem weltberühmten Warenhaus **Harrods**. Es wurde 1849 gegründet und war ursprünglich ein kleiner Gemischtwarenladen, der aber immer größer wurde. In den 90er Jahren des letzten Jahrhunderts wurde bei Harrods die erste Rolltreppe Londons eingebaut. 1905 übersiedelte das Geschäft an seinen heutigen Standort. Harrods behauptet, jeden Gegenstand dieser Welt zu verkaufen. Angeblich soll der Marketingmanager einmal gefragt worden sein, ob man in seiner Tierabteilung einen Elefanten kaufen könne. Seine Antwort war: "Aber natürlich, welche Art Elefant soll es denn sein, ein afrikanischer oder ein indischer?" Es ist wahrlich ein Erlebnis für sich, durch das Warenhaus zu streifen, von der Lebensmittelabteilung zur Kosmetik- und Bekleidungsabteilung. Jede Abteilung hat einen eigenen Charakter. Besonders um die Weihnachtszeit ist Harrods bei den Londonern und den Touristen für Weihnachtseinkäufe äußerst beliebt. Im vierten Stock gibt es auch eine Touristeninformation.

Auf der anderen Straßenseite befindet sich in 70 Brompton Road die **IBA Broadcasting Gallery**. (Geöffnet Mo.—Fr., Voranmeldung für geführte Besichtigungen erforderlich. Eintritt frei. Tel. 584-7011.) In einer ständigen audiovisuellen Ausstellung wird die Geschichte der Radio- und Fernsehübertragungen gezeigt.

Folgen Sie dieser Straße, die von so luxuriösen Geschäften wie *Lanvin*, *Gianni Versace* und anderen gesäumt ist. Biegen Sie dann nach rechts in die Montpelier Street. Diese Straße aus der ersten Hälfte des neunzehnten Jahrhunderts hat nichts von ihrem besonderen Charakter verloren. Das graue Gebäude links ist das seit 1793 betriebene Auktionshaus *Bonham's Montpelier Galleries*.

Kehren Sie zurück zur Hauptstraße. Linkerhand befindet sich eine kleine Gasse namens *Beaufort Gardens*, die von hüschen Terrassenhäusern gesäumt ist. Biegen Sie bei der nächsten Straße, *Beauchamp Place* nach links. Spazieren Sie entlang der modischen Boutiquen und Porzellangeschäfte, die als *Reject China Shops* bezeichnet werden (In diesen Porzellanläden gibt es verbilligte und teilweise gebrauchte

Waren.) Die meisten großen englischen Hersteller bieten ihre Waren hier an. Sehen Sie sich in Ruhe um, vielleicht entdecken Sie etwas besonders Günstiges.

Gehen Sie die Straße bis zur Walton Street. Die weißen Terrassenhäuser aus dem achtzehnten Jahrhundert stehen in starkem Kontrast zu den roten viktorianischen Ziegelbauten.

Biegen Sie nach rechts und gehen Sie über den Ovington Square, der ebenfalls von Terrassenhäusern begrenzt wird, zurück. Die Kellerwohnungen, die es in all diesen Gebäuden gibt, waren einst die Wohnungen des Hauspersonals; heute sind diese sehr gefragt und dementsprechend teuer.

Kehren Sie zurück zur Brompton Road. Nach einer Weile sehen Sie rechterhand ein Gebäude im italienischen Barockstil. Es handelt sich dabei um das **Brompton Oratory**, heute eine der bedeutendsten katholischen Kirche Londons. Das Gebäude weist eine riesige Kuppel auf und wurde 1884 eröffnet. Dahinter befindet sich am Cottage Place die neugotische Kirche **Holy Trinity**. Diese stammt aus dem Jahre 1829 und ist eines der ersten Beispiele der Neugotik.

Bei der Einmündung der Brompton Road in die Cromwell Road erreichen Sie die Kulturhochburg Londons. Nur schwer lassen sich all diese direkt nebeneinanderliegenden Museen und Akademien in einem einzigen Rundgang besichtigen. Das große Gebäude zu Ihrer rechten ist das **Victoria and Albert Museum**. (Geöffnet Di.—So. 10.00 bis 17.50 Uhr, Mo. 12.00 bis 17.50 Uhr. Eintritt frei. Tel. 938-8500.) Prinz Albert, der Mann von Königin Victoria, war an Kunst und anderen künstlerischen Ausdrucksformen stark interessiert. Um die Entwicklung dieser Sparten zu fördern, gründete er das Museum of Manufacturers, das einige Ausstellungsgegenstände enthält, die erstmals bei der Weltausstellung 1851 gezeigt wurden. 1857 wurde das Museum an seinen heutigen Standort verlegt und 1899 erhielt es den heutigen Namen Victoria and Albert Museum.

Die vielen Ausstellungsstücke, die in den geräumigen Sälen gezeigt werden, decken eine reiche Palette von Kunstrichtungen ab. Das Museum enthält unter anderem Gipsmodelle der schönsten klassischen Werke, japanische, chinesische und indische Kunst, Möbel, Porzellan, Silber und Gold aus den letzten Jahrhunderten; eine hervorragende Schmucksammlung und eine Ausstellung der Mode vom Mittelalter bis zur Gegenwart. Um alles aufnehmen zu können, sollte man wahrscheinlich mehrmals herkommen. In dem netten Restaurant im Erdgeschoß erhält man gutes, günstiges Essen und am Nachmittag kommen die Besucher manchmal in den Genuß von Harfenmusik.

Etwas weiter unten befindet sich in der Cromwell Road das malerische neugotische Gebäude des **Natural History Museum**. (Geöffnet Mo.-Sa. 10.00 bis 18.00 Uhr, So. 11.00 bis 18.00 Uhr. Die Eintrittsgebühr schließt auch einen Besuch im Geological Museum ein. Tel. 938-9123.) Zu den interessantesten hier gezeigten Objekten gehören lebensgroße Skelette von Dinosauriern und einem Wal. Weiterhin werden Pflanzen und Tiere ausgestellt und Themen wie Humanbiologie, Einführung in die Ökologie und verschiedene andere naturwissenschaftliche Fragen behandelt.

KNIGHTSBRIDGE UND KENSINGTON

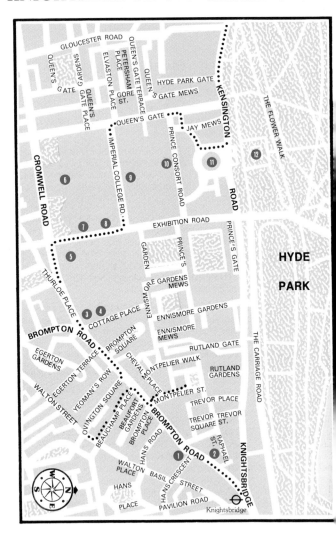

Legende

1. Harrods
2. IBA Broadcasting Gallery
3. Brompton Oratory
4. Holy Trinity
5. Victoria and Albert Museum
6. Natural History Museum
7. Geological Museum
8. Science Museum
9. Queen's Tower
10. Royal College of Music
11. Royal Albert Hall
12. Albert Memorial

Harrods erstreckt sich über einen ganzen Häuserblock

Biegen Sie bei der Exhibition Road nach rechts. Neben dem Natural History Museum befindet sich das **Geological Museum** (Geöffnet Mo.—Sa. 10.00 bis 18.00 Uhr, So. 14.30 bis 18.00 Uhr. Die Eintrittsgebühr ist in dem Ticket für das Natural History Museum inbegriffen. Tel. 589-3444.) Das Museum enthält eine beeindruckende Sammlung von Edelsteinen und Mineralien. In anderen Ausstellungen können Sie ein Erdbeben erleben, Millionen Jahre alte Fossilien kennenlernen, das Sonnensystem verstehen lernen und Kenntnisse über die Verwendung natürlicher Ressourcen erlangen.

Das letzte Museum dieses Rundgangs ist das **Science Museum**. (Geöffnet Mo.—Sa. 10.00 bis 18.00 Uhr, So. 11.00 bis 18.00 Uhr. Eintritt frei. Tel. 938-8000.) Dieses beliebte Museum ist einen eigenen Besuch wert. Es enthält eine Fülle von technischen Ausstellungsstücken, von alten dampfbetriebenen Eisenbahnmotoren über Autos bis hin zur Weltraumausrüstung. Letztere beansprucht viel Platz für sich und zeigt einen Teil von Apollo 10, die 1969 den Mond umrundete. Weiterhin werden die Entwicklung der Luftfahrt, Computer und einige Objekte zum Angreifen gezeigt. Das **Wellcome Museum of the History of Medicine** belegt zwei Stockwerke dieses Gebäudes.

Gleich nach Verlassen des Museums biegen Sie von der Exhibition Road in die Imperial College Road. Zu beiden Seiten befinden sich Gebäude des **Imperial College for Science and Technology**. Rechterhand erhebt sich weit über Ihnen der **Queen's Tower** mit zwei Löwen am Fuße als Turmwachen. Der Queen's Tower ist ein Überrest des Imperial Institute aus dem neunzehnten Jahrhundert. Biegen Sie bei der Queen's Gate nach rechts und folgen Sie dem breiten Boulevard. Beachten Sie auch die hübschen Terrassenhäuser auf der anderen Straßenseite. In der Prince Consort Street befindet sich das **Royal College of Music** mit dem **Museum of Instruments**. (Geöffnet während des Schuljahres nur auf Anfrage. Eintrittsgebühr. Tel. 589-3643.)

Biegen Sie bei der nächsten Gasse, Bremner Road, nach rechts. Vor Ihnen befindet sich die **Royal Albert Hall**, die zu Ehren von Prinz Albert, dem geliebten Ehemann von Königin Victoria, erbaut wurde. Hier finden verschiedene Aufführungen statt, unter anderem die sogenannten Promenade Concerts im Sommer, für die man normalerweise in langen Schlangen anstehen muß.

Direkt gegenüber der Royal Albert Hall befindet sich nördlich auf der anderen Straßenseite eine großes gotisches Denkmal. Es handelt sich um das **Albert Memorial**, das von Sir George Gilbert Scott entworfen und zu Ehren von Prinz Albert aus Spenden der Staatsbürger errichtet wurde. Das Geld, das nach dem Bau des Denkmals noch übrig war, wurde für den Bau der Royal Albert Hall verwendet.

Beenden Sie den Rundgang in dem westlich gelegenen Geschäftsviertel um die Kensington Road.

Weitere Sehenswürdigkeiten in der Umgebung

Im **Commonwealth Institute** werden Ausstellungen über verschiedene Aspekte der Kulturen in den Ländern des British Commonwealth gezeigt. Es gibt auch ein Kunstforum, eine Bibliothek und ein Kino. Das Gebäude selbst ist ein ungewöhnliches Beispiel moderner Architektur. (230 Kensington High St. Geöffnet Mo.—Sa. 10.00 bis 17.00 Uhr, So. 14.00 bis 17.00 Uhr. Eintritt frei. Tel. 603-4535.)

Im **Linley Sambourne House** lebte Ende des neunzehnten Jahrhunderts der größte politische Cartoonist der humoristischen Zeitschrift *Punch*. Die Inneneinrichtung ist seit Sambournes Zeit unverändert geblieben und enthält noch die Originalmöbel. (18 Stafford Terrace. Geöffnet März—Okt. Mi. 10.00 bis 16.00 Uhr und So. 14.00 bis 17.00 Uhr. Eintrittsgebühr. Tel. 081-994-1019.)

Chelsea — Eine klingende Adresse

Bereits im sechzehnten Jahrhundert galt **Chelsea Village** als äußerst angesehene Wohngegend. Teilweise ist der reizende Charme auch heute noch zu spüren und Chelsea ist noch immer eine sehr beliebte Wohngegend.

Beginnen Sie den Rundgang bei der **U-Bahnstation Sloane Square**. Hier befinden sich zwei Theater. Das bekanntere der beiden ist das **Royal Court Theatre**, das Uraufführungen der Stücke von Schriftstellern wie George Bernard Shaw, John Osborne und David Storey brachte. Auf der anderen Seite des Platzes befindet sich ein großes auf Textilien spezialisiertes Warenhaus, *Peter Jones*, dessen Fassade architektonisch von großem Interesse ist.

Die **King's Road** führt vom Platz weg und ist eine der längsten Straßen im Zentrum Londons. Sie wurde nach Karl II. benannt, der diese Straße als Verbindungsstraße seiner beiden Paläste in Whitehall und Hampton Court verwendete. In den 60er Jahren dieses Jahrhunderts machte sich die Straße als Zentrum avantgardistischer Mode einen Namen. Die bekannte Mary Quant machte hier ihr Modehaus auf und viele andere folgten ihrem Beispiel. So kam es, daß Chelsea schließlich den Ton in der Jugendmode angab. Nach einer matten Periode in den frühen 70er Jahren befindet sich diese Gegend nun wieder auf dem aufsteigenden Ast, obwohl sie nicht mehr der Trendsetter von früher ist. Folgen Sie der King's Road, bis Sie nach etwa fünfzig Metern linkerhand einige neoklassizistische Gebäude erblicken. Diese Militärgebäude, die sogenannten **Duke of York's Headquarters**, wurden 1801 als Waisenhaus für die Kinder von gefallenen Soldaten erbaut.

Biegen Sie bei der Cheltenham Terrace nach links, von wo aus Sie die Headquarters besser sehen können. Sie können hier durch die ruhigen, netten Straßen von Chelsea schlendern, die noch immer das Flair vergangener Tage ausstrahlen. Biegen Sie nach rechts auf die St. Leonard's Terrace, die von ganz besonders schönen Häusern gesäumt ist. Auf Nummer 18 wohnte einst der irische Schriftsteller Bram Stoker, der *Dracula* ins Leben rief. Auf Nummer 7 wohnte einige Jahre lang der vielbejubelte britische Schauspieler Sir Lawrence Olivier. Die große, schattige Grünfläche zu Ihrer rechten ist **Burton's Court** und gehörte einst zum Royal Hospital.

Am Ende der Straße müssen Sie gleich bei der ersten Gelegenheit links abbiegen. Sie kommen nun zu einem der berühmtesten Bauten von Sir Christopher Wren, dem **Royal Hospital, Chelsea**. (Anlage geöffnet Mo.—Sa. 10.00 Uhr bis Sonnenuntergang, So. 14.00 Uhr bis Sonnenuntergang. Great Hall, Museum und Kapelle geöffnet Mo.—Sa. 10.00 bis 12.00 Uhr und 14.00 bis 16.00 Uhr, So. 14.00 bis 16.00 Uhr. Eintritt frei. Tel. 730-0160.) Das Spital wurde unter König Karl II. nach dem Vorbild des Pariser Hôtel des Invalides von Ludwig XIV. als

CHELSEA

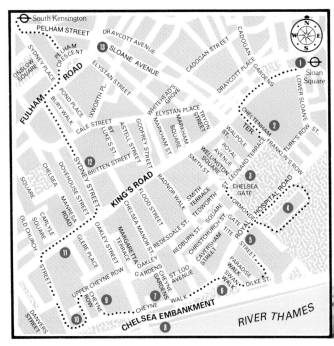

Legende
1. Sloane Square
2. Duke of York's Headquarters
3. Burton's Court
4. Royal Hospital, Chelsea
5. National Army Museum
6. Chelsea Physic Garden
7. Cheyne Mews
8. Cadogan Pier
9. Carlyle's House
10. Chelsea Old Church
11. Argyll House
12. St. Luke's Church
13. Michelin House

Kriegsveteranenheim erbaut. Wren begann 1682 mit dem Bau und zehn Jahre später wurde das Spital fertiggestellt. Zu den bedeutendsten Teilen dieses auf rechteckigem Grundriß erbauten Gebäudes gehören die **Great Hall** und die **Chapel**, die durch einen eindrucksvollen Kuppelsaal miteinander verbunden sind. Die äußere Kuppel kann man von weitem ausnehmen und sie hat sich zum Wahrzeichen des Spitals entwickelt.

Zur Zeit wohnen etwa 400 pensionierte Militärangehörige in dem Spital. Beachten Sie ihre blauen oder roten Uniformen, die noch immer wie aus dem achtzehnten Jahrhundert aussehen. Jedes Jahr um den 29. Mai halten sie traditionellerweise die *Oak Apple Parade* ab und man gedenkt der sicheren Heimkehr von Karl II. nach London an diesem Tag im Jahre 1660.

Pastellfarbene Häuser in Chelsea

Ein kleines **Museum** mit einer Ausstellung über die Geschichte des Spitals befindet sich östlich des Gebäudes.

Südöstlich davon befinden sich die schönen **Ranelagh Gardens**, in denen seit 1913 alljährlich im Mai die Chelsea Flower Show abgehalten wird.

Verlassen Sie das Spital und wenden Sie sich dem **National Army Museum** in der Nähe der Royal Hospital Road zu. (Geöffnet Mo.—Sa. 10.00 bis 17.30 Uhr, So. 14.00 bis 17.30 Uhr. Eintritt frei. Tel. 730-0717.) In zwei Stockwerken sind Gegenstände aus der 500jährigen Geschichte der britischen Armee vom Jahre 1485 bis 1914 ausgestellt.

Besonders interessant sind die Uniformen der Soldaten aus früheren Jahren und das Skelett, das — so behauptet man im Museum — vom Pferd Napoleons stammt.

Nach Verlassen des Museums biegen Sie nach links in die Tite Street, wo auf Nummer 34 Oscar Wilde, der Bühnenautor und Schriftsteller des neunzehnten Jahrhunderts wohnte. Mehrere Jahre verbrachte Wilde hier mit seiner Frau und seinen Söhnen, aber seine Verwicklung in ein skandalöses Verfahren wegen seiner homosexuellen Neigungen (die im viktorianischen England absolut ungesetzlich waren) führten zu seiner Festnahme und zum Verlust des Hauses.

Etwas weiter befindet sich auf Nummer 25 ein modernes, weißes Gebäude, in dem die Besitzer von Mustique, einer beliebten Karibikinsel, in den 70er Jahren dieses Jahrhunderts wohnten. Im neunzehnten Jahrhundert stand an derselben Stelle ein anderes weißes Haus, das zwischen 1870 und 1880 vom amerikanischen Impressionisten James Whistler bewohnt wurde.

Biegen Sie bei der Dilke Street nach rechts. Wenn Sie dann bei der zweiten Gelegenheit nochmals rechts abbiegen, gelangen Sie auf einen kleine Hof namens Clover Mews. Die kleinen, engen Gassen, die in London als *mews* bezeichnet werden, waren einst Ställe mit darüberliegenden Zimmern. Heute sind die meisten alten Ställe Autogaragen für die Besitzer und die kleinen Zimmer darüber moderne Wohnungen. Sie sind besonders in jüngster Zeit sehr gefragt und ihre Preise dementsprechend hoch.

Biegen Sie bei der nächsten Kreuzung nach rechts auf den Swan Walk ab, eine ruhige Straße mit mehreren ganz besonders reizenden Häusern. Der Zaun auf der gegenüberliegenden Straßenseite versperrt den Blick auf die **Chelsea Physic Gardens**. (Geöffnet April—Okt. Mi. und So. 14.00 bis 17.00 Uhr. Eintrittsgebühr. Tel. 352-5646.) Dies ist der zweite botanische Garten in England. Er wurde 1673 von der Society of Apothecaries zu Forschungszwecken angelegt. Die hier entwickelten Baumwollsamen wurden nach Übersee in die Kolonie Georgia verschifft, wo sie für die Entwicklung der Südstaaten in den USA und die Sklaverei von großer Bedeutung waren.

Biegen Sie am Ende des Swan Walk nach links. Diese Straße mündet in den verlängerten Cheyne Walk (sprich: *chainy*), einer der berühmtesten und exklusivsten Straßen Londons. In den letzten zwei Jahrhunderten wohnten in den aus dem achtzehnten Jahrhundert stammenden, hübschen georgianischen Häusern mit Blick auf den Fluß und das Pier viele berühmte englische Künstler und Intellektuelle. In den 70er Jahren dieses Jahrhunderts wohnte in 3 Cheyne Walk Keith Richards, der Gitarrist der Rolling Stones. Hundert Jahre vorher verbrachte die umstrittene Autorin George Eliot auf Nummer 4 die letzten Wochen ihres Lebens. Auf Nummer 16 wohnte gleichfalls im neunzehnten Jahrhundert der präraffaelitische Maler Dante Gabriel Rossetti nach dem Tod seiner geliebten Frau. Im Garten züchtete er exotische Tiere, wie z. B. ein Känguruh, Gürteltiere und andere.

Hinter Cheyne Walk 19—26 befand sich in **Cheyne Mews** bis 1753 der Chelsea Palace von Heinrich VIII. Zwei seiner Frauen, Anne of

Cleves, von der er sich scheiden ließ, und seine letzte Frau Catherine Parr wohnten hier. Elisabeth I. lebte während ihrer Kindheit ebenso hier wie Lady Jane Grey, die nur ganz kurz, neun Tage, die Macht hatte, bevor sie von Marial eingesperrt und im Alter von sechzehn Jahren hingerichtet wurde.

Gehen Sie zurück zum Cheyne Walk. Vor Ihnen befindet sich die 1873 erbaute **Albert Bridge** über die Themse. Links davon sehen Sie das **Cadogan Pier**, wo jedes Jahr im Juli der Ruderwettkampf von der London Bridge bis zum Cadogan Pier endet. Dieser Wettkampf geht auf die Feiern anläßlich der Krönung von Georg I. im Jahre 1715 zurück und ist damit vielleicht der älteste Wettkampf in London. Allgemein läuft er unter dem Namen *Dogget's Coat and Badge Race*, eine Bezeichnung, die auf den Preis zurückgeht, den der ursprüngliche Sponsor des Rennens, der Schauspieler Thomas Dogget, im achtzehnten Jahrhundert für den Sieger aussetzte. Heute treten einige der Teilnehmer in Bekleidung dieser Zeit zum Rennen an, das gegenwärtig von der Fishmongers Company organisiert wird.

Gehen Sie weiter nach Westen. In den 70er Jahren wohnte auf Nummer 48 Mick Jagger von den Rolling Stones, bevor er Europa verließ.

Biegen Sie bei der Cheyne Row nach rechts. Laut einem Schild an der Hausmauer stammt das Haus Nummer 16 aus dem Jahre 1708. Auf Nummer 24 befindet sich **Carlyle's House**. (Geöffnet April—Okt. Mi.—Sa. 11.00 bis 17.00 Uhr, So. 14.00 bis 17.00 Uhr. Eintrittsgebühr. Tel. 352-7087.) Hier lebte der Historiker und Theoretiker Thomas Carlyle von 1834 bis zu seinem Tod im Jahre 1881. Das Haus ist seither unverändert geblieben und zeigt viele persönliche Gegenstände von Carlyle.

Gehen Sie in dieser Straße weiter. Dies ist eine der ruhigsten Gegenden in Chelsea. Biegen Sie bei der Upper Cheyne Row nach links und dann nochmals links in die Lawrence Street. In der Nähe der Kreuzung mit dem Cheyne Walk befindet sich das Pub *The Cross Keys*, indem Sie sich ausruhen und mit Speis und Trank laben können.

Einige Schritte weiter gelangen Sie zur **Chelsea Old Church**. Obwohl sie bei den Luftangriffen des zweiten Weltkriegs stark beschädigt wurde, sind einige Teile der Kirche aus dem dreizehnten und vierzehnten Jahrhundert erhalten geblieben.

Vor der Kirche befindet sich — mit Blick auf die Themse — eine Statue von Thomas More, dem Autor von *Utopia*, der geköpft wurde, nachdem er sich geweigert hatte, der Suprematsakte von König Heinrich VIII. zuzustimmen. Nach seiner Hinrichtung im Tower von London wurde sein Körper in der Zitadelle und sein Kopf in der Canterbury Cathedral beigesetzt. Die katholische Kirche sprach ihn heilig und Heinrich VIII. kaufte das Haus von More in Chelsea, wo er die angrenzende Villa errichtete.

Biegen Sie nach rechts in die Old Church Street und bei der King's Road nochmals nach rechts. Chelsea ist für seinen Antiquitätenmarkt berühmt und nur wenige Schritte entfernt sehen Sie reizende, teilweise recht exklusive Antiquitätenläden.

Etwas später sehen Sie in 229 und 231 King's Road zwei angeblich aus dem Jahre 1620 stammende Geschäfte, deren Alter aber nicht offensichtlich ist. Danach kommen Sie zu einem palladianischen Gebäude, zu dem 1723 für den Duke of Argyll erbauten **Argyll House**.

Biegen Sie bei der Sydney Street nach links. Nach wenigen Schritten sehen Sie linkerhand den *Chelsea Farmer's Market*, wo Sie Pflanzen, Fisch und Milchprodukte erstehen oder sich hinsetzen können, um eine Mahlzeit frisch von einem englischen Bauernhof einzunehmen.

Kurz danach sehen Sie rechterhand die **St. Luke's Church** aus dem Jahre 1820. Dies ist eine der ersten Kirchen Londons im neugotischen Stil. Sie wurde ursprünglich als Pfarrkirche anstelle der Chelsea Old Church erbaut, die für die ständig wachsende Gemeinde zu klein geworden war. Hier heiratete 1836 Charles Dickens. Gegenüber der Kirche sehen Sie linkerhand eine Reihe netter Häuser aus dem neunzehnten Jahrhundert.

Folgen Sie der Straße und biegen Sie dann bei der Fulham Road nach rechts ab. Bummeln Sie durch diese gut erschlossene, florierende Einkaufsstraße und sehen Sie sich die Schaufenster der Geschäfte an. Wenn Sie die Straße weitergehen, sehen Sie wenig später rechterhand das 1960 erbaute **Michelin House**, das eines der besten Beispiele für die Architektur des Art Nouveau in London ist. Biegen Sie bei der Pelham Crescent nach links und gehen Sie den Pelham Place entlang, einen Boulevard mit blühenden Bäumen und netten Häusern.

Beenden Sie den Rundgang bei der **U-Bahnstation South Kensington**.

Southwark —
Die City südlich der Themse

Beginnen Sie den Rundgang am Nordufer der Themse bei der **U-Bahnstation Tower Hill**. Gehen Sie von der östlichen Seite um den Tower of London und überqueren Sie die Themse auf der viktorianischen Brücke **Tower Bridge**. (Die "schwebende" Fußgängerbrücke ist täglich von 10.00 bis 18.30 Uhr, im Winter bis 16.45 Uhr geöffnet. Eintrittsgebühr. Tel. 407-0922.) Von der Brücke hat man einen fantastischen Blick auf die Stadt. Die 1894 eröffnete Brücke wurde in einem pseudo-mittelalterlichen Stil erbaut, um optisch zur angrenzenden Zitadelle zu passen. Die Brücke stellt eine eindrucksvolle technische Errungenschaft dar, denn sie besteht aus zwei beweglichen Teilen, die je etwa tausend Tonnen wiegen und innerhalb von zwei Minuten hochgezogen werden können, um großen Schiffen die Durchfahrt zu ermöglichen.

Der ursprünglich dampfbetriebene Mechanismus zum Heben der Zugbrücke wurde später durch eine entsprechende elektrische Vorrichtung ersetzt. Der Maschinenraum am Fuße des Südturms kann gegen Gebühr besichtigt werden. Früher wurde die Brücke mehrmals täglich geöffnet, aber mit der Zeit ging der Verkehr auf der Themse zurück und die Brücke mußte immer seltener geöffnet werden, heute nur mehr etwa zwei- bis dreimal pro Woche. Vielleicht kommen Sie aber dennoch in den Genuß, die beiden riesigen Brückenteile in die Höhe gehen zu sehen.

Beim Öffnen der Brücke wird der gesamte Verkehr angehalten. 1952 hielt der Busfahrer eines Doppeldeckerbusses nicht rechtzeitig an, doch es gelang ihm, über den Spalt zu springen, der sich unter seinen Rädern auftat.

Nehmen Sie den Ausgang zum Südufer. Während sich die City of London auf zwei Hügeln am Nordufer der Themse entwickelte, entstand gleichzeitig am Südufer eine andere Siedlung. Diese entwickelte sich ebenso wie London seit seiner Gründung im ersten Jahrhundert n. Chr. beständig weiter.

Southwark, oder Sud Werk, wie es die Sachsen nannten, wurde ursprünglich von Fischern und Seeleuten besiedelt. Die Stadt zog alle Arten von Handwerkern, Bauarbeitern, Glasern und andere an, die über die alte London Bridge in die nördlich gelegene City gelangen konnten.

Gleichzeitig entstanden in dieser Gegend auch viele Gasthäuser für Passanten und Seeleute; Southwark galt als das Londoner Vergnügungsviertel für die Massen. Wie auch das Theater Shakespeares florierten im sechzehnten Jahrhundert auch die halbinstitutionalisierten Bordelle. Das Südufer erhielt bald den Ruf einer düsteren, sündenhaften und fortschrittlichen Gegend.

Im neunzehnten Jahrhundert erreichte das britische Reich seine größte Ausdehnung und Southwark wimmelte von Hafenarbeitern und Matrosen der vielen Handelsschiffe, die hier vor Anker gingen. Im zwanzigsten Jahrhundert ging es mit Southwark jedoch bergab und die Lage verschlechterte sich. Mit dem Niedergang des Königreichs gingen auch die Aktivitäten zu See zurück. Die deutschen Luftangriffe des zweiten Weltkriegs verwüsteten dieses Gebiet und die Wiederaufbauarbeiten sind noch im Gange.

Es wurden eine ganze Reihe von Erneuerungsvorschlägen für diese Gegend vorgelegt und der Umbau der riesigen Docks und Werften entlang der Themse in ein Wohn-, Einkaufs- und Geschäftsviertel geht stetig voran. Hier ändert sich jeden Tag etwas, aber es bleibt noch immer sehr viel zu tun.

Biegen Sie nach Westen und folgen Sie dem Weg zum Ufer in Richtung des im Wasser vor Anker liegenden Kriegsschiffes. Wenn dieser Weg gesperrt ist, biegen Sie nach rechts in die Tooley Street.

Die **HMS Belfast** ist heute ein schwimmendes Museum. (Geöffnet täglich 11.00 bis 17.50 Uhr, im Winter bis 16.30 Uhr. Eintrittsgebühr. Tel. 407-6434.) Sie wurde 1938 zu Wasser gelassen, aber gleich zu Kriegsbeginn beschädigt, repariert und schließlich noch vor Kriegsende wieder in den Kampf geschickt. Das Schiff stand bis 1963 in Einsatz, dann schien ihm ein Schicksal auf der Müllhalde vorherbestimmt. Doch das Imperial War Museum konnte dieses Schicksal verhindern. 1971 ging HMS Belfast schließlich an ihrem heutigen Standort vor Anker, wo sie in ein Museum der Seeschlachten der beiden Weltkriege umfunktioniert wurde. Sie können an Bord gehen und das Kriegsschiff besichtigen, an dem seit seines Einsatzes kaum etwas verändert wurde. Das Deck und die Kommandobrücke können ebenso wie die Kriegsausrüstung, die Kabinen und die schmalen Gänge ganz aus der Nähe besichtigt werden. Aber Vorsicht bei den steilen Treppen und engen Durchgängen, die für Kleinkinder oder Personen, die nicht gut zu Fuß sind, etwas schwer zu bewältigen sind.

Vom Schiff aus haben Sie einen guten Blick auf das andere Ufer, wo der Tower of London in seiner ganzen Pracht zu sehen ist. Eine Fähre verkehrt zwischen dem Bootspier beim Tower und dem Schiff.

Verlassen Sie das Schiff und gehen Sie auf der Vine Lane zur Tooley Street. Folgen Sie dieser Straße nach Westen, wo sich auf Nummer 88 mit *Shipwrights Arms* ein Überrest der hauptsächlich von Seeleuten und Hafenarbeitern besuchten Pubs aus dem neunzehnten Jahrhundert befindet. Das Mädchen auf der Fassade gibt Aufschluß über die Aktivitäten in diesem Lokal.

Rechterhand finden Sie ein Hinweisschild zum **Crown Court, Southwark**, dem modernen Gerichtsgebäude von Southwark, das 1982 eröffnet wurde. Daneben befindet sich **Hay's Wharf**, eine Gegend, die erst kürzlich erschlossen wurde. Diese entwickelt sich sehr rasch zu einem hübschen Bezirk für Geschäfte und Büros.

Linkerhand sehen Sie ein riesiges, langes Ziegelgebäude, die **London Bridge Station**. Täglich kommen tausende Londoner aus der ganzen Stadt hierher, gehen zu Fuß über die London Bridge und begeben sich auf diesem Weg an ihre am Nordufer gelegenen Arbeitsplätze in der City.

Bei 34 Tooley Street gelangen Sie durch eine dunkle Öffnung unter der Brücke zum **London Dungeon**, dem Londoner Kerkerverlies. (Geöffnet täglich 10.00 bis 18.00 Uhr, im Winter bis 16.30 Uhr. Eintrittsgebühr. Tel. 403-0606.) Hier können alle Gruselfreunde die Horrorgeschichten Londons anhand von Wachsmodellen kennenlernen. Empfehlenswert für Horrorliebhaber und jene mit starken Nerven.

Gehen Sie weiter bis zur Kreuzung und biegen Sie links in die Borough High Street, eine verkehrsreiche Straße, die zur London Bridge führt. Etwas später gelangen Sie linkerhand zur St. Thomas Street mit dem **St. Thomas's Old Operating Theatre**, dem einzigen in Großbritannien noch in Betrieb befindlichen Theaterraum aus dem neunzehnten Jahrhundert. (Geöffnet Mo., Mi. und Fr. 12.30 bis 16.00 Uhr. Eintrittsgebühr. Tel. 407-7600.)

Wenn Sie auf der Borough High Street weitergehen, gelangen Sie wenig später linkerhand in einen viktorianischen Hof namens **King's Head**. Über dem dort befindlichen Haus aus dem Jahre 1881 befindet sich eine Büste von Heinrich VIII. Zwei Meter weiter ist das **George Inn**, das letzte der für das Southwark der letzten Jahrhunderte so typischen Gasthäuser. Dieses mittelalterliche Gebäude ist das Originalgebäude, das von den Wallfahrern auf dem Weg nach Canterbury aufgesucht wurde. Das heutige Gebäude stammt aus dem Jahre 1676, aber nur der Südflügel, in dem sich heute ein nettes Pub befindet, das sich für eine kleine Pause anbietet, ist erhalten geblieben.

Gehen Sie so zurück, wie Sie gekommen sind und wenden Sie sich einem der eindrucksvollsten und bedeutendsten Wahrzeichen Londons im allgemeinen und des Südufers im besonderen zu, der **Southwark Cathedral**. Diese Kathedrale ist die größte in London noch erhaltene gotische Kirche. Sie wurde ursprünglich im siebzehnten Jahrhundert als Kloster gegründet. Im Jahre 1106 wurde hier das kleine augustinische Kloster von St. Mary Overie gegründet. 1540 wurde es zur Pfarrkirche Church of St. Saviour umgewandelt. 1905 wurde dieses Gebäude schließlich eine Kathedrale mit dem offiziellen Namen Cathedral and Collegiate Church of St. Saviour and St. Mary Overie. Nachdem 800 Jahre lang Bau- und Renovierungsarbeiten an diesem Gebäude vorgenommen wurden, ist dieses heute wunderschön anzusehen.

Im Südgarten der Kathedrale steht eine moderne Skulptur von Kenneth Hughes, die die Heilige Familie darstellt. Betreten Sie die Kirche durch den Südeingang. Das Kircheninnere wurde im neunzehnten Jahrhundert neu erbaut, nachdem es bereits stark verfallen war. Wenn Sie durch die Kirche gehen, beachten Sie besonders die hervorragenden Denkmäler, die nach den Renovierungsarbeiten an einem Platz gruppiert wurden. Das bunte gotische Glasfenster, das sich über die Ostseite erstreckt, ist ganz besonders schön. Neben dem nördlichen Kreuzgang befindet sich die Harvard Chapel, die dem Briten John Harvard gewidmet wurde. Er wurde 1607 in dieser Kirche getauft, ging dann nach Amerika und gründete die nach ihm benannte, berühmte Universität.

Beachten Sie nach dem Verlassen der Kathedrale den an der Südseite angrenzenden Markt. Umrunden Sie ihn von Westen her und biegen Sie

LONDON

SOUTHWARK

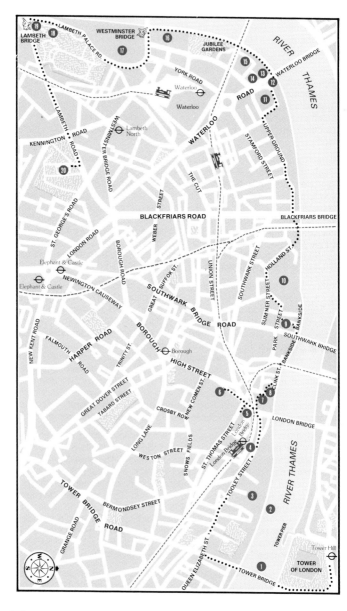

Auf dem Weg zur Country Hall

Legende

dann nach rechts. Diese Gegend hat sich in den letzten Jahren stark verändert. In der Nähe der Themse befindet sich ein neues Wohnhaus, das *Minerva House*. Von dem Platz am Ufer hat man einen fantastischen Blick auf die City.

Gehen Sie denselben Weg wieder zurück und wenden Sie sich nach Westen zum schmalen **St. Mary Overy Dock** aus dem sechzehnten Jahrhundert. Dieses Dock forderte keine Gebühren: alle, die zur Church of St. Saviour kamen, konnten ihre Waren hier gebührenfrei abladen. Hier liegt **Kathleen & May** vor Anker, ein Themseschoner, der etwa 1900 erbaut wurde und besichtigt werden kann. (Geöffnet täglich 10.00 bis 17.00 Uhr. Eintrittsgebühr. Tel. 403-3965.) Neben dem Dock gibt es einige Kaffeehäuser und Pubs. Setzen Sie sich hin und genießen Sie den Blick auf die Themse.

Gehen Sie weiter zur Clink Street. Nach dem hübsch renovierten *Old Thameside Inn* kommen Sie zum Pickford Wharf, das neben einigen sehr alten, teilweise aus dem Mittelalter stammenden Gebäuden liegt. Hier stand einst das **Clink Prison**, doch außer dem Namen, der heute ein umgangssprachlicher Ausdruck für Gefängnis ist, ist von dem Gefängnis nichts erhalten geblieben.

Gehen Sie unter der Eisenbahnbrücke zur alten Uferstraße Bankside. An der Ecke befindet sich auf Nummer 1 das alte Pub aus dem Jahre 1775 *The Anchor* (siehe das Emblem). Bei Schönwetter können Sie auf der Terrasse mit Blick auf die Themse Platz nehmen und sich etwas zu trinken gönnen.

Der Bezirk **Bankside** war, ähnlich wie West End heute, im sechzehnten Jahrhundert das Londoner Unterhaltungviertel. Hier gab es viele Theater, darunter *Swan*, *Rose*, *Hope* und *Globe*, wo Shakespeare seine Stücke vorstellte. Diese exotischen Namen stammen alle von Bordellen, deren Geschäft in dieser Zeit ebenfalls florierte und die Menschenmassen ebenso anzog wie die Theater. Das berühmte Theater Shakespeares, das **Globe Theatre**, ist ein rundes Theater, das 1613 in Flammen aufging. Es wurde wiederaufgebaut, schloß aber 1642 auf Druck der Puritaner wieder. Heute ist von dem ursprünglichen Theater nichts mehr erhalten, aber kürzlich wurde ein Plan zum Wiederaufbau etwas weiter westlich in der Nähe der Bankside Power Station genehmigt. Dieser Plan sieht auch ein Shakespeare Museum und ein Lehr- und Unterhaltungszentrum vor. Zur Zeit werden die Mittel für die Projekte aufgebracht. Die Gegend selbst wirkt völlig verlassen und viele der Bau- und Erneuerungsprojekte sind bis jetzt nur auf dem Papier vorhanden.

Gehen Sie die Bankside entlang und biegen Sie nach der **Southwark Bridge** bei der ersten Gelegenheit links ab, bis Sie zum **Bear Gardens Museum** gelangen. (Geöffnet Do.—Sa. 10.30 bis 17.30 Uhr, So. 14.00 bis 16.00 Uhr. Eintrittsgebühr. Tel. 928-6342.) Das Museum befindet sich in einem Lagerhaus aus der georgianischen Zeit, das auf der letzten Arena für Bärenjagd in diesem Bezirk zwischen 1662 und 1682 neben dem Elizabethan Hope Playhouse errichtet wurde. In dem Museum lebt die Erinnerung an die glorreiche Geschichte dieses ehemaligen Vergnügungsbezirks fort; es enthält unter anderem die Replik eines Theaters aus dem siebzehnten Jahrhundert, die heute für Aufführungen verwendet wird.

Gehen Sie nach Verlassen des Museums in nordwestlicher Richtung entlang der Park Street bis zur Summer Street. Neben dem unbebauten Gelände, auf dem vielleicht eines Tages das Globe Theatre stehen wird, sehen Sie rechterhand ein riesiges braunes Ungetüm, unverkennbar die **Bankside Power Station**. Umrunden Sie sie auf der Holland Street und gehen Sie zur Blackfriars Bridge.

An der südwestlichen Ecke der Brücke befindet sich ein Pub namens *Doggett's Coat and Badge*, das nach dem alljährlich auf der Themse stattfindenden Bootsrennen benannt wurde (siehe auch "Chelsea — Eine klingende Adresse"). Gehen Sie weiter auf der Upper Gound nach Westen. Entlang der Themse befindet sich eine noch nicht fertiggestellte Uferstraße; eigentlich wird die gesamte Umgebung der Straße zur Zeit großflächig umgebaut. Die Werften, die einst dem Londoner Hafen dienten, werden für moderne Zwecke umfunktioniert und Alt und Neu wird harmonisch zusammengefügt.

Ein paar hundert Meter weiter kommen Sie zu einem Häuserblock, der diese Gegend, die sogenannte **South Bank**, zu einem Kulturzentrum gemacht hat. Gehen Sie am Gebäude von London Weekend Television vorbei und biegen Sie nach rechts auf die Uferstraße. Linkerhand befindet sich eine Reihe moderner Gebäude, die zum **South Bank Arts Centre** gehören. Dieser Komplex wurde anläßlich des Festival of Britain 1951 begründet, obwohl die meisten Gebäude erst Mitte der 60er Jahre hinzukamen. Das erste Gebäude zu Ihrer linken ist das **National Theatre** mit drei Sälen: dem Lyttleton, dem Olivier und dem Cottesloe. Gemeinsam mit den Restaurants und hier stattfindenden Ausstellungen stellen diese drei Säle das größte Kulturzentrum Londons dar.

Gehen Sie unter der Waterloo Bridge durch, bis Sie zum **National Film Theatre** kommen. Hier werden im allgemeinen nur erstklassige Filme und Klassiker, oft mit Themenschwerpunkten, gezeigt. Die Vorführungen sind nur für Mitglieder zugänglich, aber jedermann kann wochen- oder monatsweise eine Mitgliedschaft erwerben. In dieser Anlage gibt es auch ein gutes, günstiges Restaurant, wo man im Freien sitzen und die Aussicht auf die Themse genießen kann. Auf der Uferstraße vor dem Gebäude werden meist alte Bücher, Bilder und Zeitungen verkauft — eine gute Gelegenheit für alle, die gerne herumstöbern.

Im nächsten Gebäude dieses Komplexes befinden sich zwei Konzertsäle: die **Queen Elizabeth Hall** und der **Purcell Room**. Hinter dem Gebäude und teilweise auch davon verdeckt ist die **Hayward Gallery**, die für ihre Ausstellungen — meist Werke aus dem zwanzigsten Jahrhundert — bekannt ist. (Geöffnet täglich 10.00 bis 18.00 Uhr, Di. und Mi. 10.00 bis 20.00 Uhr. Eintrittsgebühr. Tel. 928-3144.)

Westminster von oben

Das letzte Gebäude des South Bank Arts Centre ist jenes, das als erstes erbaut wurde. Die **Royal Festival Hall** wurde für das Festival of Britain errichtet und enthält eine für ihre exzellente Akustik bekannte Konzerthalle mit 3 000 Sitzplätzen. Es gibt hier auch Restaurants und ein Buchgeschäft, wo Sie Ausgaben der besten Musicals und Theaterstücke kaufen können.

Sie können den Rundgang hier mit einem Spaziergang entlang der Themse abschließen. Dabei kommen Sie an den Jubilee Gardens vorbei, die 1977 anläßlich des 25jährigen Thronjubiläums von Königin Elisabeth eröffnet wurden. Südlich davon befindet sich die riesige **County Hall** aus dem Jahre 1922. Hier war der Greater London Council bis zu seiner Auflösung im Jahre 1986 untergebracht. Überqueren Sie die Westminster Bridge zur gleichnamigen U-Bahnstation.

Wenn Sie noch nicht allzu müde sind, können Sie noch ein paar Sehenswürdigkeiten anhängen. Gehen Sie nach Osten und dann die Lambeth Road in südlicher Richtung. Umrunden Sie das **St. Thomas's Hospital**, das größtenteils aus dem neunzehnten Jahrhundert stammt. Folgen Sie dieser Straße bis zum mittelalterlichen **Lambeth Palace**, der seit dem dreizehnten Jahrhundert der Sitz des Erzbischofs von Canterbury ist. (Geöffnet nur nach Voranmeldung. Eintritt frei. Tel. 928-8282.) Der spätgotische Stil macht den besonderen Reiz dieses Palastes aus und ein Großteil des Gebäudes wirkt wie aus dem Mittelalter.

Neben dem Palast befindet sich in der Kirche St. Mary-at-Lambeth das **Tradescant Trust Museum of Garden History**. (Geöffnet März—Mitte Dez. Mo.—Fr. 11.00 bis 15.00 Uhr, So. 10.30 bis 17.00 Uhr. Eintritt frei. Tel. 373-4030.)

Biegen Sie bei der Lambeth Road nach links und beenden Sie den Rundgang beim **Imperial War Museum**. Hier wird die Militärgeschichte des Vereinigten Königreichs und des britischen Commonwealth des zwanzigsten Jahrhunderts gezeigt. (Geöffnet Mo.—Sa. 10.00 bis 17.50 Uhr, So. 12.00 bis 17.50 Uhr. Eintritt frei. Tel. 416-5000.)

East End —
Unterschlupf für Einwanderer,
Geschichte eines Seemanns

Seit dem sechzehnten Jahrhundert war der Londoner Bezirk East End eine der wirtschaftlichen Stützen der Stadt und neue Heimat für viele der Einwanderer — zwei Eigenschaften, die eng miteinander verknüpft sind.

Man weiß, daß der Bezirk, der sich außerhalb des Walls der City befand, bereits im zwölften Jahrhundert besiedelt war. Mit der zunehmenden Handelstätigkeit im sechzehnten Jahrhundert siedelten sich hier holländische Händler ebenso an wie französische Hugenotten und englische Handwerker, die hier mit ihrem Beruf gut leben konnten und Einwanderer aus Irland, die in den Docks arbeiteten.

Die Franzosen, die erfahrene Händler waren, brachten die Webkunst nach England und eröffneten Dutzende Geschäfte in dieser Gegend. Jüdische Einwanderer, die im späten neunzehnten Jahrhundert in der Gegend um Whitechapel stark vertreten waren, folgten ihrem Beispiel.

Gegen Ende des neunzehnten Jahrhunderts versetzten die grausamen Morde an einigen Prostituierten die Einwohner dieser Gebiete in Angst und Schrecken. Der Mörder, der niemals gefaßt wurde, erhielt den Spitznamen Jack the Ripper und wurde zur Legende.

Nach dem ersten Weltkrieg verließen die Juden die Gegend allmählich. An ihre Stelle traten Einwanderer aus den westindischen Inseln und dem Nahen Osten. Heute leben hier vorwiegend Einwanderer aus Pakistan, Indien und Bangladesch.

Dieser Rundgang kann in zwei Teilen gemacht werden.

Teil A

Beginnen Sie den Rundgang des East End bei der **U-Bahnstation Aldgate**. Wenden Sie sich nach Westen, wo Sie an der Ecke die Kirche **St. Botolph Aldgate** sehen. Sie wurde dem Schutzpatron der Reisenden geweiht und im achtzehnten Jahrhundert auf den Grundmauern einer sächsischen Kirche errichtet.

Beachten Sie die in südlicher Richtung kurvig verlaufende Jewry Street. Sie wurde nach der jüdischen Gemeinde benannt, die Anfang des siebzehnten Jahrhunderts in diese Gegend zog.

Biegen Sie nach rechts ab und gehen Sie durch die Unterführung zum Dukes Place. Am verlängerten Dukes Place, der Bevis Marks, befindet sich die **Spanish and Portuguese Synagogue**, die auch als **Bevis Marks** bezeichnet wird. Die Synagoge wurde 1701 erbaut und weist

DAS EAST END

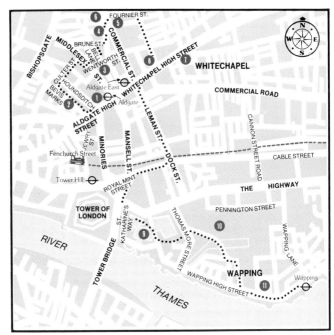

Legende
1. St. Botolph Aldgate
2. Spanish and Portuguese Synagogue
3. Petticoat Lane Markt
4. Soup Kitchen
5. Christ Church, Spitalfields
6. Spitalfields Markt
7. Whitechapel Bell Foundry
8. Whitechapel Art Gallery
9. St. Katherine's Dock
10. Sir Thomas More Court
11. St. John Church Tower

eine große Ähnlichkeit mit der portugiesischen Synagoge in Amsterdam auf. Wenn der Synagogenwärter zugegen ist, ist die Besichtigung der Synagoge sehr empfehlenswert; im Inneren hat sich seit der Errichtung nichts geändert. Der für den Entwurf verantwortliche Architekt Joseph Avis nahm für den Bau kein Geld an und wechselte schließlich zum jüdischen Glauben.

Die viktorianische Fassade von Soup Kitchen

Die Gasse nach der Synagoge zu Ihrer linken ist die Bury Street. An der Ecke, wo die Gasse eine Kurve macht, erinnert ein blaues Schild an die ursprünglich Synagoge, die hier von 1657 bis 1701 stand.

Biegen Sie nach rechts und überqueren Sie die Houndsditch zur Cutler Street. Gehen Sie dann in östlicher Richtung zur Middlesex Street. Sonntags verwandeln sich diese Straße und alle Gassen in der näheren Umgebung zu einem der berühmtesten und beliebtesten Straßenmärkte Londons, dem **Petticoat Lane Market**. Bereits im fünfzehnten Jahrhundert florierte hier der Handel mit Bekleidung und Textilien und so kam der Markt auch zu seinem Namen. Die Zuwanderung jüdischer Einwanderer ins East End im achtzehnten Jahrhundert trieb den Handel hier voran und der Sonntagsmarkt weitete sich immer mehr aus; er ist auch heute noch stark frequentiert. Zwischen 9.00 und 14.00 Uhr ist hier am meisten los und die Straßen sind um diese Zeit so belebt, daß man kaum vorankommt.

Gehen Sie in die Cobb Street und biegen Sie dann nach links in die Bell Lane. Die Häuserblocks zu Ihrer rechten sind auf Initiative der Öffentlichkeit entstanden. Sie wurden Ende des neunzehnten Jahrhunderts erbaut, um die Wohnungsnot der Einwanderer zu lindern, die sich in dieser Gegend in besonders großer Zahl niederließen. Heute werden diese Häuser als Armenhäuser verwendet und entsprechende Sanierungsprojekte sind geplant.

Folgen Sie dieser Straße weiter und biegen Sie dann bei der Brune Street nach rechts ab. Nach wenigen Schritten kommen Sie zu einem spätviktorianischen Gebäude, der **Soup Kitchen**, das die jüdische Gemeinde in London für die alten und bedürftigen Leute aus ihrer Mitte eröffnete. Hier werden auch heute noch warme Mahlzeiten an mehr als hundert ältere Juden aus dem East End ausgegeben.

Gehen Sie links der Commercial Street weiter. An der Ecke zu Ihrer rechten befindet sich die hübsche **Christ Church, Spitalfields** aus dem frühen achtzehnten Jahrhundert. Sie gehörte der hugenottischen Bevölkerung, die sich in dieser Gegend ansiedelte.

Der große, überdachte Komplex auf der anderen Straßenseite ist der Obst- und Gemüsemarkt **Spitalsfields Market**, der ganz zeitig am Morgen geöffnet ist. Er wurde Anfang dieses Jahrhunderts an der Stelle eines hier schon im siebzehnten Jahrhundert eingerichteten Markts gegründet. Der Markt erstreckt sich über ein großes Areal von unschätzbarem Wert und zur Zeit wird an einem Geschäftszentrum gearbeitet, in dem Läden und Restaurants untergebracht werden sollen.

Biegen Sie nach rechts in die Fournier Street. Die hier befindlichen Häuser wurden im achtzehnten Jahrhundert von eingewanderten Hugenotten erbaut, die in den oberen Stockwerken Spinn- und Näharbeiten ausführten. Einige Personen erkannten kürzlich den architektonischen Wert dieser Gebäude. Sie kauften sie und begannen mit den Renovierungsarbeiten, um ihren früheren Charme wiederherzustellen.

Gehen Sie diese Straße entlang, bis Sie an ihrem östlichen Ende linkerhand die Moschee der bengalischen Einwohner des East End sehen. Die Geschichte dieses Gebäudes spiegelt die Geschichte des East End wider. Es wurde ursprünglich als Kirche für die Hugenotten erbaut und später von den Juden in eine Synagoge umgewandelt; heute ist es ein moslemisches Gebetshaus.

Biegen Sie nach rechts in die Brick Lane. Auch diese Straße hat schon viele Veränderungen durchgemacht. Heute ist sie von Geschäften und Restaurants der ostasiatischen Einwanderer gesäumt. Die Brauerei *Truman Brewery* ist so alt wie die Straße selbst. Sie stammt aus dem siebzehnten Jahrhundert und hieß ursprünglich Black Eagle Brewery. Sonntags erstreckt sich der Markt bis hierher und das Angebot umfaßt eine interessante Auswahl an Bekleidung, Haushaltswaren, Obst und Gemüse und verschiedene andere Waren.

Am Ende der Straße kommen Sie zur Whitechapel High Street, die wohl am besten als jüdisches Zentrum des East End bekannt ist. Im Osten können Sie das Minarett der Moschee des East End sehen. Nicht ganz so weit entfernt befindet sich auf Nummer 34 die 1570 gegründete und seit 1738 hier befindliche **Whitechapel Bell Foundry**. Diese Glockengießerei zeichnet für den Klang vieler Glocken in London und auch anderswo, darunter jene des berühmten Big Ben, verantwortlich.

Biegen Sie nach rechts und gehen Sie ein Stückchen, bis Sie zur

Whitechapel Art Gallery gelangen, die 1901 im Art Nouveau Stil erbaut wurde. (Geöffnet Di.—So. 11.00 bis 17.00 Uhr, Mi. 11.00 bis 20.00 Uhr. Eintritt frei. Tel. 377-0107.) Die Galerie zeigt zeitgenössische Kunst mit besonderem Augenmerk auf einheimische Künstler.

Neben der Galerie liegt die kleine Angel Alley, wo sich das auf anarchistische Literatur spezialisierte Buchgeschäft _Freedom Press Bookshop_ befindet. Daneben sehen Sie eine kleine Druckerei gleichen Namens, die früher zwei von jüdischen Anarchisten gegründete jiddische Zeitungen herausgab.

Hinter der Angel Alley gelangen Sie auf Nummer 90 zu einem koscheren jüdischen Restaurant und Feinkostladen namens _Bloom's_, das besonders bei allen Freunden der osteuropäischen jüdischen Küche äußerst beliebt ist. Die Preise sind nicht übertrieben hoch und wenn man eine koschere Fleischmahlzeit zu sich nehmen will, ist dieses Restaurant äußerst empfehlenswert.

Gleich rechts davon befindet sich in der Commercial Street die **Toynbee Hall**. Sie wurde nach dem angesehenen Historiker Arnold Toynbee benannt und 1884 für die Fortbildung der Gemeinde des East End errichtet.

Nicht weit von dieser Kreuzung entfernt versammelten sich im Oktober 1936 zehntausende Einwohner des East End, um eine Kundgebung der faschistischen "Black Shirts" zu verhindern. Schließlich wurde die Kundgebung auf eine andere Straße umgeleitet, aber die Ereignisse dieses Tages trugen wesentlich zum Machtverlust der Faschisten in England bei.

Hier endet der erste Teil des Rundgangs.

Weitere Sehenswürdigkeiten in der Umgebung

Das **Geffrye Museum** ist in einem Gebäude aus dem achtzehnten Jahrhundert untergebracht, das ursprünglich ein von den Eisenwarenhändlern unterstütztes Armenheim war. Das Museum zeigt eine hervorragende Sammlung von Möbeln und Holzarbeiten unterschiedlicher Stile und Epochen. (Kingsland Road. Geöffnet Di.—Sa. 10.00 bis 17.00 Uhr, So. 14.00 bis 17.00 Uhr. Eintritt frei. Tel. 739-9893.)

Das **Bethnal Green Museum of Childhood** enthält eine vielfältige und interessante Sammlung an Spielzeug, Puppenhäusern, Theatermodellen und Spielen. (Cambridge Heath Road. Geöffnet Mo.—Do. und Sa. 10.00 bis 18.00 Uhr, So. 14.30 bis 18.00 Uhr. Eintritt frei. Tel. 081-980-2415.)

Teil B

Im zweiten Teil dieses Rundgangs kommen Sie zu einem völlig unterschiedlichen Teil des Londoner East End: die Docks und Werften entlang der Themse. Biegen Sie bei der Leman Street links ab und dann bei der Royal Mint Street nach rechts. Letztere ist nach der königlichen Münzprägerei benannt, die sich bis vor wenigen Jahren hier befand.

Gehen Sie weiter bis zur Mansell Street, wo Sie links abbiegen und bis zu einer verkehrsreichen Kreuzung gehen. Auf der anderen Straßenseite befindet sich im Westen der Tower of London; Sie gehen aber nach Osten.

Biegen Sie in den St. Katherine's Way ein und gehen Sie über die Überführung zum Komplex **St. Katherine's Dock**. Dieser Name stammt von dem hier 1148 von Königin Matilda gegründeten St. Katherine's Hospital. Über Jahrhunderte hinweg fanden die Einwanderer Londons im Spital und der Umgebung Zuflucht, bis dieses Gebiet Anfang des neunzehnten Jahrhunderts zur Sanierung verkauft wurde und die Bewohner übersiedeln mußten.

Im Jahre 1828 begann Thomas Telford mit dem Bau des Docks und der danebenliegenden Warenhäuser und Werften. Die Nähe zur City war für den Erfolg des Docks ausschlaggebend, das etwa 100 Jahre lange treu ergeben den Schiffen diente, die hier ihre Waren abluden.

Mit dem geringeren Aufkommen im Port of London, dem Londoner Hafen, im zwanzigsten Jahrhundert war auch das St. Katherine's Dock nicht mehr so gefragt. Während der Luftangriffe des zweiten Weltkriegs ging die gesamte Gegend rund um die Docks an der Themse in Flammen auf, was das Schicksal des Docks endgültig besiegelte. Der Wiederaufbau des Docks begann erst 1968, als es in einen Hafen mit Privatyachten umgewandelt wurde und die Lagerhäuser am Ufer zu Wohnhäusern, Restaurants und Geschäften umfunktioniert wurden.

Das Dock wird im Westen vom *Tower Hotel*, einem der größten Hotels in London, begrenzt. Daneben befindet sich das **World Trade Centre**, das anstelle eines der bei den Bombenangriffen zerstörten Lagerhäuser erbaut wurde und optisch einem alten Lagerhaus gleichen sollte. Das einzige noch erhaltene Gebäude von damals ist das **Ivory House**, das sich zu einem teuren Wohnhaus mit Geschäften im Erdgeschoß entwickelt hat. Daneben ist das in einer ehemaligen Scheune erbaute, relativ neue *Pub Dickens Inn*. An der Ostseite der Werft befindet sich die **Historic Ships Collection**. (Geöffnet täglich 10.00 bis 17.00 Uhr. Eintrittsgebühr.) Die Sammlung illustriert die Entwicklung der Schiffahrt von den Segelbooten bis zu den Dampfern. Besonders interessant ist die *Discovery*, das Schiff, in dem Captain Robert Scott zum Südpol fuhr.

Überqueren Sie die Brücke über den Yachthafen und gehen Sie durch die Wohnanlagen südlich und östlich des Docks. Das nächste große Areal wird zur Zeit intensivst ausgebaut und durch die täglichen Veränderungen ist es schwer, über die Entwicklung auf dem laufenden zu bleiben. Viele der früher hier befindlichen Docks wurden zugeschüttet und die großen Lagerhallen werden rasch in private und staatlich geförderte Wohnungen umgewandelt.

Die Geschichte der Gegend um die Docks in den letzten Jahren ist eng mit jener des britischen Königreichs verknüpft: die im sechzehnten und siebzehnten Jahrhundert in Übersee gegründeten Kolonien förderten den Handel im gesamten Königreich und mit der Vergrößerung der britischen Flotte mußten auch die Anker-, Verlade- und Lagermöglichkeiten entsprechend ausgebaut werden. Die meisten Docks wurden östlich des Tower of London errichtet.

Im neunzehnten Jahrhundert erreichte der Londoner Hafen seine

Die Yachten im St. Katherine's Dock

größte Tätigkeit. Die Docks wurden jedoch nach dem Niedergang des Königreichs kaum mehr verwendet und blieben nach den katastrophalen Schäden des zweiten Weltkriegs praktisch ungenützt.

In den letzten Jahren begannen die Londoner Behörden mit dem Abreißen der Mauern rund um die Docks, die früher verhindern sollten, daß Waren unter Umgehung der Zollabgaben aus den Docks hinausbefördert werden konnten. Die Mehrzahl der Ankerplätze wurden zugeschüttet und viele Sanierungsmaßnahmen bereits in Angriff genommen.

Überqueren Sie die Thomas More Street und gehen Sie zum ehemaligen **London Dock**, das heute als Wohnviertel erschlossen wird. Angeblich wurden beim Abriß der alten Lagerhallen rund um die Werft geheime Keller entdeckt, in denen dutzende Kisten Wein eingelagert waren. Offensichtlich waren sie dort vor den Zollbehörden im neunzehnten Jahrhundert versteckt worden, ohne daß es den Händlern jemals gelungen wäre, diese aus dem Versteck zu holen und zu verkaufen. Alter Wein ist ein wichtiger Fund, und das nicht nur für Historiker, aber die Zollbehörden verfuhren auf ihre eigene Art. Die Steuern für den Wein waren nie bezahlt worden und daher mußte der Wein vernichtet werden.

In der neuen Wohngegend des London Dock, dem **Sir Thomas More Court**, wohnen hauptsächlich junge Paare. Die Häuser selbst sind in einem vorstadtgemäßen, halbländlichen Stil erbaut und das mitten in der Stadt. Nördlich der Docks befinden sich entlang der Pennington Street die neuen Gebäude von *The Sun* und *The Times*, die mit der Tradition der Fleet Street brachen und ihren Sitz hierher verlegten.

Biegen Sie nach rechts ab und gehen Sie um den Häuserblock herum zur Themse. Sie gelangen zur Wapping High Street; **Wapping** war früher das Viertel der Seeleute und anderer Berufsstände, die direkt oder indirekt vom Meer lebten. Beachten Sie beim Überqueren der Straße nach Osten die Lagerhäuser zu beiden Seiten. Die Kräne und Rampen, mit denen früher die Waren gehoben und verladen wurden, sind nicht mehr in Betrieb. In vielen zu Wohngebäuden umfunktionierten Lagerhallen läßt man die Kräne stehen und verwendet die Rampen als Veranden, um das ursprüngliche Gesicht dieser Gegend zu erhalten.

Gehen Sie am Pub *Town of Ramsgate* vorbei, einem der 36 Pubs, die sich einst in dieser Straße befanden und von den Seeleuten frequentiert wurden. Gleich daneben befindet sich das **Oliver Wharf** Gebäude, dessen Lagerhauscharakter nach außen hin beibehalten wurde, während das Gebäude selbst einem anderen Zweck zugeführt wurde.

Der hübsche Turm zu Ihrer linken gehörte zur Kirche **St. John** aus dem achtzehnten Jahrhundert, von der aber nach dem zweiten Weltkrieg außer dem Turm nichts erhalten geblieben ist. Einige Schritte weiter gelangen Sie zu einem völlig neuen Gebäude, das der Polizei gehört. Auf Nummer 94 befindet sich eine weitere gut erhaltene Lagerhalle.

Beenden Sie den Rundgang bei der **U-Bahnstation Wapping**. Von hier aus fährt der Zug durch einen von Marc Brunel 1843 erbauten Tunnel unter der Themse hindurch. Der Tunnel war die erste öffentliche Unterführung der Themse und war ursprünglich Fußgängern vorbehalten, wurde jedoch später für die U-Bahn adaptiert.

Weitere Sehenswürdigkeiten in der Umgebung

Das **National Museum of Labour History** zeigt die Geschichte der englischen Arbeiterbewegung. (Limehouse Town Hall, Commercial Road. Geöffnet Di.—Sa. 9.30 bis 17.00 Uhr, So. 14.30 bis 17.30 Uhr. Eintritt frei. Tel. 515-3229.)

Hampstead — Zufluchtsstätte der Künstler

Hamstead war seit seiner Gründung fast immer ein besonderer Anziehungspunkt für Intellektuelle, Künstler und Musiker. Der malerische, etwas ländliche Charakter ist bei den Londonern noch immer sehr beliebt. In letzter Zeit hat die wachsende Beliebtheit dieser Gegend die Grundpreise in die Höhe schnellen lassen, wodurch diese Gegend zu einer der angeseheneren Bezirke Londons avanciert ist.

Das Dorf entstand aus mehreren Gutshäusern, die rund um den Dorfplatz, den sogenannten **Hampstead Heath,** lagen. Im achtzehnten Jahrhundert fand man in der näheren Umgebung einige Quellen. Rasch sprach sich die Heilkraft dieser Quellen herum und so entwickelte sich diese Gegend bald zu einem beliebten Kurort. Im neunzehnten Jahrhundert wurde die Wasserqualität untersucht und für äußerst schlecht, ja sogar irreversibel verschmutzt, befunden, was aber der Anziehungskraft von Hampstead Heath keinen Abbruch tat.

Das Dorf entwickelte sich zu einer äußerst angesehenen Wohngegend für Schriftsteller und Künstler. Nach 1907 stieg die Attraktivität des Bezirks noch weiter, als die U-Bahn bis in diesen Bezirk verlängert wurde und die fünf Meilen ins Zentrum Londons in nur zehn Minuten zurückgelegt werden konnten.

Beginnen Sie den Rundgang bei der **U-Bahnstation Hampstead** an der Ecke Heath Street und Hampstead High Street. In letzter Zeit wurden in dieser Straße modische Boutiquen eröffnet und die Gegend entwickelte sich allmählich zu einem äußerst erfolgreichen Geschäftsviertel.

Gehen Sie die Heath Street entlang. Zwischen den Boutiquen sehen Sie Feinkostläden, Kaffeehäuser und die Lieblingspubs der hier ansässigen Londoner. Streifen Sie durch die kleinen Gassen, die von der Heath Street abzweigen; Sie werden versteckte Schätze und interessante Geschäfte entdecken.

Biegen Sie wenig später nach rechts in die Church Row. Hübsche Terrassenhäuser aus dem frühen achtzehnten Jahrhundert zieren die Straße zu beiden Seiten. Die Fenster über den Eingängen sehen alle unterschiedlich aus. Bevor Straßenbeleuchtungen eingerichtet wurden, halfen diese Fenster mit ihren unterschiedlichen Lichtmustern den Bewohnern, am Abend ihre Häuser leichter zu finden.

Am Ende der Straße befindet sich die Pfarrkirche von Hampstead, **St. John's,** die ebenfalls aus dem achtzehnten Jahrhundert stammt. Der **Friedhof** im Innenhof hinter dem Zaun auf der rechten Straßenseite ist besonders interessant, denn viele Grabsteine tragen Namen berühmter Persönlichkeiten der Literatur und Kunst. Gehen Sie um den Zaun des Friedhofs herum und folgen Sie dem Holly Walk mit seinen hübschen Häusern aus dem neunzehnten Jahrhundert.

Etwas später gelangen Sie zur **St. Mary's Catholic Church**. Sie wurde

HAMSTEAD

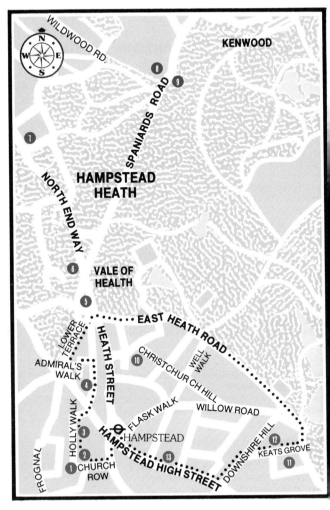

Legende
1. St. John's
2. St. John's Cemetery
3. St. Mary's Catholic Church
4. Fenton House
5. Whitestone Pond
6. Jack Straw's Castle
7. Old Bull and Bush Pub
8. Spaniards Inn
9. Tollhouse
10. Christchurch
11. Keats House
12. St. John's Church
13. Old Brewery Mews

Der Vorstadtcharakter des Flask Walk in Hamstead

1816 erbaut und gehört zu den ersten katholischen Kirchen, die nach der Reformation im sechzehnten Jahrhundert in London errichtet wurden.

Biegen Sie am Ende der Straße nach rechts und gehen Sie zur Mt. Vernon Junction. An der Ecke befindet sich ein hübschen Haus, das zwischen 1790 und 1800 errichtet wurde. Einem gravierten Schild kann man entnehmen, daß hier der Maler George Romney wohnte. Linkerhand sehen Sie die eindrucksvolle Fassade des **Institute of Medical Research**.

Biegen Sie nun nach rechts. Der Zaun zu Ihrer linken mit dem eindrucksvollen Tor gehört zum **Fenton House**. (Geöffnet März Sa.— So. 11.00 bis 17.00 Uhr; April—Okt. Sa. und Mo.—Mi. 11.00 bis 18.00 Uhr, So. 11.00 bis 14.00 Uhr. Eintrittsgebühr. Tel. 435-3471.) Es wurde um 1693 erbaut und nach der Fenton Familie benannt, die hier im neunzehnten Jahrhundert wohnte. In dem Haus sehen Sie eine hervorragende Keramiksammlung aus Ost und West sowie eine Sammlung von Musikinstrumenten. Das schöne Eingangstor stammt von Jean Tijou.

Wenn Sie nach links abbiegen, kommen Sie zum kleinen, reizenden **Admiral's Walk**, wo einem sofort das Haus in Form eines Schiffs ins Auge springt. Es handelt sich dabei um das **Admiral's House**, das im achtzehnten Jahrhundert für eine schillernde Persönlichkeit, einen Admiral, der allerdings nicht nur glückliche Zeiten erlebt hat, erbaut wurde. Im neunzehnten Jahrhundert wohnte in diesem Haus der berühmte Architekt Sir George Gilbert Scott.

Neben dem Admiral's House befindet sich **Grove Lodge**, in dem früher der Nobelpreisträger für Literatur, John Galsworthy, der vor allem für sein Werk *Forsythe Saga* berühmt ist, wohnte. Hier verfaßte er den Großteil dieses Romans.

Gehen Sie weiter zur Lower Terrace und biegen Sie nach rechts zum **Whitestone Pond** ab, einem dreieckigen Teich auf der Spitze des Hügels. Früher wurden hier vielleicht einmal die Beine der Pferde gewaschen, heute sind es die Kinder, die ihre Füße in den Teich baumeln lassen. Gegenüber des Teichs liegt ein hell angestrichenes Gebäude, **Jack Straw's Castle**. Beim heutigen Gebäude handelt es sich um eine Rekonstruktion des Originalpubs, das schon im achtzehnten Jahrhundert hier stand.

Etwas weiter nördlich gabelt sich die Straße. Linkerhand in Richtung Nordwesten ist der North End Way, der in die Gegend Golders Green und zum **Golders Hill Park** führt, einem reizenden, schön gestalteten Park. In der Straße liegt auch das Pub **Old Bull and Bush**, wo einst der Maler William Hogarth wohnte. Etwas weiter sehen Sie linkerhand das Gebäude, wo früher die berühmte Tänzerin Anna Pavlova wohnte. Im **Ivy House** ist ein kleines Museum mit Erinnerungsstücken an Anna Pavlova untergebracht. (Geöffnet Sa. 14.00 bis 18.00 Uhr. Eintritt frei. Tel. 237-6472.)

Rechterhand, also nach Nordosten, kommen Sie zur Spaniards Road, die nach einer berühmten, früher hier befindlichen Pension benannt ist. Das **Spaniards Inn** ist heute ein Pub; im siebzehnten Jahrhundert soll hier der spanische Botschafter gewohnt haben. Im achtzehnten Jahrhundert wurde es eine Pension. Daneben ist die Straße teilweise durch das dazugehörige **Tollhouse**, das Zollhaus aus der gleichen Zeit, versperrt. Obwohl es den Verkehrsfluß stark bremst, wurde dieses Gebäude wegen seiner historischen Bedeutung nicht abgerissen. Etwas später kommen Sie zum Kenwood House (siehe auch "Mitten in der Natur — Parks und Gärten") und danach zu einer weiteren malerischen Gegend Londons, zum **Highgate**. Der Friedhof *Highgate Cemetery* ist einen Besuch wert, wenn Sie das Grab von Karl Marx sowie die letzte Ruhestätte anderer berühmter Persönlichkeiten sehen wollen.

Biegen Sie in die East Heath Road und gehen Sie zum Queen Mary's Maternity Hospital. Die enge Gasse darunter führt zu der neugotischen Kirche **Christchurch** mit einem hohen Giebel. Folgen Sie der Straße nach Osten. Linkerhand befindet sich das große Areal Hampstead Heath (siehe auch "Mitten in der Natur — Parks und Gärten"), wo Sie sich ein wenig ausruhen und die Natur genießen können.

Biegen Sie bei Keats Grove nach rechts. In dieser Straße befindet sich das **Keats House**, wo der englische Dichter John Keats wohnte. (Geöffnet Mo.—Sa. 10.00 bis 13.00 Uhr und 14.00 bis 18.00 Uhr, So. 14.00 bis 17.00 Uhr. Eintritt frei. Tel. 435-2062.) Das Haus stammt aus dem frühen neunzehnten Jahrhundert und zeigt persönliche Gegenstände aus dem Nachlaß des Dichters.

Daneben befindet sich eine hübsche Kirche mit einer neoklassizistischen Fassade, **St. John's Church**. Sie wurde 1818 erbaut, also etwa zur gleichen Zeit, als Keats nebenan einzog.

Biegen Sie bei der Downshire Hill nach links und dann bei der Hampstead High Street nach rechts. Nach einigen Metern überqueren Sie eine Straße, die nach rechts abzweigt. Es handelt sich um die **Old Brewery Mews**, in der sich früher Stallungen befanden und heute Ämter untergebracht sind.

Etwas später kommen Sie zum Fußgängerweg **Flask Walk**, dessen Name an den völlig ungerechtfertigten guten Ruf der Heilquellen von Hampstead erinnern. Folgen Sie diesem Weg und sehen Sie sich die hübschen Häuser an.

Beenden Sie den Rundgang bei der **U-Bahnstation Hampstead**. (Weitere Informationen über Hampstead Heath entnehmen Sie dem Kapitel "Mitten in der Natur — Parks und Gärten".)

Weitere Sehenswürdigkeiten in der Umgebung

Im **RAF (Royal Air Force) Museum** in Hendon sind an die 40 Flugzeuge ausgestellt, die die Geschichte der Entwicklung des Militärflugs in England darstellen. (U-Bahnstation Colindale. Geöffnet Mo—Sa. 10.00 bis 18.00 Uhr, So. 14.00 bis 18.00 Uhr. Eintritt frei. Tel. 205-2266.)

Daneben befinden sich zwei weitere Museen. (Die Öffnungszeiten entsprechen jenen des RAF Museums. Eintrittsgebühr.) Das **Battle of Britan Museum** gedenkt der Teilnehmer der großen Luftschlacht 1940, die Großbritannien im zweiten Weltkrieg praktisch vor der deutschen Eroberung bewahrte. Weiters sind einige Flugzeuge des Feindes ausgestellt. Das **Bomber Command Museum** steht auf der ehemaligen Landebahn von Hendon. Es zeigt eine fantastische Sammlung an Bombern, darunter auch die allerneuesten Modelle.

Wolkenkratzer in der City

Greenwich — Eine andere Zeit

Greenwich ist der zentrale Meßpunkt für die Zeitmessung und die weltweite Kartographie. Auf diesem Rundgang durch Greenwich werden Sie, ohne es zu bemerken, mehrmals die Grenze zwischen der östlichen und westlichen Hämisphere überschreiten und den Nullmeridian wiederholt überqueren.

Vom Zentrum Londons können Sie mit British Rail von Charing Cross aus die Bahnstation Greenwich oder Maze Hill erreichen. Die Züge verkehren den ganzen Tag über. Sie können auch mit dem Boot vom Charing Cross Pier oder dem Tower Pier nach Greenwich gelangen. Dies ist besonders bei Schönwetter, wenn es nicht allzu kalt ist, äußerst empfehlenswert.

Beginnen Sie den Rundgang beim **Greenwich Pier**. Vor Ihnen sehen Sie auf einem Trockendock die stolzen Masten der **Cutty Sark**, die als schnellstes Segelboot ihrer Zeit weltberühmt wurde. (Geöffnet Mo.—Sa. 10.00 bis 18.00 Uhr, So. 12.00 bis 18.00 Uhr, im Winter bis 17.00 Uhr. Eintrittsgebühr. Tel. 081-853-3589.) Sie wurde 1869 zu Wasser gelassen und ursprünglich für den Teehandel mit China verwendet. Doch mit der Eröffnung des Suezkanals und der Entwicklung von Dampfschiffen etwa zur gleichen Zeit verloren die Segelboote an Bedeutung. 1922 wurde die Cutty Sark zu einem Ausbildungszentrum für junge Matrosen umfunktioniert und in den 50ern dieses Jahrhunderts aus dem Wasser genommen. Das Innere wurde teilweise restauriert und zu einem Museum umgewandelt, in dem verschiedene Ausstellungsgegenstände zu Ehren dieser Art Schiffe zu sehen sind.

Auf dem großen Platz steht etwas im Schatten des größeren Boots die **Gipsy Moth IV.**, die 11 Tonnen schwere Yacht, mit der Sir Francis Chichester in den Jahren 1966—1967 um die Welt segelte. (Öffnungszeiten identisch mit jenen der Cutty Sark. Eintrittsgebühr.)

Das kleine Gebilde zwischen den beiden Schiffen ist der **Greenwich Foot Tunnel**, die Fußgängerunterführung unter der Themse. Man kommt am Nordufer bei der Isle of Dogs wieder ans Tageslicht. Der Name **Isle of Dogs** stammt offensichtlich daher, daß hier die Jagdhunde des Königs frei herumliefen, wenn er sie gerade nicht für die Jagd einsetzte. Im neunzehnten Jahrhundert wurden entlang der Küste der Halbinsel große Docks gebaut; zur Zeit werden diese aber rasch zu Wohnhäusern und Geschäftszentren umgebaut.

Verlassen Sie den Platz beim King William Walk nach Südosten und besichtigen Sie das königliche Greenwich. Schon zur Zeit von König Alfred dem Großen war Greenwich ein königliches Anwesen. Im fünfzehnten Jahrhundert beschloß der Bruder von König Heinrich V., Humphrey, Duke of Gloucester, dieses Anwesen in einen befestigten Palast umzuwandeln. Er ließ den Park einzäunen und errichtete auf der Spitze des Hügels einen Aussichtsturm, um die Feinde rechtzeitig auszumachen, die von der Themse her einen Eroberungszug auf London starten wollten. Der Graf nannte den Platz *Bella Court*. Nach seinem Tod ging dieser auf Margaret von Anjou, die Frau von Heinrich VI. über, die ihn in *Placentia* umbenannte. Der Placentia Palace war besonders bei den Mitgliedern der Tudordynastie äußerst beliebt und König Heinrich VIII. und seine Töchter Königin Maria und Königin Elisabeth wurden alle in Greenwich geboren. Hier begann Heinrich auch viele seiner berühmten Romanzen mit seinen späteren Frauen. In der Umgebung von Greenwich erbaute Heinrich VIII. große Docks für die Schiffe seiner immer stärkeren Flotte und legte damit den Grundstein für die Seefahrtstradition in Greenwich.

Im Jahre 1615 beauftragte König Jakob I. Inigo Jones mit dem Entwurf eines Hauses für seine Frau, Königin Anne von Dänemark. Das Gebäude sollte am Standort des ehemaligen Eingangstors des Placentia Palace errichtet werden. Jones erbaute die erste palladianische Villa Englands. Die Königin starb allerdings vor der Fertigstellung der Villa und Karl I. schenkte sie später seiner Frau Henrietta Maria. Das Haus wurde schließlich unter dem Namen *Queen's House* bekannt.

Zur Zeit des Commonwealth unter Oliver Cromwell wurde der Placentia Palace unwiderbringlich zerstört. Als Karl II. mehr Platz benötigte, als im Queen's House vorhanden war, beauftragte er den Schüler von Inigo Jones, John Webb, mit dem Bau eines neuen Flügels im Stile des bestehenden Gebäudes von Jones. Mangelnde finanzielle Mittel zwangen Karl jedoch vor der Fertigstellung des schönen Palastes zur Einstellung der Bauarbeiten. Die Bautätigkeit wurde erst auf Initiative von Wilhelm und Maria im Jahre 1694 wieder aufgenommen. Sie wohnten lieber im Hampton Court Palace, befürworteten aber die Gründung eines königlichen Spitals für Seeleute in Greenwich, ähnlich dem Königlichen Spital in Chelsea. Sir Christopher Wren wurde mit dieser Aufgabe betraut und er legte in der für ihn typischen Art mehrere Pläne vor; das Ergebnis können Sie heute bewundern.

Das Queen's House blieb in seinem ursprünglichen Zustand. Als der alte Placentia Palace zerstört wurde, eröffnete sich dem Queen's House ein herrlicher Blick auf die Themse. Der ursprünglich für König Karl II. erbaute Flügel wurde symmetrisch mit drei zusätzlichen Flügeln, die nach König Wilhelm, Königin Maria und Königin Anne benannt wurden, angeordnet. Die zwei parallelen Kuppeln zeigen den Standort der Hall und der Kapelle.

Das Projekt wurde mehr als fünfzig Jahre nach dem Baubeginn abgeschlossen und in den einzelnen Bauphasen waren viele Personen beteiligt. Im Jahre 1873 wurde das Spital zum **Royal Naval College** umfunktioniert. (Geöffnet täglich außer Do., 14.30 bis 17.00 Uhr. Eintritt frei. Tel. 858-2154.) Der Lehrplan des neunzehnten Jahrhunderts umfaßte Segelspannen, Kompaßlesen und Kanonenfeuern. Heute werden in dem College NATO Streitkräfte für U-Bootnavigation und nukleare Kriegsführung ausgebildet.

Gehen Sie in den Hof und betreten Sie die **Painted Hall**. Die Wände und die Decke wurden Anfang des achtzehnten Jahrhunderts von Sir James Thornhill ausgiebig verziert. Unter den fantastischen Gemälden sind auch Porträts von Wilhelm und Maria. Gegenüber der Hall sehen

GREENWICH

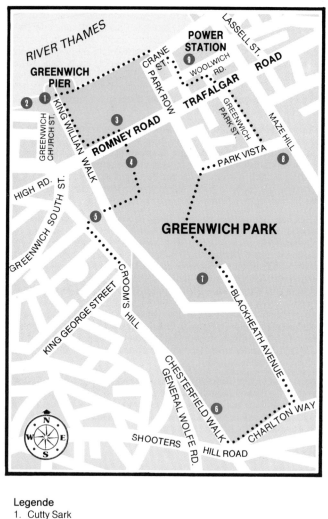

Legende
1. Cutty Sark
2. Gipsy Moth IV
3. Royal Naval College
4. National Maritime Museum
5. Greenwich Theatre
6. Ranger's House
7. Old Royal Observatory
8. Vanbrugh Castle
9. Trinity Hospital

Die Cutty Sark

Sie die **Kapelle**, die 1779 bei einem Brand beschädigt, von James "Athenian" Stuart aber in herrlichen Wedgewood Farben neu gestaltet wurde.

Verlassen Sie den Hof durch das Südtor und überqueren Sie die Romney Road zum **National Maritime Museum**. (Geöffnet im Sommer von Mo.—Sa. 10.00 bis 18.00 Uhr, So. 14.00 bis 18.00 Uhr, im Winter bis 17.00 Uhr. Eintrittsgebühr. Kombinationstickets mit dem Old Royal Observatory erhältlich. Tel. 858-4422.) In der Mitte der Anlage steht das **Queen's House**, das von Jones erbaut und von Webb ausgebaut wurde. Nach der Schlacht von Trafalgar entwarf Daniel Alexander zwei weitere Flügel, die als Schule für die Kinder der Seeleute dienten. Die

Schule befand sich bis 1933 hier; 1937 eröffnete das National Maritime Museum.

In den letzten Jahren wurde das Museum großräumig umgebaut und das Queen's House mußte zu diesem Zweck geschlossen werden. Es soll aber im Sommer 1989 wiedereröffnet werden. Der eindrucksvollste Teil des Queen's House ist zweifellos die rechteckige Eingangshalle, in der Sammlungen exquisiter Gemälde und Navigationsinstrumente zu sehen sind. Die beiden anderen Flügel des Museums vermitteln eine Fülle an Informationen über die Seefahrt: Sie sehen Bilder über das Meer und die Schiffe; Modelle von Schiffen, Schaustücke über den Handel zu See, Kriege zu See, die Erforschung der Pole, berühmte Seemänner und Ausstellungsstücke, die die Archäologie und das Leben in den verschiedenen Gewässern erklären und vieles andere. Sie können einen ganzen Tag hier verbringen und durch die Räumlichkeiten streifen.

Gehen Sie durch den **Greenwich Park**. Dieser wurde 1433 eingezäunt, wodurch er das erste königliche Anwesen wurde, das für private Zwecke verwendet wurde. Es umfaßt eine Fläche von mehr als 175 Morgen hügeligen Landes und weist eine kleine Anzahl von Wild auf (die Nachfahren der einst von den Königen gejagten Tiere). Die Landschaft ist einfach atemberaubend.

Biegen Sie nach rechts ab und folgen Sie dem Weg bis zum Ausgang des Parks. Unmittelbar nördlich davon ist das **Greenwich Theatre**; es weist eine viktorianische Fassade auf, obwohl es in den späten 60er Jahren dieses Jahrhunderts neu erbaut wurde. Biegen Sie bei der Croom's Hill, der westlichen Begrenzung des Parks, nach Süden. Die an dieser Straße erbauten Häuser stammen hauptsächlich aus dem siebzehnten und achtzehnten Jahrhundert. Weiter unten befinden sich in dieser Straße vier Häuser aus dem siebzehnten Jahrhundert: das Grange, das Gazebo, das Heath Gate House und das Manor House. Oben am Hügel befindet sich das Macartney House und gleich daneben das **Ranger's House**. (Geöffnet täglich 10.00 bis 17.00 Uhr, im Winter bis 16.00 Uhr. Eintritt frei. Tel. 081-853-0035.) Es wurde im späten siebzehnten Jahrhundert erbaut und 1814 zum Haus des Parkrangers bestimmt. 1974 wurden das Gebäude und seine Kunstsammlungen, darunter die Suffolk Sammlung von Porträts, der Öffentlichkeit zugänglich gemacht.

Gehen Sie die Croom's Hill entlang, die später in den Chesterfield Walk übergeht, und biegen Sie beim Charlton Way nach links in den Park. Wenden Sie sich bei der breiten Blackheath Avenue nach Norden, bis Sie zum **Old Royal Observatory** gelangen. (Geöffnet Mo.—Sa. 10.00 bis 18.00 Uhr, So. 14.00 bis 18.00 Uhr, im Winter bis 17.00 Uhr. Eintrittsgebühr. Kombinationstickets mit dem National Maritime Museum erhältlich. Tel. 858-1167.) Das Observatorium wurde 1675 von Wren für König Karl II. erbaut und war ursprünglich nur für die britischen Seefahrer konzipiert. 1767 begann man hier, den *Nautical Almanack* zu drucken, einem jährlich herausgegebenen Almanach mit Informationen über die Konstellation der Sterne. Damit konnten die Seeleute ihre relative Position zum Breitengrad von Greenwich bestimmen. Bald wurde dieser Punkt als allgemeiner Meßpunkt akzeptiert und viele Landkarten dementsprechend erstellt. Im späten neunzehnten Jahrhundert basierten 75% aller Landkarten auf der ganzen Welt auf dem Meridian von Greenwich und 1884 wurde auf einer internationalen

Versammlung in Washington Greenwich Mean Time als universeller Standard angenommen.

Das Observatorium besteht aus mehreren Gebäuden. Das **Flamsteed House** wurde von Wren für den ersten Königlichen Astronomen, John Flamsteed, entworfen. Darin befinden sich seine Navigationsinstrumente, die als die besten seiner Zeit galten.

Gleich nebenan befindet sich das **Meridian Building** aus dem achtzehnten Jahrhundert. Einige der hier ausgestellten Teleskope werden noch immer für astronomische Beobachtungen adaptiert, obwohl die Luftverschmutzung in London die Sicht erschwert. Der Nullmeridian verläuft direkt durch dieses Gebäude, was ihm auch seinen Namen einbrachte.

Gehen Sie vom Observatorium nach Nordosten und biegen Sie nach rechts in die Park Vista. Die Straße ist von hübschen Gebäuden gesäumt. Rechterhand versteckt sich hinter dem Tor das malerische **Vanbrugh Castle**, eine Art Mini-Festung mit zahlreichen Erkern und Türmen. Sie wurde etwa 1717 vom Architekten und Bühnenautor Sir John Vanbrugh erbaut.

Biegen Sie nach links in die Greenwich Park Street ein und gehen Sie bis zur Woolwich Road, wo Sie den Zaun des im siebzehnten Jahrhundert erbauten **Trinity Hospital** sehen. Hinter dem Elektrizitätswerk befindet sich rechterhand im Norden **Ballast Quay**. Zu den Gebäuden aus dem achtzehnten Jahrhundert, die die **Ballast Quay** säumen, gehört auch die _Cutty Sark Tavern_ mit einigen neueren Zubauten.

Biegen Sie nach links in die Woolwich Road und biegen Sie dort bei der ersten Gelegenheit rechts ab in einen etwas heruntergekommenen Stadtteil, der mit dem zuvor besichtigten keinerlei Ähnlichkeit aufweist. Biegen Sie bei der Crane Street noch einmal nach links. Hier gelangen Sie zu zwei interessanten und sehr bekannten Pubs. Die _Yacht Tavern_ mit Blick auf die Themse stammt aus dem achtzehnten Jahrhundert und die _Trafalgar Tavern_, in der es gelegentlich beim Abendessen Theateraufführungen oder andere Darbietungen gibt, aus dem neunzehnten Jahrhundert.

Beenden Sie den Rundgang am Kai der Themse, wo der Blick zu Ihrer linken die perfekte Symmetrie des Royal Naval College vor Augen führt.

Weitere Sehenswürdigkeiten in der Umgebung

Die **Themse-Barriere** ist ein großer Damm zum Schutze Londons vor einer gefährlichen Überschwemmung, für den Fall, daß die Nordsee unerwartet steigen sollte. Die Barriere ist 520 Meter breit und eine einmalige technische Leistung in Großbritannien. Die Baukosten beliefen sich auf etwa 480 Millionen Pfund. Daneben befindet sich das **Thames Barrier Visitors Centre**. (Geöffnet Mo.-Fr. 10.30 bis 17.00 Uhr, Sa. und So. 10.30 bis 17.30 Uhr. Eintritt frei. Tel. 854-1373.)

Die Barriere kann per Schiff vom Zentrum Londons oder vom Greenwich Pier oder mit dem Zug mit British Rail von der Station Charing Cross aus erreicht werden. Der Zug hält auf dem Weg zur Barriere in Greenwich.

Greenwich

Ein Glashaus in Kew Gardens

Kew Gardens und Richmond —
Vom schönsten Park
zur schönsten Kleinstadt

Kew Gardens, der berühmteste botanische Garten der Welt, ist ein absolutes Muß für Pflanzenliebhaber. Aber nicht nur für diese, denn eigentlich dürfen Kew Gardens in keiner Londonbesichtigung fehlen; ganz besonders schön ist die Anlage im Frühling, wenn alles blüht.

Nach Kew Gardens kommt man, wenn man mit der U Bahn bis zur Station Kew Gardens fährt. Im Sommer können Sie den Besuch von Kew Gardens aber auch mit einer netten Bootsfahrt vom Westminster Pier im Zentrum Londons bis nach Kew Gardens verbinden.

Die **Kew Royal Botanic Gardens** entstanden als Teil des königlichen Parks und Anwesens von Richmond. (Geöffnet täglich 9.30 Uhr bis Sonnenuntergang. Eintrittsgebühr. Tel. 081-940-1171.) Um 1720 wohnten König Georg II. und seine Frau Königin Karoline in Ormonde Lodge, einem Teil des Anwesens Richmond. Ihr Sohn Friedrich, Prinz von Wales, pachtete das angrenzende Gebiet, das sogenannte Kew, wo er bis zu seinem Tod im Jahre 1751 lebte. Seine Witwe, Prinzessin Augusta, begann 1759 mit der Bepflanzung des botanischen Gartens und begründete damit die heutige Anlage des Parks.

Ihr Sohn Georg III. erbte nicht nur ihren Teil des Landes mit den von ihr erbauten Gebäuden, sondern auch das Anwesen Richmond von seinem Großvater. Unter Mithilfe von Sir Joseph Banks, auf den das heutige Aussehen des Parks zurückgeht, begann er mit der Gestaltung des Gartens.

Im Jahre 1841 ging der Garten durch einen königlichen Erlaß in die Verantwortung des Staates über. Seither sind Kew Gardens ein internationales Zentrum zur Erhaltung und Untersuchung von Pflanzen aus allen Erdteilen. In einem Forschungsinstitut können Studenten aus aller Welt einen dreijährigen Lehrgang absolvieren, der mit einem angesehenen Diplom der Hortikultur abschließt.

Der botanische Garten umfaßt heute an die sechs Millionen getrockneter Pflanzen (nicht für die Öffentlichkeit zugänglich), Sammlungen von Pflanzen und Samen, die vom Aussterben bedroht sind, ein Museum für die wirtschaftliche Nutzung der Botanik, Anbaugebiete und mehrere Gebäude und Glashäuser mit Pflanzen aus allen Klimazonen der Welt.

Das **Palm House** (Palmenhaus) enthält eine Sammlung von Palmen und riesigen tropischen Pflanzen.

Das **Water Lily House** (Wasserlilienhaus) enthält eine Sammlung tropischer Wasserlilien.

Das **Aroid House** (Aronstabhaus) enthält Pflanzen, die viel Feuchtigkeit und Wärme benötigen, wie dies in tropischen Regenwäldern der Fall ist.

Das **Tropical Conservatory** (Tropisches Gewächshaus) weist eine ganze Reihe tropischer Pflanzen auf. In den danebenliegenden Gebäuden kann man Sukkulenten, Farne und ähnliches sehen.

Das **Alpine House** (Alpinhaus) enthält Pflanzen, die in einem besonders kalten Klima gedeihen.

Das **Temperate House** (Haus mit gemäßigtem Klima) enthält Pflanzen, die in einem gemäßigten Klima und dem Mittelmeerklima vorkommen.

Das **Australia House** (Australisches Haus) enthält Pflanzen aus diesem Kontinent.

Abgesehen von den Glashäusern gibt es in dem botanischen Garten auch andere Bereiche, wo Gruppen von Pflanzen und Bäumen zusammengefaßt sind. Diese umfassen libanesische Zedern und Eukalyptusbäume ebenso wie Azaleen, Rhododendren, Magnolien und andere. Die Blütezeit erreicht im Mai ihren Höhepunkt und die Kew Gardens sind dann am allerschönsten.

Der botanische Garten beherbergt auch andere Gebäude, die für unterschiedliche Zwecke ausgelegt sind. Das **Museum No. 1** (Museum Nr. 1) nahe des Teichs weist eine Reihe wirtschaftlich nützlicher Pflanzen auf. Das **Wood Museum** (Holzmuseum) am Nordrand der Anlage zeigt verschiedene Holzarten und Holzgegenstände. (Beide Museen sind von Mo.—Sa. 9.30 bis 16.30 Uhr und So. 9.30 bis 17.00 Uhr geöffnet.) Die 1761 von Sir William Chambers entworfene **Orangery** (Orangerie) zeigt wechselnde Ausstellungsobjekte und enthält ein Souvenir- und Buchgeschäft.

Der **Kew Palace** (Kew Palast), auch Dutch House (Holländisches Haus) genannt, wurde 1631 von einem in London ansässigen dänischen Handelstreibenden erbaut. (Geöffnet April-Sept., täglich 11.00 bis 17.30 Uhr. Eintrittsgebühr. Tel. 977-8441.) Georg III. pachtete ihn und gab einen Ausbau nach Süden in Auftrag, der jedoch zerstört wurde. Das Haus blieb erhalten und Königin Charlotte wohnte bis zu ihrem Tod im Jahre 1818 dort. 1899 übergab Königin Victoria Kew Palace an den Staat und machte ihn für die Öffentlichkeit zugänglich.

Queen's Cottage (Landhaus der Königin) ist ein reizendes Landhaus, das zwischen 1770 und 1780 für Königin Charlotte hauptsächlich für Tagesausflüge erbaut wurde. (Geöffnet April—Sept., Sa. und So. 11.00 bis 17.30 Uhr. Eintrittsgebühr.) Es war niemals für längere Aufenthalte ausgelegt und das Gelände wurde im Gegensatz zu den anderen Teilen des botanischen Gartens, die sorgfältigst geplant waren, sehr ursprünglich belassen.

Die für Prinzessin Augusta erbaute **Pagoda** (Pagode) wurde 1761 ebenfalls von Sir William Chambers entworfen. Der zehn Stockwerk hohe Tempel zeigt einen fernöstlichen Einfluß.

In der gesamten Parkanlage findet man auch mehrere kleine Gebetsstätten, künstliche ''Ruinen'' und Tore, die der ganzen Anlage ein besonderes Flair und vielleicht den Anstrich einer Mittelmeerstadt verleihen sollten.

Der Park weist die üblichen Einrichtungen wie Trinkwasserbrunnen, Toiletten und Erfrischungsstände auf. Planen Sie einen ganzen Tag für den Besuch von Kew Gardens ein, um die herrliche Anlage voll auszukosten.

Östlich von Kew Gardens liegt **Kew Village**, ein Dorf mit vielen hübschen Häusern, die hauptsächlich aus dem achtzehnten und neunzehnten Jahrhundert stammen. Am Nordufer der Themse finden Sie nach der Überquerung der Kew Bridge zu Ihrer linken das **Kew Bridge Engines and Water Supply Museum**. (Geöffnet Sa. und So. 11.00 bis 17.00 Uhr. Eintrittsgebühr. Tel. 081-568-4757.) Das Museum zeigt mehrere Dampfmaschinen aus dem neunzehnten Jahrhundert, die abwechselnd in Aktion zu sehen sind.

Südlich des botanischen Gartens befindet sich eine weitere Grünanlage; **Old Deer Park** liegt direkt über dem Ort Richmond.

Richmond, der hübscheste, grünste und malerischste Vorort von London befand sich einst in königlichem Besitz und wurde Jahrhunderte hindurch von den englischen Herrschern bewohnt. Besonders populär war dieser Ort zur Zeit der Tudors. Königin Elisabeth I. starb hier, aber auch Karl I. der Stuartdynastie hatte eine Vorliebe für Richmond. Er gab zwei Teile des Anwesens, Richmond Park und Old Deer Park, für die Öffentlichkeit frei.

Im achtzehnten Jahrhundert wohnten in Richmond zuerst König Georg II., dann Prinz Friedrich und schließlich sein Sohn Georg III. Sie waren die treibenden Kräfte bei der Entwicklung dieses Gebiets. Viele Aristokraten, die in der Nähe des Königshofs wohnen wollten, bauten ihre Häuser entlang der Themse und auch heute noch gibt es in dieser Gegend eine Vielfalt an interessanten historischen Gebäuden, wie zum Beispiel Ham House und Marble Hill House.

Heute ist Richmond eine malerische, lebhafte Kleinstadt mit interessanten Gassen und ausgedehnten Freiflächen entlang der Themse — ein ideales Ziel für einen Wochenendausflug. Zu den lohnendsten Zielen gehört auch **Richmond Green**, eine von hübschen Häusern aus dem siebzehnten und achtzehnten Jahrhundert umgebene Grünanlage mit Blick auf den alten Richmond Palace. In den netten kleinen Straßen, die vom Park wegführen, gibt es eine Reihe von Geschäften und Pubs. Östlich davon befindet sich **Richmond Theatre**, ein sehenswertes Gebäude, das um die Jahrhundertwende entstanden ist. Seine beiden Türmchen machen den einzigartigen Anblick aus.

Die Uferstraße entlang der Themse ist ruhig und ungestört. Die alte Brücke führt nach **Twickenham**, eine weitere bezaubernde Stadt auf der anderen Seite der Themse. Diese ist an dieser Stelle nicht sehr breit und Sie haben die Möglichkeit, ein Ruderboot zu mieten.

Südlich dieser Stadt liegt der große **Richmond Park** (siehe auch "Mitten in der Natur — Parks und Gärten"). Wenn Sie die Themse entlang nach Süden spazieren, kommen Sie zu einem der eindrucksvollsten historischen Häuser in London, das Sie von Richmond mit dem Bus 65 oder 71 erreichen können. Das **Ham House** ist ein Paradebeispiel für die jakobinische Architektur in London und sicher einen Besuch wert. (Geöffnet Di.—So. 11.00 bis 17.00 Uhr. Eintrittsgebühr. Tel. 940 1950.)

KEW GARDENS

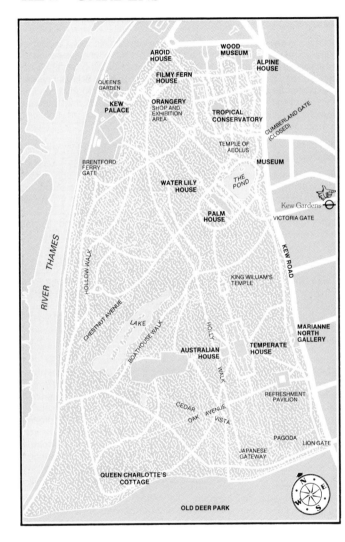

RICHMOND

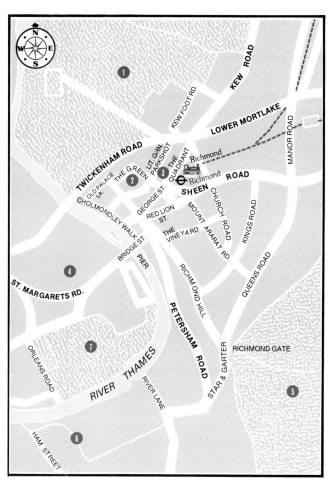

Legende
1. Old Deer Park
2. Richmond Green
3. Richmond Theatre
4. Twickenham
5. Richmond Park
6. Ham House
7. Marble Hill House

Es wurde 1610 erbaut und zwischen 1670 und 1680 vom Herzog und der Herzogin von Lauderdale ausgebaut, die die Räume mit hübschen Gegenständen ausstattete. Die Gemälde der bedeutendsten Künstler Englands, exklusive Möbelstücke und andere Objects d'art sind geschmackvoll angeordnet.

Von der **U-Bahnstation** in der Ortsmitte von **Richmond** können Sie die U-Bahn zurück nach London nehmen.

Weitere Sehenswürdigkeiten in der Umgebung

Marble Hill House wurde zwischen 1720 und 1730 im Stil von Palladio für Henrietta Howard erbaut. Die Geliebte von König Georg II. wurde später die Gräfin von Suffolk. Das Haus enthält eine Sammlung von Möbelstücken und Bildern. (Richmond Road, Twickenham. Geöffnet täglich außer Fr. 10.00 bis 17.00 Uhr, im Winter bis 16.00 Uhr. Eintritt frei. Tel. 081-892-5115.)

Die folgenden Sehenswürdigkeiten liegen westlich von Kew auf der anderen Seite der Themse in Chiswick und können von der U-Bahnstation Turnham Green erreicht werden.

Chiswick House ist ein fantastisches Beispiel für die Architektur von Palladio und wurde von Richard Boyle, dem dritten Earl of Burlington, entworfen. Die Innengestaltung und die Gestaltung der Gartenanlage geht auf William Kent zurück. In Chiswick House wohnte der Prinz von Wales, der spätere König Eduard VII. (Burlington Lane. Geöffnet täglich 9.30 bis 13.00 Uhr und 14.00 bis 18.30 Uhr, im Winter bis 16.00 Uhr. Eintrittsgebühr. Tel. 081-995-0508.)

Im **Hogarth's House** verbrachte der im achtzehnten Jahrhundert schaffende Maler William Hogarth seine letzten Lebensjahre. Er verewigte die Gesellschaft seiner Zeit in Zeichnungen und Kunststichen. Das Museum zeigt persönliche Gegenstände des Künstlers und eine Sammlung seiner Werke. (Hogarth Lane, Great West Road. Geöffnet Mo. und Mi.—Sa. 11.00 bis 18.00 Uhr, So. 14.00 bis 18.00 Uhr, im Winter bis 16.00 Uhr. Eintritt frei. Tel. 081-994-6757.)

Hampton Court —
Majestätischer Königspalast

Die englischen Könige erbauten über Generation hinweg eine Vielzahl von Palästen. Manche sind in Vergessenheit geraten, andere sind nur in Namen erhalten geblieben und wieder andere existieren auch heute noch. **Hampton Court** gehört zu den später erbauten Palästen und ist zweifellos der ausschweifendste und luxuriöseste der heute noch existierenden Paläste. Der riesige majestätische Bau mit seiner Vielzahl an unbezahlbaren Schätzen zeugt von dem Reichtum, den die britischen Monarchen über Jahrhunderte hinweg angehäuft haben.

Vom Zentrum Londons erreichen Sie Hampton Court, wenn Sie mit British Rail bis zur gleichnamigen Station fahren. Im Sommer können Sie auch mit dem Boot vom Westminster Pier hierher kommen. Der Palast ist von April—Sept. von Mo.—Sa. 9.30 bis 18.00 Uhr, So. 11.00 bis 18.00 Uhr und von Okt.—März von Mo.—Sa. 9.30 bis 17.00 Uhr und So. von 14.00 bis 17.00 Uhr geöffnet. Eintrittsgebühr. Tel. 081-977-8441. Die Gärten sind täglich von 7.00 Uhr bis Sonnenuntergang geöffnet. Eintritt frei.

Kardinal Wolsey begann 1514 mit dem Bau von Hampton Court Palace auf einem Gebiet an der Themse, das er von einem religiösen Orden, den Knights Hospitallers of St. John of Jerusalem gekauft hatte. Angeblich soll Wolsey diesen Platz als Ferienwohnsitz ausgewählt ahben, nachdem ihm verschiedene Ärzte und Gelehrte diesen Ort wegen seiner exzellenten Luft- und Wasserqualität empfohlen hatten. Der Palast Wolseys soll etwa 1 000 Räume gehabt und das Personal knapp 500 Personen umfaßt haben. Wolsey sparte weder an Luxus noch Komfort. Die Räume hatten die üppigsten Teppiche, die Sitzmöbel waren mit Samt und Seide überzogen und an der Wand hingen wahre Schätze. Im Palast gab es ein erstklassiges Kanalystem zur Wahrung bester sanitärer Bedingungen und über ein Rohrsystem wurde klares Trinkwasser von einer etwa drei Meilen vom Palast entfernten Quelle in den Palast befördert.

Heinrich VIII. besuchte Hampton Court und wollte diesen in der für ihn so typischen Art sofort besitzen. Wolsey, ein hervorragender Kardinal und brillianter Politiker, spürte seinen allmählichen Machtverlust und schenkte Karl den Palast. Trotzdem fiel Wolsey weiter in Ungnade und Heinrich zog 1529 in den Palast ein. Noch bevor Wolsey 1530 — auf dem Weg zu einem Verfahren wegen Staatsverrats — starb, begann Heinrich mit dem Ausbau des Palastes. Er ließ Wohnräume für sich und seine Frau dazubauen.

Die nächsten 200 Jahre lang war Hampton Court der Lieblingssitz der englischen Monarchen. Wilhelm III. beauftragte den berühmten Architekten Sir Christopher Wren mit der Umgestaltung des Palastes. Wren beließ die Tudorfassade mit ihren eckigen Türmchen, riß aber

HAMPTON COURT —
MAJESTÄTISCHER KÖNIGSPALAST

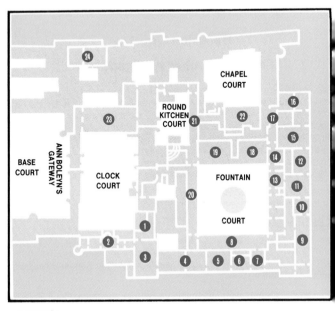

Legende

1. King's Staircase
2. Guard Chamber
3. Wolsey's Rooms
4. First and Second Presence Chambers
5. King's Audience Chamber
6. King's Drawing Room
7. William III's Bedroom
8. Cartoon Gallery
9. Queen's Gallery
10. Queen's Bedroom
11. Queen's Drawing Room
12. Queen's Audience Chamber
13. Private Chapel
14. Private Dining Room
15. Public Dining Room
16. Prince of Wales Suite
17. Prince of Wales Staircase
18. Queen's Guard Chamber
19. Queen's Presence Chamber
20. Communication Gallery
21. Haunted Gallery
22. Chapel Royal
23. Great Hall
24. Kitchens

den Großteil der unter Heinrich VIII. zu Wolseys Palast hinzugefügten Anbauten ab und baute ihn in einem schweren, eleganten Barockstil wieder auf, wobei er die roten Ziegel durch weißen Stein ergänzte.

Nach dem Tod von Georg II. diente der Palast nicht mehr als königliche Residenz. Im Jahre 1838 öffnete Königin Victoria die State Apartments, die Staatsgemächer, für die Öffentlichkeit. Heute sind in Teilen des Palastes ehemalige Bedienstete der Krone, die sich schon im Ruhestand befinden, einquartiert. 1986 brach im Südflügel des Palastes ein großer Brand aus, nachdem ein Bewohner offensichtlich eine Kerze

Blühende Gärten

brennengelassen hatte. Viele Schätze sind dabei den Flammen zum Opfer gefallen. Der Flügel ist renoviert und wieder für die Öffentlichkeit zugänglich gemacht.

Die Fassade des Palastes zeigt nach Westen und wird von Statuen mythologischer Tiere, den sogenannten "King's Beasts", bewacht; diese beschützen den ursprünglichen Tudoreingang, das Torhaus. Der Hof auf der anderen Seite des Tors, der **Base Court**, wird von dem unter Wolsey erbauten ursprünglichen Bau umgeben. Überqueren Sie den Hof und gehen Sie durch **Ann Boleyn's Gateway**, das Tor, das nach der wegen Ehebruchs hingerichteten Frau von König Heinrich VIII. benannt ist. Der nächste Hof ist der sogenannte **Clock Court**; er ist nach der 1540 für Heinrich VIII. angefertigten astronomischen Uhr benannt, die Uhrzeit und Datum, Monat, Jahr, Tierkreiszeichen und Mondphasen anzeigt.

Betreten Sie die State Apartments. Gehen Sie an *King's Staircase* mit ihren fantastischen Wandmalereien des italienischen Künstlers Antonio Verrio vorbei zum *Guard Chamber*, an deren Wänden hunderte Waffen hängen. Werfen Sie dann einen Blick in die danebenliegenden *Wolsey's Rooms*. Die nächste Reihe von Räumen gehörte zu den State Apartments, wurde aber bei dem Brand stark beschädigt: die *First and Second Presence Chambers*, das *King's Audience Chamber*, der *King's Drawing Room* und *William III's Bedroom*. An den Wänden der daneben befindlichen *Cartoon Gallery* befanden sich einst Zeichnungen von Raphael über das Leben der Apostel Peter und Paul. Diese Zeichnungen befinden sich nun im Londoner Victoria and Albert Museum. In der Galerie hängen an ihrer Stelle Wandteppiche, die den ursprünglichen Zeichnungen nachempfunden wurden.

Von den Räumlichkeiten des Königs kommen Sie zu jenen der Königin. An den Wänden der *Queen's Gallery* illustrieren Wandteppiche das Leben von Alexander dem Großen. Im *Queen's Bedroom* steht ein herrliches scharlachrotes Bett. Der *Queen's Drawing Room* enthält Wandgemälde von Verrio. Neben dem *Queen's Audience Chamber* befinden sich ihre *Private Chapel* und ihr *Private Dining Room*.

Zu den Räumen im Nordflügel des Palastes zählen der *Public Dining Room* und die *Prince of Wales Suite* mit Räumen, die einst vom Prinz Friedrich bewohnt wurden. Gemälde der "Hampton Court Beauties" von Sir Godfrey Kneller zieren das Schlafgemach. Im danebenliegenden ausgefallenen *Prince of Wales Staircase* befindet sich ein Treppengeländer von Jean Tijou.

Die von Sir Peter Lely unter der Herrschaft von Karl II. gemalten "Windsor Beauties" hängen in der *Communication Gallery*, die mit dem *Queen's Guard Chamber* und dem *Queen's Presence Chamber* verbunden sind. Dahinter befindet sich die *Haunted Gallery*, die Geistergalerie. Die zum Tode verurteilte fünfte Frau von Heinrich VIII. appellierte in der *Chapel Royal* an den König. Die Wachen entdeckten sie und zerrten sie unter markerschütterndem Geschrei fort; ihr Geist soll noch heute in der Galerie herumspuken.

Die unter Wolsey erbaute *Chapel Royal* hat eine hübsche Holzdecke. Noch eindrucksvoller ist die geschnitzte Holzdecke der *Great Hall*, die unter Heinrich VIII. entstand.

Zu den weiteren sehenswerten und interessanten Räumlichkeiten des Palastes gehören die im Tudorstil gehaltenen *Kitchens*, die Küchenräume mit riesigen Öfen und antiken Utensilien sowie der Wein- und Bierkeller von Heinrich VIII.

Die Gärten rund um den Palast sind wunderschön und einen Besuch sicher wert. Jeder Bewohner hat den Garten auf seine Art geprägt. Wolsey begann mit der Gestaltung des Gartens südlich des Palastes zur Themse hin; Heinrich VIII. führte die Erschließung dieses Gebiets fort. Hier sehen Sie den *Pond Garden* mit dem angrenzenden *Banqueting House* neben dem elisabethanischen *Knot Garden* und dem *Privy Garden*, der von der Themse durch ein von Tijou gefertigtes exquisites Eisentor abgetrennt ist.

Tennisplätze aus der Tudorzeit befinden sich nördlich des Palastes. Sie werden heute noch ab und zu für Spiele und Wettkämpfe verwendet. Hinter den Tennisplätzen liegt das **Wilderness** mit einer Cafeteria und dem **Maze**, dem Irrgarten, im Norden. (Geöffnet März—Okt. täglich 10.00 bis 18.00 Uhr. Eintrittsgebühr.) Auf der anderen Seite des Zauns befindet sich **Bushy Park**, ein Teil der Gärten des Palastes und ein ideales Picknickplätzchen.

Der Großteil der offiziellen Gärten erstreckt sich östlich des Palastes. Wilhelm III. ließ das sogenannte **Long Water** ausheben, das vom Palast durch den **Great Fountain Garden** mit kegelförmigen Bäumen abgetrennt ist. Der in der Mitte des zwanzigsten Jahrhunderts angelegte junge **Woodland Garden** macht den Großteil des östlichen Parks aus.

Außerhalb der Palastanlage befindet sich **Hampton Green** mit seinen Häusern aus dem siebzehnten und achtzehnten Jahrhundert, die jene Leute erbauen ließen, die in der Nähe des Königs wohnen wollten.

Windsor und Eton College —
Zufluchtsort der Monarchen

Mehr als 900 Jahre lang war Windsor Castle ohne Unterbrechung die zweite Residenz der englischen Könige. Während die königlichen Paläste in London wiederholt zerstört und wiederaufgebaut wurden, ist Windsor Castle, das sich stolz über seine Umgebung erhebt, ein Symbol für die Beständigkeit und Stabilität der britischen Monarchen geblieben. König Georg V. honorierte diesen Status 1917 offiziell, als er erklärte, daß die königliche Familie und ihre Nachfolger den Namen Windsor tragen würden.

Planen Sie für den Ausflug nach Windsor einen ganzen Tag ein, da diese reizende und malerische Stadt außerhalb von London liegt. Die Züge fahren von den Stationen von British Rail in Paddington (steigen Sie in Slough zur Station Central in Windsor um) und Waterloo (zur Station Riverside in Windsor) ab. Die Züge verkehren oft und die Fahrt dauert knapp eine Stunde.

Beginnen Sie den Rundgang bei der Central British Rail Station in Windsor, wo sich eine der Attraktionen der Stadt befindet: **Madame Tussaud's Royalty and Empire Exhibition**. (Geöffnet täglich 9.30 bis 17.30 Uhr, im Winter bis 16.30 Uhr. Eintrittsgebühr. Tel. 0753-857837.) Der Bahnhof, in der sich das Museum befindet, wurde eigens für Queen Victorias königlichen Zug anläßlich ihres Diamond Jubilee, dem 60jährigen Regierungsjubiläum, 1897 renoviert und ausgebaut. Die Betreiber des Museums restaurierten den Zug und verewigten dieses Ereignis in Form von Wachsfiguren. In dem Museum gibt es auch eine Theateraufführung über die "Sechzig Glorreichen Jahre". Die größten Ereignisse unter der Herrschaft von Königin Victoria werden mit Hilfe von Computertechnolgie mit lebensgroßen Figuren aus dieser Zeit dargestellt.

Gehen Sie hinauf zur alten Festung, die über der Stadt thront. **Windsor Castle** gilt als die weltweit größte Burg ihrer Art. Die sächsischen Könige erbauten sich ihren Palast in der Gegend des sogenannten Old Windsor doch als Wilhelm der Eroberer hoch oben auf der Spitze der Klippen einige Meilen über der Themse New Windsor Castle errichtete, wurde der alte Palast verlassen und das Gebäude verfiel. Wilhelm baute seine Festung aus Holz und Heinrich II. ließ sie in Stein neu errichten Heinrich III. und Wilhelm III. erweiterten und verbesserten die Festung noch weiter. Die späteren Zubauten konnten dem eindrucksvoller mittelalterlichen Bau aber keinerlei Abbruch tun.

Die Burg gliedert sich in drei Trakte, der Lower Ward, der Middle Ward und der Upper Ward. (Einfriedung von Jan.—März und Ende Okt.—Dez täglich 10.00 bis 16.15 Uhr geöffnet; April und Sept.—Ende Okt 10.00 bis 17.15 Uhr; Mai—Aug. 10.00 bis 19.15 Uhr. Eintritt frei. Windsor Castle. Tel. 0753-868286.) Betreten Sie den **Lower Ward** durch Henry

WINDSOR UND ETON COLLEGE

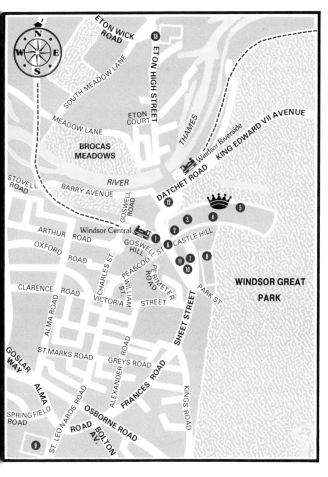

Legende

1. Madame Tussaud's Royalty and Empire Exhibition
2. Windsor Castle
3. St. George's Chapel
4. Round Tower
5. State Apartments
6. Queen Victoria Statue
7. Church Lane
8. Royal Mews Exhibition
9. Household Cavalry Museum
10. St. John the Baptist
11. Guildhall
12. Theatre Royal, Windsor
13. Eton College

VIII's Gateway. Linkerhand sehen Sie den Platz, wo die Paraden abgehalten wurden und wo von Mo.—Sa. um 11.00 Uhr die Zeremonie des *Changing of the Guard*, der Wachablösung, stattfindet. Gegenüber ist das Tor zum **Horseshoe Cloister** mit hübschen Ziegelhäusern aus dem fünfzehnten Jahrhundert. An der Nordwestecke der Festung befindet sich der **Curfew Tower**, der Zapfenstreichturm, aus dem dreizehnten Jahrhundert mit einem beeindruckenden mittelalterlichen Kerkerverlies. Die acht Glocken in dem Turm ertönen alle drei Stunden. Neben dem Turm sehen Sie eine Reihe von Gebäuden der Military Knights of Windsor, der pensionierten Offiziere.

In der Mitte des Lower Ward ist die **St. George's Chapel**, eine der schönsten spätgotischen Kapellen. (Geöffnet Mo.—Sa. 10.45 bis 16.00 Uhr, So. 14.00 bis 16.00 Uhr, im Winter bis 15.45 Uhr. Eintrittsgebühr.) Eduard IV. begann 1475 mit dem Bau einer Kapelle für den Order of the Garter, den Hosenbandorden. Dieser ist der wichtigste und höchste Ritterorden im Königreich; er wurde 1348 von Eduard III. gegründet. Der Legende nach soll der Name von einer Begebenheit abgeleitet worden sein, als eine Dame ihr Strumpfband verlor; sehr zur Verwunderung der lachenden Zuseher hob König Eduard es für sie auf. "Ein Schelm ist, wer Schlechtes dabei denkt." wurde das Motto des Ordens, dessen Fahnen das Innere der Kapelle zieren. Mehrere englische Monarchen sind hier begraben.

Östlich der St. George's Chapel befindet sich **Dean's Cloister**, das von der **Albert Memorial Chapel** begrenzt wird. (Geöffnet Mo.—Sa. 10.00 bis 13.00 Uhr und 14.00 bis 15.45 Uhr. Eintritt frei.) In dieser Kapelle hätten mehrere Könige, darunter Heinrich VI., Heinrich VII. und Heinrich VIII., begraben werden sollen, doch dieser Plan wurde niemals realisiert. Nach dem Tod von Heinrich VIII. im Jahre 1547 blieb die Kapelle ungenützt, bis Königin Victoria sie zur Erinnerung an Prinz Albert nach seinem Tod 1861 renovieren ließ. Aber auch er wurde nicht hier begraben, sondern sein Grab befindet sich gemeinsam mit dem der Königin im nahegelegenen Windsor Home Park.

Der **Middle Ward** steht ganz im Zeichen des **Round Tower**, der früher von einem eigenen Burggraben umgeben war. Dieser Trakt wurde im zwölften Jahrhundert von Heinrich II. erbaut und sollte die eigentliche Festung der Burg sein.

Gehen Sie hinaus auf die **North Terrace** links des Round Tower. Von dort haben Sie einen fantastischen Blick auf das Themsetal und Eton College. In dieser Gegend auf dem Weg zu den State Apartments gibt es nur wenig Sehenswertes. Das 1923 von Sir Edwin Lutyens entworfene **Queen Mary's Dolls' House** ist gemeinsam mit einer Sammlung der Puppen der Königinnen im nächsten Raum zu sehen. (Das ganze Jahr über unterschiedliche Öffnungszeiten. Normalerweise geöffnet von April—Okt. von Mo.—Sa. 10.30 bis 17.00 Uhr; Mai—Okt. So. 13.30 bis 17.00 Uhr; Nov.—März Mo.—Sa. 10.30 bis 17.00 Uhr, sonntags geschlossen. Erkundigen Sie sich telefonisch nach den genauen Öffnungszeiten. Eintrittsgebühr.) Es ist nur angemessen, daß das Puppenhaus einer Königin wie das Haus der Königin selbst aussieht und genau das ist bei diesem Puppenhaus von den Empfangsräumen bis zu den Räumen der Dienstboten der Fall. Das Haus wurde mit besonderer Kunstfertigkeit und Genauigkeit maßstabsgetreu eingerichtet: Miniaturbücher, Möbel,

Utensilien und selbst Miniaturgemälde. In einem weiteren Raum neben dem Puppenhaus befindet sich die **Exhibition of Drawings**. (Unterschiedliche Öffnungszeiten. Üblicherweise entsprechen sie jenen des Doll's House. Erkundigen Sie sich telefonisch nach den genauen Öffnungszeiten. Eintrittsgebühr.) Die hier gezeigten Gemälde stammen aus der Sammlung der Königin und sind Werke alter Meister wie Leonardo da Vinci und Holbein.

Neben diesem Saal befindet sich der Eingang zu den **State Apartments**, den Staatsgemächern der Königin im **Upper Ward**. (Unterschiedliche Öffnungszeiten. Normalerweise geöffnet im Mai und von Juli—Okt. Mo.—Sa. 10.30 bis 17.00 Uhr, So. 13.30 bis 17.00 Uhr; Jan.—Mitte März und Nov. von Mo.—Sa. 10.30 bis 15.00 Uhr, sonntags geschlossen. Geschlossen auch von Mitte März bis Anfang Mai, fast den ganzen Juni und Dezember und immer, wenn die Königin hier residiert. Erkundigen Sie sich telefonisch nach den genauen Öffnungszeiten. Eintrittsgebühr.) In den Räumlichkeiten befinden sich einmalige Schätze: feinstes Porzellan, Ritterrüstungen, Deckenmalereien von großen Künstlern wie Antonio Verrio und Grinling Gibbons und Meisterwerke von Rubens, Van Dyck, Lawrence, Holbein, Canaletto, Hogarth, Reynolds und vielen anderen. Die Zeremonien und Feierlichkeiten des Hosenbandordens werden in der eleganten **St. George's Hall** abgehalten. Die restlichen Räumlichkeiten des Upper Ward sind private Wohnräume und nicht für die Öffentlichkeit zugänglich. Südlich von Windsor Castle befindet sich auf einer Fläche von etwa 2 000 Morgen der **Windsor Great Park**. Früher war dieses Areal königliches Jagdgebiet, heute ist der Park in mehrere Abschnitte unterteilt. Der dem Palast am nächsten gelegene Teil ist für die Öffentlichkeit ebenso wenig zugänglich wie **Frogmore Gardens**, wo sich das Mausoleum von Königin Victoria und Prinz Albert befindet. (Der Park wird auf Sondergenehmigung der Königin jeden ersten Mittwoch und Donnerstag im Mai geöffnet. Das Mausoleum ist zusätzlich am Mittwoch um den 24. Mai, dem Geburtstag von Königin Victoria, geöffnet.)

Der **Long Walk** erstreckt sich über etwa drei Meilen südlich der Burg. Dieser von Bäumen gesäumte Boulevard am Westende des Parks ist für Autos gesperrt; er wurde ursprünglich 1685 von Karl II. angelegt und später, 1945, neu bepflanzt. Der Long Walk führt zu der Statue eines **kupfernen Pferds** mit Georg III. auf seinem Rücken.

Im südlichen Teil des Parks befindet sich mit **Virginia Water** ein küstlicher Teich. Am Ufer stehen die **Ruins**, antike römische Ruinen, die im neunzehnten Jahrhundert von Georg IV. aus Libyen importiert wurden. Am Nordufer liegen die **Valley Gardens**, die für ihre blühenden Rhododendren und Azaleen berühmt sind. Daneben befinden sich die bezaubernden **Savill Gardens**, die 1932 von Eric Savill, dem stellvertretenden Parkdirektor angelegt wurden. Der Park ist für seine Farbenpracht und -vielfalt bekannt, die dank der genialen Anlage der Pflanzen das ganze Jahr über bewundert werden können. (Valley Gardens ist das ganze Jahr über täglich geöffnet. Savill Gardens ist von März—Okt. täglich von 10.00 bis 18.00 Uhr oder bis Sonnenuntergang geöffnet. Eintrittsgebühr.)

An der Südwestseite des Parks liegt der Windsor Safari Park mit wilden Tieren, wie Löwen, Elefanten und Giraffen. (Geöffnet täglich

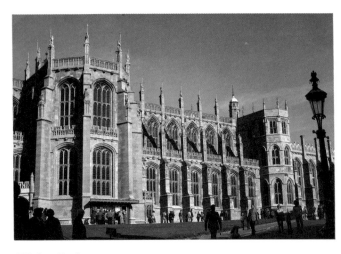

Windsor Castle

10.00 bis 17.45 Uhr, im Winter bis eine Stunde vor Sonnenuntergang. Eintrittsgebühr. Tel. 0753-869847.) Zu den Attraktionen zählen ein Aquarium mit Delphin- und Walvorführungen, eine Papageienshow, eine Vorführung mit Raubvögeln, eine Schmetterlingssammlung, tropische Pflanzen und vieles mehr. Es gibt auch einige Snackbars und einen Bus für alle, die den Safaripark ohne eigenes Auto besuchen.

Verlassen Sie Windsor Castle auf dem Weg, auf dem Sie durch Henry VIII's Gateway hereingekommen sind. Gegenüber des Tors steht eine **Statue von Königin Victoria**, die hier anläßlich ihres 60jährigen Regierungsjubiläums errichtet wurde. Spazieren Sie durch die mittelalterlichen Straßen der Stadt. In der Church Street können Sie einige interessante Gebäude aus dem sechzehnten und siebzehnten Jahrhundert sehen. Gehen Sie weiter zur **Church Lane**, wo sich das Engine House befindet, in dem einst die Feuerwehr von Windsor untergebracht war, sich aber heute ein Restaurant, Benson's, befindet.

In der St. Alban's Street ist die Royal Mews Exhibition. (Geöffnet Mai—Sept. täglich 10.30 bis 15.00 Uhr; Okt.—April Mo.—Sa. 10.30 bis 15.00 Uhr, sonntags geschlossen. Eintrittsgebühr. Tel. 0573-868286.) In den Stallungen stehen viele der Pferde und Kutschen, die auch heute noch von der königlichen Familie verwendet werden. Es werden Zaumzeug und andere Ausrüstungsgegenstände gezeigt.

Biegen Sie von dieser Straße nach links in die Park Street, die Verlängerung des Long Walk, die von hübschen georgianischen Häusern gesäumt ist. Geradeaus ist die Sheet Street, die ebenfalls zu beiden Seiten schöne Gebäude aufweist. Linkerhand geht die Sheet Street in die Frances Road über, die zur St. Leonard's Road führt. Hier ist das **Household Cavalry Museum** zu sehen, das persönliche Gegenstände und die Ausrüstung der königlichen Wache von der Zeit Karl II. bis heute zeigt. (Geöffnet Mo.—Fr. 10.00 bis 13.00 Uhr und 14.00 bis 17.00 Uhr. Eintritt frei. Tel. 0753-868222/Dw. 203.)

Nördlich der Park Street befindet sich die High Street; biegen Sie dort rechts ab. Rechterhand befindet sich die Pfarrkirche von Windsor **St. John the Baptist**, die im neunzehnten Jahrhundert anstelle der ursprünglichen normannischen Kirche erbaut wurde. In der Kirche befindet sich auch ein **Brass Rubbing Centre** für Pausabdrucke von Grabplatten. (Geöffnet März—Okt. Mo.—Sa. 10.00 bis 17.00 Uhr.) Am höchsten Punkt der Straße steht ganz allein die anmutige **Guildhall**. Im Jahre 1687 wurde mit dem Bau begonnen, 20 Jahre später wurde die Guildhall von Sir Christopher Wren, der die zierlichen Säulen an ihrer Außenfassade entwarf, fertiggestellt. Statuen von Königin Anne und ihrem Ehemann Prinz Georg von Dänemark zieren das Gebäude. (Nicht für die Öffentlichkeit zugänglich.)

Gehen Sie von der Burg die Thames Street hinunter, eine Geschäftsstraße mit einigen netten Touristenläden. Unten gelangen Sie zum **Theatre Royal, Windsor**, aus dem Jahre 1793. Die Uferstraße an der Themse eignet sich hervorragend für eine kleine Pause.

Beenden Sie den Windsor-Rundgang beim **Eton College**, das am Norderufer der Themse liegt. Jeder, der sich ein bißchen in der englischen Gesellschaft auskennt, weiß, daß der Name Eton mehr als jedes andere Statussymbol für britischen Adel und Prestige steht. Deshalb tun alle Vertreter des Adels, der gehobenen Schichten und all jene, die einfach nur reich sind, alles, damit ihre Kinder in dieser Schule aufgenommen werden. Die Schule wurde 1440 von König Heinrich VI. gegründet, um 70 armen Schülern kostenlosen Unterricht und Unterkunft zu bieten. Erst im siebzehnten Jahrhundert kam diese Institution bei den Adeligen in Mode. Heute gibt es etwa 1200 Schüler, die die vollen Gebühren bezahlen und etwa 70, die hier aufgrund ihrer Begabung kostenlos studieren und wohnen dürfen. Zu den Absolventen von Eton zählen viele berühmte Persönlichkeiten in der Geschichte der Literatur, Kunst und Politik, darunter an die zwanzig Premierminister.

Wenn Sie während des Schuljahres hierherkommen, können Sie die Schüler in ihren traditionellen Uniformen mit gestreiften frackartigen Mänteln sehen. Die Anlage umfaßt das ursprüngliche Gebäude — die Lower School aus dem Jahre 1443, die Upper School aus dem siebzehnten Jahrhundert und die herrliche gotische Kapelle aus dem fünfzehnten Jahrhundert. Das Museum of Eton Life zeigt die 500jährige Geschichte des College. (Geöffnet während des Schuljahres täglich von 14.00 bis 17.00 Uhr; April—Sept. 10.30 bis 17.00 Uhr. Eintrittsgebühr. Tel. 0753-863593.)

Südlich von Windsor befindet sich die Pferderennbahn von Ascot sowie ein großer Hügel namens **Runnymede**, wo König Johann im Jahre 1215 die Magna Charta unterzeichnete. Auf dem Hügel stehen das Magna Charta Memorial, das 1957 von der United States Association of Attorney gestiftet wurde und ein 1965 für den amerikanischen Präsidenten John F. Kennedy errichtetes Denkmal. Auf der Spitze des Hügels steht ein Denkmal für die 20 455 Opfer der Luftwaffe des Commonwealth, deren Grabstätte nicht bekannt ist.

London bei Nacht

Wenn es in London dunkel wird und die City in den Schlaf fällt, sind ihre 6 000 Bewohner wieder allein, nachdem die hunderttausende von Besuchern ihre Besichtigungstouren für diesen Tag beendet haben. Jetzt erwacht das West End zum Leben und die Menschenmassen strömen in die westlich der City of London gelegenen Unterhaltungszentren.

Der nächtliche Rundgang umfaßt beliebte Unterhaltungszentren und einen Blick auf all jene Sehenswürdigkeiten, die in der nächtlichen Straßenbeleuchtung ein ganz anderes Gesicht aufsetzen als untertags.

Beginnen Sie beim **Piccadilly Circus**. Die bunten Neonreklamen verzaubern die Stadt, ganz besonders an Feiertagen, wenn sich hier tausende von Leuten einfinden und gemeinsam feiern.

Gehen Sie nach Osten zum **Leicester Square**, dem Zentrum der Londoner Filmindustrie. Die Kinos hier zeigen die neuesten und heißesten Filme, die es auf dem Markt gibt. Der Platz quillt förmlich über vor Jugendlichen, von denen man die neuesten und verrücktesten Modetrends lernen kann.

Gehen Sie vom Leicester Square nach Süden zum **Trafalgar Square**. Die Statue von Nelson, die National Gallery und andere Gebäude in der Umgebung erstrahlen im nächtlichen Flutlicht. Zu Weihnachten wird in der Mitte des Platzes ein mit funkelnden Lichtern geschmückter großer Tannenbaum aufgestellt und die Menschen kommen hier zusammen, um Weihnachtslieder zu singen und so in den kalten Winternächten etwas Wärme in die Herzen zu bringen.

Verlassen Sie den Trafalgar Square im Süden und gehen Sie die um diese Zeit ausgestorbene **Whitehall** entlang. Die riesigen Steinmauern, hinter denen die britische Regierung zu Hause ist, wirken kalt und einsam und warten auf den Anbruch des nächsten Tages. Nach dem **Cenotaph**, dem Denkmal für die Gefallenen beider Weltkriege, gelangen Sie zum Parliament Square.

Vor Ihnen erheben sich — wie in einer mittelalterlichen Sage — die **Houses of Parliament**. Das gelbliche Licht, das auf die neugotische Gebäude fällt, trägt das seine zu dem geheimnisumwitterten Anblick bei. Auch die Uhr Big Ben ist zu dieser Zeit beleuchtet. Wenn das Licht auf seiner Spitze angestellt ist, ist das das Zeichen, daß das Parlament eine spätabendliche Sitzung hat.

Wenden Sie sich nach Osten und überqueren Sie die **Westminster Bridge**. In der Themse spiegeln sich die Lichter der Stadt. Am anderen Themseufer sehen Sie die eindrucksvolle **County Hall**. Gehen Sie die Albert Embankment entlang und lassen Sie die Lichter der Stadt vom gegenüberliegenden Ufer auf sich einwirken.

Die Uferstraße entlang im Norden kommen Sie zum **South Bank Arts**

Centre. Diese Gegend mit den aneinander anschließenden Gebäuden der Royal Festival Hall, des National Theatre und des National Film Theatre ist bereits untertags voller Leben, das sich aber in den Abend- und Nachtstunden noch verstärkt. Hier sehen Sie das Beste des Londoner West End — die besten Konzerte, Theaterstücke und Filme.

Gehen Sie über die **Waterloo Bridge**, die nach der berühmten Schlacht im Jahre 1815 zwischen der britischen und alliierten Armee und den Franzosen unter Napoleon gefochten wurde. In dieser Schlacht mußte Napoleon eine große Niederlage hinnehmen, die schließlich zu seinem Untergang führte. Die Brücke wird alle Filmkenner wahrscheinlich an den Film "Abschied von Waterloo Bridge" erinnern, in dem Vivian Leigh ihren Geliebten hier in einer Nacht während der Luftangriffe des zweiten Weltkrieg trifft. Gehen Sie über die Brücke zurück zum Nordufer. Das beleuchtete Gebäude vor Ihnen ist das **Somerset House**. Gehen Sie den Lancaster Place entlang zur belebten Strand mit ihren blinkenden Neonlichtern, die die vielen hier befindlichen Theater repräsentieren.

Beenden Sie den nächtlichen Spaziergang im Zentrum des Londoner Nachtlebens, das sich in den letzten Jahren immer größerer Beliebtheit erfreute. In der Gegend von **Covent Garden** gibt es unzählige Restaurants, Pubs, Theater, Opern und eine Vielzahl an kleinen Gassen, die noch mit Gaslaternen aus dem neunzehnten Jahrhundert beleuchtet werden.

_L_ONDON

LONDON BEI NACHT

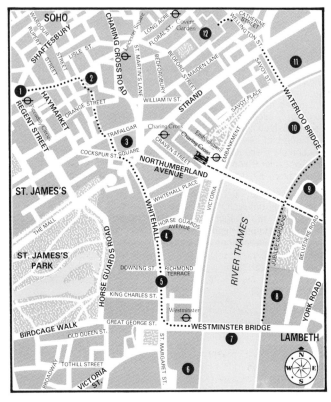

Legende
1. Piccadilly Circus
2. Leicester Square
3. Trafalgar Square
4. Whitehall
5. Cenotaph
6. Houses of Parliament
7. Westminster Bridge
8. County Hall
9. South Bank Arts Centre
10. Waterloo Bridge
11. Somerset House
12. Covent Garden

Zu zweit unter dem Regenschirm

Die meisten Londonbesucher werden wohl eine Erinnerung an London im Regen mit nach Hause nehmen, egal in welcher Jahreszeit sie kommen. Wenn Sie an einem sonnigen Tag in London ankommen, nützen Sie das gute Wetter aus. Aber da im Durchschnitt 10 Tage pro Monat verregnet sind, ist die Wahrscheinlichkeit sehr hoch, daß es auch während Ihres Aufenthalts irgendwann einmal regnet. Daher haben wir einige Vorschläge für nette und relativ trockene Unternehmungen für einen Regentag zusammengestellt.

In London gibt es eine Vielzahl unterschiedlichster **Museen**. In den meisten Museen können Sie Stunden mit der Besichtigung der vielen Ausstellungsstücke zubringen — die beste Beschäftigung für einen Regentag. In den meisten Museen gibt es relativ günstige Restaurants, sodaß unter einem Dach Nahrung für Körper und Geist geboten wird. Wir empfehlen die folgenden Museen:

British Museum (siehe ''Bloomsbury — Heimat von Schriftstellern und Dichtern'')
National Gallery (siehe ''St. James's und der Buckingham Palast — Der Königliche Bezirk'')
Tate Gallery (siehe ''Whitehall und Westminster — Königliche Residenzen'')

Die folgenden vier Museen liegen unmittelbar nebeneinander und können daher einfach in einem Rundgang besichtigt werden (siehe ''Knightsbridge und Kensington — Geschäfte und Museen''):

Victoria and Albert Museum
Science Museum
Natural History Museum
Geological Museum

Weiters können Sie sich natürlich auch einen Rundgang mit jenen **Sehenswürdigkeiten** zusammenstellen, die **nicht im Freien** liegen. Zu diesem Zweck empfehlen wir einen Teil des Rundgangs in der City. Beginnen Sie bei der **St. Paul's Cathedral** und gehen Sie weiter zum **Museum of London**. Beenden Sie den Rundgang beim **Barbican Centre for Arts and Conferences**, in dem es wechselnde Ausstellungen, eine Bibliothek, Nachmittagskonzerte, ein Café und viele andere Dinge gibt (siehe ''Die City of London — Der alte Stadtkern'').

Machen Sie an einem solchen Tag einen **Einkaufsbummel**. In dem großen *Brent Cross Shopping Centre* können Sie die Filialen der wichtigsten Ladenketten und zwei Warenhäuser aufsuchen, ohne auch nur einen Schritt ins Freie tun zu müssen (siehe ''Einkaufsbummel gefällig — Wo man was am besten bekommt''). Sie können sich aber auch in eines der großen Warenhäuser im Zentrum Londons, wie z. B. *Harrods* oder *Selfridges* stürzen, wo Sie nach Herzenslust herumbummeln können, ohne Gefahr zu laufen, in einen Regenschauer zu kommen.

London für Kinder

London ist eine Stadt für die ganze Familie und bietet eine Vielfalt an fantastischen Freizeit- und Unterhaltungsmöglichkeiten für Kinder. Nachstehend finden Sie eine Auswahl der besten Angebote in London. Eltern, die in diesem Reiseführer schmökern, werden wahrscheinlich noch andere Sehenswürdigkeiten für ihre Kinder entdecken.

Besichtigungsfahrten mit Kindern

Details zu den folgenden Aktivitäten per Bus oder Boot finden Sie im Kapitel "Erste Begegnung mit der City".

Eine Fahrt mit dem Doppeldeckerbus: Ein ganz besonderes Erlebnis, das sich kein Kind entgehen lassen möchte. Fahren Sie durch die Stadt und besichtigen Sie London vom oberen Stockwerk des Busses aus. Bei Schönwetter können Sie auch eine Rundfahrt in einem Bus mit offenem Oberdeck machen.

Eine Themsefahrt: Die ideale Unternehmung bei Schönwetter. Es gibt zwei Piere in London, von denen Boote zu verschiedenen Zielorten abfahren.

Eine Kanalfahrt: Diese vergnügliche und erholsame Aktivität ist sowohl innerhalb als auch außerhalb Londons möglich. In der Stadt selbst können Sie von Little Venice zum Regent's Park und dem London Zoo fahren.

Kanalfahrten außerhalb von London sind in ganz England möglich (siehe "Ausflüge — Eine Bootsfahrt auf den Kanälen und Wasserwegen Englands").

Beliebte Sehenswürdigkeiten

Changing of the Guard, Wachablösung vor dem Buckingham Palace: Diese eindrucksvolle Zeremonie findet im Sommer täglich und im Winter jeden zweiten Tag statt. Die bunten Uniformen, die Pelzkappen und die Musik der Band machen diese Zeremonie jeden Tag wieder zu einem festlichen Ereignis, das Touristen aus aller Welt anzieht (siehe "St. James's und der Buckingham Palast — Der Königliche Bezirk").

London Zoo: Tausende verschiedene Säugetiere, Reptilien, Vögel und Insekten, darunter einige äußerst seltene Arten, sind hier auf wenigen Dutzend Morgen untergebracht. Ein Besuch des Zoos ist für alle Altersgruppen ein besonderes Erlebnis (siehe "Regent's Park — Die erste Gartenstadt").

London Brass Rubbing Centre: Hier können Kinder mit Papier und Wachsmalstiften, die hier relativ günstig erhältlich sind, selbst einen Pausabdruck eines Ritters oder einer Lady anfertigen. Selbst Anfängern gelingen eindrucksvolle Bilder und es ist ein Erlebnis für alt und jung. Das London Brass Rubbing Centre befindet sich in der St. James's Church (siehe "Mayfair — das Leben der Adeligen"). Es gibt aber auch Brass Rubbing Centres in der Kirche All-Hallows-by-the-Tower (siehe "Die City of London — Der alte Stadtkern"), in der Westminster Abbey (siehe "Whitehall und Westminster — Königliche Residenzen") und in der St. John the Baptist Church (siehe "Windsor und Eton College — Zufluchtsort der Monarchen").

London Transport Museum: Kutschen, Busse, Züge, Autos und Motoren sind in dieser abwechslungsreichen und interessanten Ausstellung zu sehen (siehe "Adelphi und Covent Garden — Die Welt von Dickens und die Welt des Theaters").

HMS Belfast: Diese britische Kriegsschiff aus dem zweiten Weltkrieg liegt ständig an Land vis-à-vis des Tower of London und wurde seit seiner "aktiven" Zeit nicht verändert. Kinder können zwischen dem Deck und der Brücke herumspazieren und die Kriegsausrüstung besichtigen. Der Besuch ist für Kleinkinder oder ältere Leute, für die Treppen und Leitern schwer zu bewältigen sind, nicht empfehlenswert (siehe "Southwark — Die City südlich der Themse").

Madame Tussaud's Wachsfigurenkabinett und das London Planetarium: In dem bekannten Museum sind Wachsfiguren zahlreicher berühmter Persönlichkeiten zu sehen. Es wird häufig auf den letzten Stand gebracht und so kann jedes Kind seinen Lieblingssportler oder Lieblingssänger wiederfinden. Im nebenan befindlichen Planetarium wird den Besuchern in stündlichen Shows die Astronomie nähergebracht (siehe "Regent's Park — Die erste Gartenstadt").

Guiness World of Records: Hier wird eine Auswahl der Rekorde aus dem berühmten Buch in einer Multimediashow aus Ton, Worten, Nachstellungen und Bildern gezeigt (siehe "Soho — Alternativer Schick").

Light Fantastic Gallery of Holography: In dieser Galerie können Sie eine fantastische Ausstellung dieser unglaublichen, dreidimensionalen Bilder, die mit einer speziellen Technik aufgenommen werden, sehen (siehe "Adelphi und Covent Garden — Die Welt von Dickens und die Welt des Theaters").

Museum of Mankind: In den wechselnden Ausstellungen werden viele Völker und Kulturen der Gegenwart und Vergangenheit behandelt (siehe "Mayfair — Das Leben der Adeligen").

Science Museum: In einer einmaligen und faszinierenden Ausstellung werden die Geschichte der Wissenschaft und die Wunder der heutigen Technologie gezeigt. Viele Objekte können auf Knopfdruck oder über Hebel in Bewegung gesetzt werden. Die größte Attraktion ist die äußerst empfehlenswerte Ausstellung der Erforschung des Weltraums (siehe "Knightsbridge und Kensington — Geschäfte und Museen").

Natural History Museum: Haben Sie schon einmal ein lebensgroßes Skelett eines Dinosauriers gesehen? Falls nicht, können Sie das in diesem Museum nachholen und unzählige weitere faszinierende Ausstellungsstücke aus der Welt der Natur sehen (siehe "Knightsbridge und Kensington — Geschäfte und Museen").

Geological Museum: Das Sonnensystem, der Aufbau der Erde, ein simuliertes Erdbeben, eine einmalige Sammlung an Edelsteinen, eine faszinierende Sammlung von Fossilien und vieles mehr machen den Besuch dieses Museums zu einem einzigartigen Erlebnis (siehe "Knightsbridge und Kensington — Geschäfte und Museen").

RAF (Royal Air Force) Museum, Battle of Britain Museum und Bomber Command Museum in Hendon: Für alle Freunde der Fliegerei sind diese drei Museen empfehlenswert, denn sie decken alle Aspekte der britischen Luftwaffe ab. Im erstgenannten Museum sehen Sie Flugzeuge aus den beiden Weltkriegen, das zweite ist ausschließlich dem Battle of Britain, der Luftschlacht um England im zweiten Weltkrieg gewidmet und das dritte enthält alle verschiedenen Bomber, darunter auch die jüngsten Modelle (siehe "Hampstead — Zufluchtsstätte der Künstler").

Bethnal Green Museum of Childhood: Für Kinder und alle Junggebliebenen zeigt dieses Museum in einem reizenden Gebäude unzählige Ausstellungsstücke, hauptsächlich Spielsachen von Zinnsoldaten bis zu Puppenhäusern, von Theatermodellen bis zu Kinderkostümen (siehe "East End — Unterschlupf für Einwanderer, Geschichte eines Seemanns").

Thames Barrier Visitors Centre: Der riesige Damm über die Themse ist eine einzigartige technische Leistung und kann mit dem Boot erreicht werden. In dem Besucherzentrum gibt es audiovisuelle Vorführungen und ähnliches (siehe "Greenwich — Eine andere Zeit").

*L*ONDON

Mitten in der Natur — Parks und Gärten

Es gibt nichts Schöneres als eine blühenden englischen Garten. Unter die gelben Teppiche voller Narzissen mischen sich einzelne rote, rosafarbene, orange und violette Fleckchen und die Rhododendren, Magnolien und Kirschbäume mit ihren herrlichen Blüten lassen die Umgebung neu aufleben. Englische Wiesen sind immer grün und die beabsichtigte Unordnung in manchen Gärten erzeugt eine wilde, bezaubernde und unglaubliche Vielfalt an Blüten und Blättern. Es gibt nur wenige Städte auf der Welt, die hinsichtlich der Vielfalt und Schönheit mit Londons königlichen und öffentlichen Parks und Gärten mithalten können.

Nützen Sie gleich den ersten sonnigen Tag und packen Sie einen kleinen Imbiß in einen Picknickkorb oder einen Rucksack und fahren Sie in einen der vielen paradiesischen Gärten Londons.

Königliche Parks

Die königlichen Parks beziehen ihren Namen daher, daß sie Privatbesitz der königlichen Familie sind. Tatsächlich sind die meisten königlichen Parks heute für die Öffentlichkeit zwar zugänglich, befinden sich aber offiziell noch immer im Besitz der Krone.

St. James's Park

St. James's Park ist ein reizendes Plätzchen mitten in der Stadt. Er wurde nach einer mittelalterlichen Stiftung für leprakranke Mädchen benannt, die sich hier befand, bevor König Heinrich VIII. dieses Grundstück kaufte. Kein anderer Park verdient sich die Verbindung zum Königshaus mehr als dieser. Der St. James's Park ist der älteste königliche Park und auf allen Seiten von Palästen umgeben: Whitehall Palace, von dem nur das Banqueting House erhalten geblieben ist; St. James's Palace, der unter Heinrich VIII. erbaut wurde und noch immer die offizielle Residenz der englischen Monarchen ist; und der Buckingham Palace, der offizielle Wohnsitz der königlichen Familie.

Der Park befindet sich auch ganz in der Nähe einiger wichtiger Regierungsgebäude, unter anderem den nahe gelegenen Houses of Parliament und der Schatzkammer. Der offizielle Sitz des Premierministers in 10 Downing Street ist auch ganz in der Nähe des St. James's Park.

Über den Kern des Parks erstreckt sich ein großer Teich, dessen Hauptattraktion die Enten, Pelikane und andere Wasservögel sind. Sie werden diese wahrscheinlich im Schatten der Bäume auf Duck Island am Ufer des Teichs am Ostende des Parks finden können.

Am schönsten ist der Park im April und Mai, wenn die Narzissen blühen und im Herbst zwischen September und Oktober. (Geöffnet täglich 5.00 bis 24.00 Uhr. Tel. 930-1793. U-Bahnstation St. James's Park oder Charing Cross.)

Green Park

Dieser Park befindet sich zwischen der Piccadilly Street und dem Buckingham Palace. Er wird seinem Namen voll und ganz gerecht, denn er ist tatsächlich der grünste Park Londons. Abgesehen von einigen wild wachsenden Blumen gibt es hier nur Gras und Bäume. Angeblich soll es in diesem Park früher einige Blumenbeete gegeben haben, doch als die Frau von König Karl II. sah, wie ihr Mann hier für eine seiner Geliebten Blumen pflückte, ließ sie verärgert alle Blumen des Parks ausreißen, sodaß dieser Park seither keine Blumen mehr aufweist. (Geöffnet täglich 5.00 bis 24.00 Uhr. Tel. 930-1793. U-Bahnstation Green Park.)

Richmond Park

Richmond Park ist mit einer Fläche von mehr als 2500 Morgen der größte königliche Park. Karl I. ließ ihn 1637 als exklusives königliches Jagdgebiet eingrenzen und auch heute noch gibt es hier frei herumwanderndes Wild. Karl selbst kam jedoch nur kurz — bis zu sener Hinrichtung im Jahre 1649 — in den Genuß dieses riesigen Jagdgebiets. Wenig später wurde der Park für die Öffentlichkeit zur Verfügung gestellt.

Der Park eignet sich das ganze Jahr über hervorragend für ein Picknick oder Spaziergänge in der Natur. Ganz besonders schön ist er im Mai und Juni, wenn die Rhododendren blühen. (Geöffnet von Sonnenaufgang bis Sonnenuntergang. Tel. 948-3209. U-Bahnstation Richmond.)

Informationen über weitere königliche Parks finden Sie in den folgenden Kapiteln:

Hyde Park und **Kensington Gardens**: siehe "Hyde Park und Kensington Gardens — grüne Oasen in der Stadt".
Regent's Park: siehe "Regent's Park — Die erste Gartenstadt".
Greenwich Park: siehe "Greenwich — Eine andere Zeit".
Hampton Court and Bushy Park: siehe "Hampton Court — Majestätischer Königspalast".

Öffentliche Parks

Neben den königlichen Parks gibt es in London auch noch Parks und Grünflächen in öffentlichem Besitz.

Hampstead Heath

Hampstead Heath liegt auf einem hohen Hügel im nördlichen Teil Londons und ist eine wahre grüne Oase. Etwa 800 Morgen an Rasenflächen, naturbelassenen Waldungen, Wegen, Teichen und Blumenbeeten machen diesen Park zu einem der reizendsten und beliebtesten Erholungsplätzchen der Stadt und zu einem der Lieblingsplätze der Bewohner Londons. Hampstead Heath ist von zwei malerischen Stadtteilen umgeben: **Hampstead Village** im Südwesten und **Highgate** im Osten.

Von der Spitze des **Parliament Hill** an der Ostseite des Parks hat man einen fantastischen Blick über die Stadt; an klaren Tagen kann man sogar in der Ferne die riesige Kuppel von St. Paul's Cathedral ausnehmen. Sonntags läßt man auf dem Hügel Drachen steigen, geht joggen oder spazieren oder kühlt sich im kalten Wasser der kleinen Teiche am Fuße des Hügels ab.

Im nördlichen Teil des Parks befindet sich in der Hampstead Lane das **Kenwood House**, eine der schönsten und interessantesten Villen in London. Das Haus wurde 1754 vom Earl of Mansfield gekauft und vom Architekten Robert Adam für ihn ausgebaut. 1925 kaufte Lord Iveagh das Haus, das er dann aber in seinem Testament dem Staat vermachte. Die Kunstsammlung hier enthält Werke von Rembrandt, Rubens, Frans Hals, Vermeer, Turner, Gainsborough und anderen. In dem Gebäude finden Kammerkonzerte statt und im Sommer werden der Öffentlichkeit hier Freiluftkonzerte geboten. (Geöffnet täglich von April—Sept. 10.00 bis 18.00 Uhr, Okt., Feb. und März bis 17.00 Uhr, Nov.—Jan. bis 16.00 Uhr. Eintritt frei. Tel. 081-348-1286. U-Bahnstation Hampstead.)

Holland Park

Holland Park ist ein Mosaik aus naturbelassenen Baumbeständen, gepflegten Rasenflächen und hübschen Blumenbeeten, Pfaue spazieren stolz unter Scharen von Gänsen herum. Die beste Zeit für einen Besuch ist im Frühjahr. (Geöffnet 7.00 Uhr bis Sonnenuntergang. Tel. 603-3436. U-Bahnstation Holland Park.)

Bis Mitte des zwanzigsten Jahrhunderts war der Park ein privater Garten, der zum angrenzenden **Holland House** gehörte. Das Haus wurde 1607 von John Thorpe im Tudorstil errichtet. Im achtzehnten und neunzehnten Jahrhundert wurde es unter dem dritten Baron von Holland ein beliebter Treffpunkt für bedeutende Politiker, Schriftsteller und Künstler. Das Haus wurde bei den Bombenangriffen des zweiten Weltkriegs stark beschädigt und nur der Ostflügel, der heute zum King George VI. Memorial Hostel gehört, ist erhalten geblieben. Im Sommer gibt es hier Theateraufführungen und Konzerte.

Battersea Park

Dieser nette Park, der sich über etwa 200 Morgen erstreckt, wird auch als Battersea Fields bezeichnet und liegt am Südufer der Themse in Chelsea. Früher wurden hier häufig illegale Geschäfte abgewickelt und der Park wurde durch das Duell zwischen dem Duke of Wellington und Lord Winchelsea im Jahre 1829 berüchtigt. 1853 wurde der Park geöffnet; später wurde ein künstlicher Teich hinzugefügt. Zu den Schätzen des Parks zählen ein subtropischer Garten, ein Garten mit wild wachsenden Blumen, weidende Wildherden und die 1985 errichtete Japanese Peace Pagoda, die japanische Pagode des Friedens. In dem Park gibt es einen Spielplatz und einen kleinen Zoo. (Geöffnet 7.30 Uhr bis Sonnenuntergang. Tel. 871-7530. U-Bahnstation Sloane Square, von dort mit dem Bus Nr. 19 zum Park.)

Syon Park

Syon Park ist einer der reizendsten Parks in Großlondon. Er wurde im sechzehnten Jahrhundert eines der ersten botanischen Zentren im

Der Teich im St. James's Park

Königreich. Seine heutige Anlage geht auf den fantastischen Entwurf des Gartenarchitekten "Capability" Brown aus dem achtzehnten Jahrhundert zurück.

Eine besondere Attraktion des Parks ist das **Great Conservatory**, eine riesige Konstruktion aus Eisen und Glas und eines der weltweit ersten Glashäuser dieser Art. Es wurde zwischen 1821 und 1827 von Charles Fowler erbaut und war die Vorlage für den 1851 für die Weltausstellung erbauten Crystal Palace. In dem Glashaus befindet sich ein Vogelhaus, ein Aquarium und eine ausgezeichnete Privatsammlung tropischer Pflanzen. (Geöffnet täglich April—Sept. 10.00 bis 18.00 Uhr, Okt.—März 10.00 Uhr bis Sonnenuntergang. Eintrittsgebühr. Tel. 560-0882. U-Bahnstation Gunnersby, von dort mit dem Bus 237 oder 267 zum Brent Lea Gate in Brentford.)

Das **Syon House and Gardens** befindet sich im Besitz des Duke of Northumberland, der noch immer hier wohnt. Diese eindrucksvolle Villa wurde 1415 erbaut und 1762 von Robert Adam umgebaut. Das Innere ist exquisit gestaltet und möbliert und hat ein hervorragendes Vestibül mit einer schönen vergoldeten Decke. Der angrenzende Garten wurde erstmals von Capability Brown gestaltet, als Adam an dem Haus arbeitete. Der herrliche Rosengarten erstreckt sich über eine Fläche von etwa sechs Morgen. (Haus geöffnet von Ostern—Sept. 12.00 bis 17.00 Uhr, So.—Do. und im Okt. nur sonntags. Eintrittsgebühr. Garten täglich geöffnet von 10.00 bis 18.00 Uhr. Eintrittsgebühr. Kombinationstickets erhältlich. Tel. 560-0881.)

Das **British Heritage Motor Museum** befindet sich ebenfalls auf dem Grundstück dieses Parks. In dem Museum werden abwechselnd Teile der insgesamt 250 Stücke fassenden Sammlung an verschiedenen Modellen und Autos aus den Anfängen der britischen Autoindustrie vom späten neunzehnten Jahrhundert bis heute gezeigt. (Geöffnet April—Sept. täglich 10.00 bis 17.30 Uhr; Okt.—März 10.00 bis 16.00 Uhr. Eintrittsgebühr. Tel. 560-1378.)

Wimbledon Common

Diese weitläufige Parkanlage mit mehr als 1100 Morgen hat ein bißchen von allem: einen naturbelassenen Wald, Wiesen, Golf- und Sportplätze, lange Reitwege und Teiche. Die Windmühle **Wimbledon Windmill** in der Mitte des Parks wurde 1817 errichtet und später renoviert und in ein kleines Museum umgewandelt, in dem die Geschichte der Windmühlen dargestellt ist. (Geöffnet April—Okt. Sa. und So. 14.00 bis 17.00 Uhr. Eintrittsgebühr. Tel. 788-7655. U-Bahnstation Southfields oder British Rail Station Wimbledon.)

Das **Wimbledon Lawn Tennis Museum** mit Blick auf den Centre Court in der Church Road ist für alle Tennisfreunde ein ganz besonderes Erlebnis. Das Museum zeigt die Geschichte des Rasentennis, unter anderem auch Tennisbekleidung und -ausrüstung. (Geöffnet Di.—Sa. 11.00 bis 17.00 Uhr, So. 14.00 bis 17.00 Uhr. Sa. und So. vor den Meisterschaften und am So. in der Mitte der Meisterschaften geschlossen. Eintrittsgebühr. Tel. 081-946-6131.)

Neben dem Park liegt **Wimbledon Village**, ein großer Vorort mit malerischen Häusern aus dem siebzehnten Jahrhundert und alten englischen Pubs.

Crystal Palace Park

Dieser 100 Morgen umfassende Park erlangte durch jenes Gebäude Berühmtheit, das 1854 hierher verlegt wurde. Der **Crystal Palace**, eine riesige Konstruktion aus Eisen und Glas, wurde von Sir Joseph Paxton für die Weltausstellung erbaut, die 1851 im Hyde Park abgehalten wurde. Mit diesem Bau wurde die Verwendung moderner Baumaterialien untermauert. Der Palast wurde am Ende der Ausstellung abgebaut und in diesen Park gebracht, der extra für diesen Zweck angelegt wurde. 1936 ging der Crystal Palace in Flammen auf. Die Ruinen des Palastes wurden weggeschafft; die Grundmauern können Sie heute in der Nähe des Parkplatzes sehen. (Geöffnet täglich 8.00 Uhr bis Sonnenuntergang. Eintritt frei. Tel. 778-7148. British Rail Station Crystal Palace.)

In dem Park befindet sich das **National Sports Centre** mit verschiedenen Sporteinrichtungen, einschließlich einem modernen Stadion und einem Schwimmbecken mit olympischen Maßen. (Geöffnet täglich. Mitgliedsbeitrag. Tel. 778-0131.) Sie können auch auf einem der künstlichen Teiche bootfahren gehen. Auf einer der Inseln in diesen Teichen sehen Sie plötzlich große Figuren prähistorischer Gestalten — die letzten Überreste der Weltausstellung.

Kew Botanical Gardens: siehe "Kew Gardens und Richmond — Vom schönsten Park zur schönsten Kleinstadt".

Was Sie nicht versäumen sollten

In London gibt es viel zu tun und zu sehen und man könnte mehrere Wochen mit der Besichtigung der Stadt zubringen. Wenn Sie aber nicht unbegrenzt Zeit haben, gibt es einige Sehenswürdigkeiten, die einfach besichtigt werden müssen. Die nachfolgend aufgelisteten Sehenswürdigkeiten sind in den Kapiteln über den jeweiligen Stadtteil detaillierter beschrieben. Die Liste ist — soweit wie möglich — nach Prioritäten gereiht.

Houses of Parliament: Der Sitz der britischen Regierung. Besondere Attraktion ist der Uhrturm Big Ben. Parliament Sq., SW1. House of Commons, Tel. 219-4273. House of Lords, Tel. 219-3107. U-Bahnstation Westminster. (Siehe "Whitehall und Westminster — Königliche Residenzen".)

Westminster Abbey: Eine der bedeutendsten Kirchen Englands mit wunderbarer gotischer Architektur. Die letzten 900 Jahre lang wurden die meisten englischen Monarchen hier gekrönt. (Hauptschiff, Seitenschiffe und Einfriedung täglich geöffnet von 8.00 bis 18.00 Uhr, Mi. bis 20.00 Uhr. Eintritt frei. Wandelgang, Querschiff, Kapellen geöffnet Mo.—Fr. 9.00 bis 16.45 Uhr, Sa. 9.00 bis 14.45 Uhr und 15.45 bis 17.45 Uhr. Eintrittsgebühr. Parliament Square, SW1. Tel. 222-5152. U-Bahnstation Westminster. (Siehe "Whitehall und Westminster — Königliche Residenzen".)

St. Paul's Cathedral: Die eindrucksvollste Kirche in der City. Vom Architekten Sir Christopher Wren erbaut. Ihre Kuppel erhebt sich hoch über die City und ist auch im Umkreis von einigen Meilen noch auszunehmen. Geöffnet täglich 7.30 bis 18.00 Uhr, im Winter bis 17.00 Uhr. Eintritt frei. Wandelgang, Krypta und Flüstergalerie geöffnet 10.00 bis 16.15 Uhr. Eintrittsgebühr. EC4. Tel. 248-2705. U-Bahnstation St. Paul's. (Siehe "Die City of London — Der alte Stadtkern".)

British Museum: Besitzt eine der weltweit größten und bedeutendsten archäologischen Sammlungen. Geöffnet Mo.—Sa. 10.00 bis 17.00 Uhr, So. 14.00 bis 18.00 Uhr. Eintritt frei. Great Russell St., WC1. Tel. 636-1555. U-Bahnstation Tottenham Court Road. (Siehe "Bloomsbury — Heimat von Schriftstellern und Dichtern".)

National Gallery: Zeigt eine der umfassendsten Sammlungen europäischer Kunst, einschließlich aller großen Schulen der Malerei vom Mittelalter bis zur Gegenwart. Geöffnet Mo.—Sa. 10.00 bis 18.00 Uhr, So. 14.00 bis 18.00 Uhr. Eintritt frei. Trafalgar Square, WC2. Tel. 839-3321. U-Bahnstation Charing Cross. (Siehe "St. James's und der Buckingham Palast — Der Königliche Bezirk".)

Tower of London: Die massive Festung der City mit Teilen aus dem elften Jahrhundert. Die **Kronjuwelen** befinden sich in einem der Türme. Geöffnet März—Okt. Mo.—Sa. 9.30 bis 17.00 Uhr, So. 10.00 bis 17.00

Uhr; Nov.—Feb. Mo.—Sa. 9.30 bis 16.00 Uhr, sonntags geschlossen. EC3. Tel. 709-0765. U-Bahnstation Tower Hill. (Siehe "Die City of London — Der alte Stadtkern".)

Trafalgar Square: Der zentralgelegenste Platz Londons. Hier gibt es das berühmte Nelson Denkmal, Tauben und eine Weihnachtsfeier. U-Bahnstation Charing Cross. (Siehe "St. James's und der Buckingham Palast — Der Königliche Bezirk".)

Piccadilly Circus: Der traditionelle Treffpunkt von Jugendlichen bei der Eros Statue. U-Bahnstation Piccadilly Circus. (Siehe "Mayfair — Das Leben der Adeligen".)

Tate Gallery: Enthält eine umfassende Sammlung britischer Gemälde aller Epochen sowie eine Sammlung moderner Kunst aus aller Welt. Geöffnet Mo.—Sa. 10.00 bis 17.50 Uhr, So. 14.00 bis 17.50 Uhr. Eintritt frei. Millbank, SW1. Tel. 821-1313. U-Bahnstation Pimlico. (Siehe "Whitehall und Westminster — Königliche Residenzen".)

Changing of the Guard, Wachablösung beim Buckingham Palace: Diese weltberühmte Zeremonie findet bei entsprechendem Wetter im Sommer täglich und im Winter jeden zweiten Tag um 11.30 Uhr statt. U-Bahnstation Green Park oder Victoria. (Siehe "St. James's und der Buckingham Palast — Der Königliche Bezirk".)

Victoria and Albert Museum: Enthält große Kunsthandwerkssammlungen und Kunst aus aller Welt. Geöffnet Mo.—Do. und Sa. 10.00 bis 17.50 Uhr, So. 12.00 bis 17.50 Uhr. Eintritt frei. Cromwell Rd., SW7. Tel. 938-8500. U-Bahnstation South Kensington. (Siehe "Knightsbridge und Kensington — Geschäfte und Museen".)

Oxford Street: Die bekannteste und beliebteste Einkaufsstraße Londons. U-Bahnstation Marble Arch, Bond Street, Oxford Circus oder Tottenham Court Road. (Siehe "Oxford Street und St. Marylebone — Ein Einkaufsparadies".)

Covent Garden: Eine reizende Gegend im Zentrum Londons mit Restaurants, Geschäften, Theatern etc. U-Bahnstation Covent Garden. (Siehe "Adelphi und Covent Garden — Die Welt von Dickens und die Welt des Theaters".)

Äußerst empfehlenswert

Kew Gardens: Der weltweit berühmteste botanische Garten. Geöffnet täglich 9.30 Uhr bis Sonnuntergang. Eintrittsgebühr. Tel. 940-1171. U-Bahnstation Kew Gardens. (Siehe "Kew Gardens und Richmond — Vom schönsten Park zur schönsten Kleinstadt".)

Harrods: Das weltbekannte Warenhaus, das behauptet, alles zu verkaufen, was Sie sich wünschen. Knightsbridge, SW1. U-Bahnstation Knightsbridge. (Siehe "Knightsbridge und Kensington — Geschäfte und Museen".)

Selfridges: Ein weiteres großes Warenhaus, ebenfalls in der Oxford Street. U-Bahnstation Bond Street. (Siehe "Oxford Street und St. Marylebone — Ein Einkaufsparadies".)

Der Uhrturm Big Ben

LONDON

Die nächtliche Skyline von Whitehall und Westminster

Leicester Square: Das Zentrum des Unterhaltungsviertels West End und beliebter Treffpunkt der Londoner Jugend. U-Bahnstation Leicester Square. (Siehe "Soho — Alternativer Schick".)

South Bank Arts Centre: Theater, Konzerthallen, ein Filmzentrum und eine Kunstgalerie in einem Komplex am Ufer der Themse. U-Bahnstation Waterloo. (Siehe "Southwark — Die City südlich der Themse".)

Regent Street: Geht vom Piccadilly Circus bis zum Oxford Circus und ist für die Geschäfte auf beiden Straßenseiten bekannt. U-Bahnstation Piccadilly Circus oder Oxford Circus. (Siehe "Mayfair — Das Leben der Adeligen".)

Barbican Centre for Arts and Conferences: Das Kunstzentrum in der City mit Theater und Konzerthallen, Ausstellungsräumlichkeiten und verschiedenen kulturellen Veranstaltungen. U-Bahnstation Barbican. (Siehe "Die City of London — Der alte Stadtkern".)

Whitehall: Eine Straße mit Regierungsgebäuden, die sich vom Trafalgar Square im Norden bis zum Parliament Square im Süden erstreckt. U-Bahnstation Charing Cross oder Westminster. (Siehe "Whitehall und Westminster — Königliche Residenzen".)

Ausflüge

London ist eine Stadt, in die man eintauchen kann, ohne unterzugehen, und die man immer wieder aufs Neue erforschen kann. Es ist unbestritten, daß London in puncto Größe, Reichtum, Vielfalt und Lebensgefühl alle anderen englischen Städte bei weitem übertrifft. Dennoch bietet England noch viele weitere faszinierende Sehenswürdigkeiten und Städte. In diesem Kapitel beschreiben wir einige der Plätze, die man von London aus bequem mit dem Auto oder dem Zug in einem oder einem halben Tag besichtigen kann.

Eine andere Art von Ausflügen kann man auf den englischen Kanälen und Wasserwegen machen, was eine nette Alternative zu Stadtbesichtigungen darstellt.

Oxford

Oxford kann man von der Station Paddington in London aus erreichen. Die Züge fahren stündlich, und die Fahrt dauert etwa eine Stunde.

Oxford ist eine berühmte, reizende Universitätsstadt mit mittelalterlichen Türmchen, Gassen mit Kopfsteinpflaster, Hunderten Fahrrädern, unglaublich gut bestückten Buchgeschäften und vielem mehr. Die Geschichte Oxfords ist lang und der Name wurde bereits im zehnten Jahrhundert erwähnt, obwohl eindeutige Referenzen erst aus dem zwölften Jahrhundert stammen, als die Universität gegründet wurde.

Die **Universität Oxford** begann mit einer Gruppe von Studenten, die sich um große Instruktoren scharten. Die Gruppe wurde im Mittelalter jedoch immer größer, bis sie schließlich in verschiedene Fakultäten unterteilt wurde. Die älteste ist das **University College** aus dem Jahre 1249. Seit der Gründung ist die Universität Oxford ein intellektuelles Zentrum; viele führende Persönlichkeiten der englischen Gesellschaft haben hier studiert. Während der Reformation litt die Universität stark, und 1672 wurde sie vom Gesetz her zu einer anglikanischen Institution gemacht. Dieses Gesetz wurde etwa 200 Jahre später, im Jahre 1871, wieder aufgehoben. Die jüngste Änderung geht auf das Jahr 1920 zurück, als erstmals Frauen an der Universität zugelassen wurden.

Die Universität bestimmt das Leben in der Stadt Oxford und folglich befinden sich auch die meisten Sehenswürdigkeiten auf diesem Ausflug im Umkreis der Universität. Besuchen Sie das größte und eindrucksvollste College, **Christ Church**, das 1525 von Kardinal Wolsey gegründet wurde. Hier befindet sich die schöne Kathedrale von Oxford. (Geöffnet Mo.—Sa. 9.00 bis 17.00 Uhr, So. 13.00 bis 17.00 Uhr.) Das **Pembroke College**, in dem Samuel Johnson zur Schule ging, und das **Magdalen College**, das Edward Gibbon, Oscar Wilde und Eduard VIII. zu seinen ehemaligen Schülern zählt, sollten in Ihrem Ausflug nicht fehlen.

Es gibt noch einige andere Plätze in Oxford, die einen Besuch sicher lohnen. Die 1602 gegründete **Bodleian Library** enthält eine riesige Sammlung an Büchern und alten Manuskripten und erhält von jedem neuen, im Vereinigten Königreich gedruckten Buch ein Exemplar. (Geöffnet Mo.—Fr. 9.00 bis 18.00 Uhr, Sa. 9.00 bis 12.30 Uhr. Eintritt frei; Eintrittsgebühr für einige Abteilungen. Broad St., Tel. 0865-277000.) Das **Ashmolean Museum** weist eine große Kunst und Archäologiesammlung auf. (Geöffnet Di.—Sa. 10.00 bis 16.00 Uhr, So. 14.00 bis 16.00 Uhr. Eintrittsgebühr. Beaumont St., Tel. 0865-278000.)

Für eine kleine Rast im Freien bieten sich die grasbewachsenen Ufer der Themse und des Cherwell sowie auch die **Oxford Botanic Gardens** an. (Geöffnet Mo.—Sa. 8.30 bis 17.00 Uhr, So. 10.00 bis 12.00 Uhr und 14.00 bis 18.00 Uhr. Eintritt frei. Tel. 0865 276920.)

Nördlich von Oxford liegt die Grafschaft Oxfordshire County mit zahlreichen malerischen Dörfern.

Tourist Information Centre: St. Aldates, Oxford OX11DY. Tel. 0865-726871. Geöffnet Mo.-Sa. 9.00 bis 17.30 Uhr.

Stratford-upon-Avon

Nach Stratford-upon-Avon kommt man, wenn man von der Station Euston in London nach Coventry fährt und von dort mit einem Bus die restliche Strecke zurücklegt. Planen Sie etwa zwei Stunden für die Anreise ein. Es gibt auch eine Busverbindung von Oxford; diese Fahrt dauert etwa 80 Minuten.

Mit ihren alten Straßen und netten Häusern hat Stratford-upon-Avon den Charakter vergangener Tage auf reizende Weise beibehalten. Besonders berühmt ist Stratford-upon-Avon als Geburtsort des großen Schriftstellers William Shakespeare, der hier 1504 geboren wurde. Das Haus, in der er das Licht der Welt erblickte, ist als Museum mit dem Namen **Shakespeare's Birthplace** erhalten geblieben. (Geöffnet April—Okt. Mo.—Sa. 9.00 bis 18.00 Uhr, So. 10.00 bis 18.00 Uhr; Nov.—März Mo.—Sa. 9.00 bis 16.30 Uhr, So. 13.30 bis 16.30 Uhr. Eintrittsgebühr. Henley St., Tel. 0789-204016.)

Das **Royal Shakespeare Theatre** bringt in dieser Stadt regelmäßig Aufführungen seiner Werke. (Kartenbüro Tel. 0789-295623.) Die Touristenbüros in London bieten eine Vielfalt an Arrangements an, die normalerweise die Stadtbesichtigung, Übernachtung und einen Theaterbesuch einschließen.

Tourist Information Centre: Judith Shakespeare's House, 1 High St., Stratford-upon-Avon, Warwickshire CV376AU. Tel. 0789-293127. Geöffnet April—Sept. Mo.—Sa. 9.00 bis 17.30 Uhr, So. 14.00 bis 17.00 Uhr; Okt.—März Mo.—Sa. 10.30 bis 16.30 Uhr, sonntags geschlossen.

Cambridge

Cambridge ist von der Station Liverpool Street oder King's Cross in London aus erreichbar. Die Züge fahren stündlich und die Fahrt dauert von Liverpool etwa 60 Minuten und von King's Cross etwa 80 Minuten.

Cambridge ist ebenfalls eine hübsche Universitätsstadt; sie liegt am Ufer des Flusses Cam. Es gibt hier auch Stimmen, denen zufolge Cambridge sogar noch vor Oxford gegründet worden sein soll. Im Gegensatz zu Oxford sind die Gebäude der **Universität Cambridge** nicht über eine verwirrende Zahl kleiner Gassen verteilt, sondern sie erstrecken sich über ein großes Areal am Fluß.

Die Entwicklung der Universität geht auf das zwölfte Jahrhundert zurück, und die Universität machte sich erstmals einen Namen, als im Jahre 1510 der holländische Humanist Erasmus hierherkam. Heute besteht die Universität aus 31 Colleges, die in reizenden alten Gebäuden untergebracht sind. Besonders sehenswert sind das **King's College** mit einer gotischen Kapelle aus dem fünfzehnten Jahrhundert und das **Trinity College**, an dem Sir Isaac Newton studierte. Das **Fitzwilliam Museum** enthält eine bedeutende Kunst und Antiquitätensammlung. (Geöffnet Di.—Sa. 10.00 bis 17.00 Uhr, So. 14.15 bis 17.00 Uhr. Eintritt frei. Trumpington St. Tel. 0223-332900.)

Tourist Information Centre: Wheeler St., Cambridge CB23QB. Tel. 0223-322640. Geöffnet April—Okt. Mo.—Fr. 9.00 bis 18.00 Uhr, im Juli und August bis 19.00 Uhr, Sa. 9.00 bis 17.00 Uhr; So. geöffnet Mai—Sept. 10.30 bis 15.30 Uhr; Nov.—März Mo.—Fr. 9.00 bis 17.30 Uhr, Sa. 9.00 bis 17.00 Uhr, sonntags geschlossen.

Bath

Nach Bath kommt man in einer 90minütigen Fahrt von der Station Paddington in London.

Diese Stadt ist nach ihren Badeanstalten benannt; Bath ist nämlich der einzige Ort in Großbritannien, der von der Natur mit heißen Quellen gesegnet wurde. Die Quellen wurden bereits im ersten Jahrhundert n. Chr. genützt, als die Römer hier eine Reihe öffentlicher Badeanstalten errichteten. Diese wurden ausgegraben und restauriert und können heute besichtigt werden.

Im achtzehnten Jahrhundert entwickelte sich Bath zur berühmtesten Heilquelle Großbritanniens; das Wachstum und die Schönheit des Orts werden im allgemeinen dieser Epoche zugeschrieben. Die Stadt wurde an den Ufern des Flusses Avon erbaut und ist von einer Hügelkette umgeben.

Bath steckt voller architektonischen Schätze, Museen und Sehenswürdigkeiten. Das **Roman Bath Museum** wurde rund um die heißen Quellen erbaut, der die Stadt ihre Berühmtheit verdankt. Es gehört zu den eindrucksvollsten antiken römischen Ausgrabungen in Großbritannien. (Geöffnet März—Okt. täglich 9.00 bis 18.00 Uhr, im Juli und August bis 19.00 Uhr; Nov.—Feb. Mo.—Sa. 9.00 bis 17.00 Uhr, So. 10.00 bis 17.00 Uhr. Eintrittsgebühr. Stoll St. Tel. 0225-461111.) In der Nähe befindet sich die im Perpendicular—Stil erbaute **Bath Abbey** mit einem schönen Fächergewölbe.

Die Stadt ist auch für ihre aus dem achtzehnten Jahrhundert stammende palladianische Architektur und Terrassenhäuser von John Wood sr. und John Wood jr. bekannt. Symbolisch für ihr Schaffen ist eine Reihe von ihnen entworfener Häuser in der georgianischen City. Besonders erwähnenswert ist das **Royal Crescent**, das berühmteste Werk von John Wood, dem Jüngeren, wo in einem Bogen an die dreißig Häuser angeordnet sind. Das Haus Nr. 1 wurde zur Gänze wieder im Stil des achtzehnten Jahrhunderts restauriert. (Geöffnet März—Weihnachten Di.—Sa. 11.00 bis 17.00 Uhr, So. 14.00 bis 17.00 Uhr. Eintrittsgebühr. Tel. 0225-28126.)

Auch Robert Adam hat hier in Form der **Pulteney Bridge** ein beachtliches architektonisches Werk geschaffen. Diese Brücke über den Avon stammt aus dem Jahre 1774 und ist von Geschäften gesäumt. Die Uferstraße entlang des Avon ist auch sehr nett.

Tourist Information Centre: Abbey Church Yard, Bath BA11LY. Tel. 0225-462831. Geöffnet Mai—Sept. Mo.—Sa. 9.30 bis 19.00 Uhr, So. 10.00 bis 16.00 Uhr; Okt.—April Mo.-Sa. 9.30 bis 17.00 Uhr, sonntags geschlossen.

Stonehenge

Stonehenge liegt mitten in Salisbury Ebene und ist nur mit dem Auto oder einer geführten Besichtigungsrundfahrt erreichbar. Diese berühmte prähistorische Stätte besteht aus zwei Kreisen von Megalithen, die teilweise durch Steinbalken miteinander verbunden sind. Wie diese aufgestellt wuden, ist eines der großen Geheimnisse von Stonehenge. Zwei Bauphasen kann man der Konstruktion entnehmen. Die erste war in der späten neolithischen Epoche (etwa 1800 v. Chr.), als ein Graben und 56 Gruben mit menschlicher Asche ausgehoben wurden. Zu dieser Zeit wurden die blauen Sandsteine — wahrscheinlich von Wales — hierher gebracht. Die zweite Epoche war während der Frühen Bronzezeit (1650-1500 v. Chr.), als große Sandsteine hergeschafft und kreisförmig angeordnet und die blauen Sandsteine darauf gelegt wurden. Die technischen Fähigkeiten, die sich hier zeigen, waren unglaublich präzise.

Es ist nicht klar, welchem Zweck diese Stätte diente, obwohl man davon ausgeht, daß sie für eine Zeremonie oder ein Ritual gedacht war. Am Sonnwendtag im Juni scheint die Sonne genau auf einen außerhalb des Kreises alleinstehenden Stein; daraus schlossen einige Forscher, daß Stonehenge ein antiker Tempel für den Sonnengott war.

Erkundigen Sie sich bei der _British Tourist Authority_ nach geführten Ausflügen nach Stonehenge.

Canterbury

Nach Canterbury kommen Sie, wenn Sie entweder von der Station Victoria in London zur Canterbury East Station oder von der Station Charing Cross zur Canterbury West Station fahren. Die Züge verkehren stündlich, und die Fahrt dauert etwa eine halbe Stunde.

Canterbury ist eine bezaubernde mittelalterliche Stadt mit unzähligen Gassen mit Kopfsteinpflaster und niedlichen Läden. Der Großteil der antiken Stadtmauer, die aus unbearbeitetem Feuerstein besteht, ist erhalten geblieben. Canterbury ist besonders für seine gotische **Kathedrale**, in der Erzbischof Thomas Becket im Jahre 1170 ermordet wurde, bekannt. (Geöffnet Mo.—Sa. 8.45 bis 19.00 Uhr, im Winter bis 17.00 Uhr, So. 12.30 bis 14.00 und für Gottesdienste. Eintritt frei. Tel. 0227-762862.)

Becket hatte eine Auseinandersetzung mit Heinrich II., der die Macht der Kirche eindämmen wollte und wurde schließlich von den Rittern des Königs ermordet. Unter dem Druck der Öffentlichkeit gab Heinrich II. nach, und Becket wurde heiliggesprochen. Sein Grab wurde zu einer Pilgerstätte, wie sie Chaucer in den klassischen *Canterbury-Erzählungen* beschrieben hat. Das Grab wurde später unter Heinrich II. geplündert und zerstört. Hier liegen König Heinrich IV. und Eduard the Black Prince, der Sohn von Eduard III., begraben, dessen Name daher rührt, daß er eine schwarze Ritterrüstung trug. Besondere Beachtung verdienen auch die exquisiten Glasfenster und eine faszinierende Krypta. (Geöffnet täglich 10.00 bis 16.30 Uhr.)

In Canterbury sind unterschiedliche Epochen zu sehen. Das **Roman Mosaic** ist ein gutes Beispiel für römische Pflasterungen. (Geöffnet April—Sept. Mo.—Sa. 10.00 bis 13.00 Uhr und 14.00 bis 17.00 Uhr. Okt.—März Mo.—Sa. 14.00 bis 16.00 Uhr. Befindet sich unter dem Long Market. Tel. 0227-452747.)

Ein **normannischer Turm** ist alles, was von einer zerstörten Festung am Rande der Stadt noch erhalten geblieben ist. In der Nacht wird er mit Flutlicht angestrahlt.

The Weavers, ein renoviertes Weberhaus aus dem sechzehnten Jahrhundert ist heute in verschiedene kleine britische Kunsthandwerksläden unterteilt. Auch einige Restaurants befinden sich hier.

Die jüngste Attraktion in Canterbury ist das **Pilgrims Way Centre**, wo das mittelalterliche England Chaucers nachgestellt ist. Durch dieses in einer alten Kirche untergebrachte Zentrum kann man durchgehen und man sieht dabei eine Darstellung von fünf seiner Geschichten.

Visitor Information Centre: 34 St. Margaret's St., Canterbury, Kent Ct12TG. Tel. 0227-766567. Geöffnet Mo.—Sa. 9.30 bis 18.00 Uhr, im Winter bis 17.30 Uhr, So. 10.00 bis 16.00 Uhr, im Winter geschlossen.

Brighton

Brighton ist von der Station Victoria in London aus erreichbar. Die Züge fahren stündlich, und die Fahrt dauert eine Stunde.

Brighton ist ein Ferienort am Strand des englischen Kanals und für seinen **Königlichen Pavillon** berühmt. Der exotische Pavillon, der früher einmal der Palast von König Georg IV. am Meer war, wurde ursprünglich 1787 von Henry Holland als kleine klassizistische Villa konzipiert. Zwischen 1815 und 1822 wurde sie von John Nash neu aufgebaut, wobei er die Außenfront in Anlehnung an die indischen Paläste gestaltete. Die herrliche Innengestaltung ist größtenteils chinesisch angelegt, obwohl einige Möbelstücke und Kunstwerke auf Dauer aus der Sammlung der Königin geliehen wurden. Das Gebäude wird zur Zeit restauriert und einige Teile werden zwei Jahre lang geschlossen sein, aber das Gebäude kann dennoch besichtigt werden. (Geöffnet täglich, Juni—Sept. 10.00 bis 18.00 Uhr, Okt.—Mai 10.00 bis 17.00 Uhr. Eintrittsgebühr.)

Wenn Sie ein wenig Meeresluft brauchen, kann Ihnen Brighton Urlaubseinrichtungen und schöne, lange Strände bieten.

Tourist Information Centre: Marlborough House, 54 Old Steine, Brighton, East Suffix BN11EQ. Tel. 0273-23755 oder 27560. Geöffnet Mo.—Sa. Juni—Sept. 9.00 bis 18.00 Uhr, von Okt.—Mai bis 17.00 Uhr; Sa. Ostern—Juni 9.00 bis 12.30 Uhr; So. Juli—Sept. 10.00 bis 18.00 Uhr, Okt.—Juni geschlossen.

West St. Tourist Information Centre: Geöffnet Ostern—Sept. Mi.—So. 10.00 bis 18.00 Uhr, Di. 13.00 bis 18.00 Uhr.

Eine Bootsfahrt auf den englischen Kanälen und Wasserwegen

Wenn Sie genug von den Menschenmengen und der Hektik Londons haben oder die Natur auf einzigartige Weise genießen möchten, sollten Sie eine Bootsfahrt auf einem Kanal oder einem der Wasserwege Englands machen.

Die industrielle Revolution bescherte dem englischen Königreich die Moderne des neunzehnten Jahrhunderts mit Industriezentren auf der ganzen Insel. Zur Beförderung von Rohstoffen und Waren wurde für die Frachtschiffe ein Netz an engen Kanälen angelegt, die die natürlichen Wasserwege miteinander verbinden sollten.

Nach der besonders im zwanzigsten Jahrhundert sehr stark verbesserten Beförderungsmöglichkeiten auf dem Landweg wurden die Kanäle stillgelegt. Lange Zeit hindurch wurden sie nicht benützt; erst viel später wurde ihre Verwendung als Freizeiteinrichtung und Ferienort initiiert.

Heute gibt es in Großbritannien etwa 2 000 Meilen an Kanälen und Wasserwegen. Das für die Kanäle zuständige *British Waterways Board* gibt Karten und Führer heraus. (Sitz im Melbury House, Melbury Terrace, London NW1 6JX. Tel. (01)262-6711.)

In Großbritannien gibt es eine Vielzahl an Bootsvermietern. Die Preise zwischen den einzelnen Vermietern variieren und hängen auch von der Jahreszeit ab. Die Kosten werden normalerweise pro Boot und Woche verrechnet, obwohl eine kürzere Mietdauer möglich ist. Es gibt Boote, auf denen man selbst der Skipper ist; diese Boote sind für zwei bis zwölf Personen ausgelegt und bieten entsprechende Schlafgelegenheiten, eine kleine, voll ausgerüstete Küche und Toilette und Dusche; einige Boote sind auch mit Fernsehgeräten und anderen Annehmlichkeiten ausgestattet. Es gibt auch schwimmende Hotels. Bis zu zwölf Personen können in diesen Booten, die abgesehen von den Standardeinrichtungen auch einen Kapitän und die Besatzung stellen, wohnen.

Die unterschiedlichen Bootsvermieter werden hauptsächlich von den folgenden vier Agenturen vertreten:

U.K. Waterways Holidays Ltd.: Welton Hythe, Daventry, Northamptonshire NN11 5LG. Tel. (0932) 770040.

Blakes Holidays: Roxham, Norwich NR12 8DH. Tel. (06053) 3221.

Boat Enquiries: 45 Botley Rd., Oxford OX2 OPT. Tel. (0865) 727288.

Hoseasons Holidays Ltd.: Sunway House, Lowestoft, Norfolk NR32 3LT. Tel. (0502) 501010.

Wie Sie das Beste aus Ihrem Aufenthalt machen

Speisen und Getränke

Restaurants

London ist eine dynamische internationale Stadt mit einer Fülle an Restaurants jeder Art, jeder Nationalität und jedes Geschmacks. Es gibt eine große Anzahl ethnischer Restaurants sowie Pubs mit traditionell englischer Küche und Ketten wie McDonald's.

Die Preise variieren; Sie können Ihren Hunger um £3 in einem Fast Food Lokal stillen oder £50 oder mehr in einem der nobleren Restaurants ausgeben. Auch die Bedienung ist von Lokal zu Lokal verschieden. Eine freundliche Bedienung ist nicht unbedingt die Garantie für gutes Essen und umgekehrt.

In vielen Restaurants wird eine kleiner Betrag für das Gedeck verrechnet; dieser bezieht sich auf Gebäck und Butter, die nicht auf der Speisekarte stehen und gelegentlich auf Unterhaltung während des Essens. Das Gedeck macht abhängig vom Restaurant und dem Preisniveau des Lokals zwischen 15p und £3-£4 aus. In einigen Restaurants wird zusätzlich noch eine Pauschale von bis zu £10 für Unterhaltung während des Essens verrechnet.

Nicht alle Restaurants dürfen zu jeder Zeit Wein ausschenken — prüfen Sie das lieber rechtzeitig. Manchmal wird Sie der Kellner auffordern, den Wein zuerst zu bestellen, damit er später, wenn er keinen Wein mehr ausschenken darf, Ihre Bestellung nicht ablehnen muß.

Die folgenden Restaurants wurden nach Preis pro Person in vier Kategorien eingeteilt:

A — über £30

B — unter £30

C — unter £20

D — unter £11

Reservieren Sie in teuren Restaurants rechtzeitig einen Tisch. Die meisten, wenn auch nicht alle Restaurants nehmen Kreditkarten; in Pubs zahlt man üblicherweise bar.

Die Palette an Restaurants in London ist groß. Die folgende Liste stellt nur eine kleine, vielfältige Auswahl guter Lokale dar, die der hungrige Reisende leicht erreichen kann.

Guten Appetit!

Englisch

Die englische Küche ist nicht besonders reichhaltig oder exotisch, aber meistens handelt es sich um ausgiebige, nahrhafte und relativ günstige Gerichte.

Ein typisches englisches Frühstück besteht aus Eiern und Speck, manchmal Würstchen; dazu gibt es Toast, Butter und Marmelade und die unvermeidliche Tasse Tee mit Milch. Das Mittagessen ist normalerweise nur ein kleiner Imbiß, da die meisten Leute in der Arbeit sind und mit Fast Food wie Fish and Chips auskommen. Am Nachmittag kommen die Engländer zum Tee zusammen und essen Leckereien wie Hot scones — kleine Teekuchen — mit Schlagsahne oder Marmelade und dünne Gurkensandwiches. Ein typisches englisches Abendessen besteht aus Steak oder *Kidney Pie* (Nierenpastete), Roastbeef mit Yorkshire Pudding (gebackenem Eierteig), Cottage oder *Shepherd's Pie* (Land oder Fleischpastete) und gedünstetem Gemüse. Als Nachspeise gibt es englische Trifle (ein Biskuitgebäck) oder eine gehaltvolle *Custard*, eine Art Pudding.

Plummers: 33 King St., WC2E. Tel. 240-2534. U-Bahnstation Covent Garden. (C) Angenehme Atmosphäre mit guter, traditionell englischer Küche.

Rules: 35 Maiden Lane, WC2E. Tel. 836-5314. U-Bahnstation Covent Garden. (B) Seit seiner Gründung im Jahre 1798 sehr angesehen. Herzhafte Mahlzeiten mit Roastbeef vom Servierwagen als besondere Spezialität.

The Printers Pie: 60 Fleet St., EC4Y. Tel. 353-8861. U-Bahnstation Blackfriars. (C) Hier ist die Welt der Zeitungsindustrie der Fleet Street vertreten. Ausschließlich englische Gerichte.

Ye Olde Cheshire Cheese: 145 Fleet St., EC4. Tel. 353-6170. U-Bahnstation Blackfriars. (C) Ein Pub im Erdgeschoß und ein Restaurant im ersten Stock. Eines der ältesten Lokale Londons, aus der Zeit vor dem großen Feuer. Probieren Sie das altenglische Ambiente und die entsprechenden Gerichte.

The Ritz: Piccadilly St., W1. Tel. 493-8181. U-Bahnstation Green Park. (A) Ein Muß für den Nachmittagstee. Exklusiv und teuer.

Tuttons Brasserie: Covent Garden, 11—12 Russell St., WC2B. Tel. 836-4141. U-Bahnstation Covent Garden. (C) Angenehme Atmosphäre mit traditionell englischer und schottischer Küche.

Chinesisch

Memories of China: 67—69 Ebury St., SW1W. Tel. 730-7734/4276. U-Bahnstation Victoria. (B) Bietet eine Vielfalt an regionalen chinesischen Gerichten. Gutes Preis-Leistungs-Verhältnis.

Mr. Kai of Mayfair: 65 South Audley St., W1Y. Tel. 493-8988. U-Bahnstation Bond St. (B) Eine nette Auswahl an Gerichten; Spezialität sind Pekinggerichte. Etwas teuer.

Kowloon: 21 Gerrard St., W1V. Tel. 437-0148. U-Bahnstation Leicester Sq. (C) Eines der ersten chinesischen Kuchengeschäfte in Europa mit einer reichen Auswahl an süßen und salzigen Kuchen. Exzellentes Essen zu äußerst akzeptablen Preisen.

Fung Shing: 15 Lisle St., WC2H. Tel. 437-1539. U-Bahnstation Leicester Sq. (C) Vielfältige und schmackhafte kantonesische Gourmetgerichte.

Poons & Co. Restaurant: 27 Lisle St., WC2. Tel. 437-1528. U-Bahnstation Leicester Sq. (C) Klein und gemütlich. Sehr gutes Essen zu vernünftigen Preisen.

Mr. Kong: 21 Lisle St., WC2. Tel. 437-7341. U-Bahnstation Leicester Sq. (D) Exzellente kantonesische Küche. Sehr gute Bedienung.

Tiger Lee: 251 Old Brompton Rd., SW5. Tel. 370-2323/5970. U-Bahnstation Earl's Court. (B) Hervorragende Qualität. Spezialität des Hauses sind kantonesische Fischgerichte.

Indisch

Shan Vegeterian Restaurant: 200—202 Shaftesbury Ave., WC2H. Tel. 240-3348. U-Bahnstation Covent Garden. (D) Vegetarische Küche, wo Frische großgeschrieben wird. Gutes Preis-Leistungs-Verhältnis.

Agra: 135—137 Whitfield St., W1P. Tel. 387-8833. U-Bahnstation Warren St. (B) Angenehme Atmosphäre. Spezialität des Hauses sind Tandoori-Gerichte.

The Veeraswamy: 99—101 Regent St., W1R. Tel. 734-1401. U-Bahnstation Piccadilly Circus. (C) Abwechslungsreiche regionale Speisekarte. Blick auf die Regent Street.

Kundan Oriental Restaurant: 3 Horseferry Rd., SW1P. Tel. 834-3434/3211. U-Bahnstation Victoria. (C) Gute Bedienung und ausgezeichnetes Essen in einem geräumigen Lokal.

Shezan: 16—22 Cheval Place, gegenüber Montpelier St., SW7. Tel. 589-7918. U-Bahnstation Knightsbridge. (B) Professionelle Bedienung. Geschmackvoll eingerichtet. Raffiniert gewürzte Gerichte.

Griechisch

Beotys: 79 St. Martin's Lane, WC2. Tel. 836-8768. U-Bahnstation Leicester Sq. (C) Freundliche Bedienung und gute, traditionelle griechische Küche.

Rodos Kebab & Steak House: 59 St. Giles High St., WC2H. Tel. 836-3177. U-Bahnstation Tottenham Court Rd. (C) Ausgezeichnete Küche zu vernünftigen Preisen. Gemütliche Atmosphäre.

White Tower: 1 Percy St., W1. Tel. 636-8141. U-Bahnstation Tottenham Court Rd. (B) Professionelle Bedienung und eine reiche Vielfalt an griechischen und internationalen Gerichten.

Portugiesisch

Caravela: 39 Beauchamp Place SW3. Tel. 581-2366. Exotische und vielfältige, portugiesische Küche.

Spanisch

Bar Escoba: 102 Old Brompton Rd., SW7. Tel. 373-2403. U-Bahnstation Gloucester Rd. (D) Nette, lebhafte Atmosphäre. Besitzt eine gute Tapas Bar.

Osteuropäisch

The Gay Hussar: 2 Greek St., W1. Tel. 537-0973. U-Bahnstation Tottenham Court Rd. (C) Ausgezeichnete ungarische Küche mit einem besonders guten Mittagsmenü zu fixen Preisen.

Luba's Bistro: 6 Yeoman's Row, SW3. Tel. 589-2950. U-Bahnstation

Knightsbridge. (C) Sehr beliebtes Lokal. Herrliche traditionelle russische Gerichte.

Daquise: 20 Thurloe St., SW7. Tel. 589-6117. U-Bahnstation South Kensington. (D) Exzellente polnische Küche.

Japanisch

Fuji: 36 Brewer St., W1R. Tel. 734-0957. U-Bahnstation Piccadilly Circus. (A) Traditionelle, besonders vielfältige japanische Küche. Geschmackvoll eingerichtet.

Ikeda: 30 Brook St., W1Y. Tel. 629-2730. U-Bahnstation Bond St. (B) Reizendes Restaurant. Ausgezeichnetes Essen und besonders gute Bedienung.

Miyama: 38 Clarges St., W1Y. Tel. 499-2443. U-Bahnstation Green Park. (A) Besonders luxuriös mit entsprechenden Preisen. Die Gerichte sind einmalig und das Service nicht schlecht.

Suntory: 72—72 St. James's St., SW1A. Tel. 409-0201. U-Bahnstation Green Park. (B) Gute Küche mit freundlicher Bedienung.

Italienisch

Luigi's: 15 Tavistock St., WC2E. Tel. 240-1795. U-Bahnstation Covent Garden. (C) Italienische Spezialitäten zu vernünftigen Preisen. Besonders bei Schauspielern sehr beliebt.

Amalfi: 29—31 Old Compton St., W1. Tel. 437-7284. U-Bahnstation Leicester Sq. (C) Exzellente Küche zu akzeptablen Preisen.

Leoni's Quo Vadis: 26—29 Dean St., W1V. Tel. 437-4809/9585. U-Bahnstation Leicester Sq. (B) Im Herzen von Soho. Professionelle Bedienung und gutes Essen.

Meridiana: 169 Fulham Rd., SW3. Tel. 589-8815. U-Bahnstation South Kensington. (B) Gutes Essen. Elegantes, teures Restaurant.

Levantinisch

Topkapi: 25 Marylebone High St., W1M. Tel. 486-1872. U-Bahnstation Baker St. (C) Hauptsächlich türkische Gerichte. Freundliche Bedienung.

Maroush II: 38 Beauchamp Place, SW3. Tel. 581-5434. U-Bahnstation Knightsbridge. (B) Exquisit. Hervorragende Gerichte und freundliche Bedienung.

Jüdisch und Israelisch

"Koscher" bedeutet, daß das Restaurant der Kontrolle eines Rabbiners untersteht.

Reuben's: 20A Baker St., W1. Tel. 935-5945, 486-7079. U-Bahnstation Baker St. (C) Europäische, jüdische Küche in angenehmer Atmosphäre.

Bloom's: 90 Whitechapel High St., E1. Tel. 247-6001. U-Bahnstation Aldgate East. (C) Koscher. Das berühmteste jüdische Restaurant Londons.

The Nosherie: 12 Greville St., EC1N. Tel. 242-1591. U-Bahnstation Chancery Lane. (D) Hervorragende osteuropäische, jüdische Küche zu sehr günstigen Preisen.

Falafel House: 95 Haverstock Hill, NW3. Tel. 722-6187. U-Bahnstation Chalk Farm. (C) Typisch israelische Küche.

Nord- und mittelamerikanisch

Café Pacifico: 5 Langley St., WC2V. Tel. 379-7728. U-Bahnstation Covent Garden. (C) Mexikanisch-amerikanische Küche zu vernünftigen Preisen.

Joe Allen: 13 Exeter St., WC2E. Tel. 836-0651. U-Bahnstation Covent Garden. (C) Eine Vielzahl verschiedener amerikanischer Gerichte.

La Cucaracha: 12 Greek St., W1V. Tel. 734-2253. U-Bahnstation Tottenham Court Rd. (C) Mexikanisches Essen mit gutem Preis-Leistungs-Verhältnis.

Rock Island Diner: Plaza Center, London, Pavilion, Piccadilly, W1. Tel. 287-5500.

Hard Rock Café: 150 Old Park Lane, W1. Tel. 629-0382.

Amerikanische Pizzalokale

Filialen diverser Pizzaketten gibt es in ganz London. Empfehlenswert sind Pizzaland und *Deep Pan Pizza*. Adressen und Telefonnummern entnehmen Sie dem Telefonbuch.

Französisch

Boulestin: 1A Henrietta St., WC2E. Tel. 836-7061. U-Bahnstation Covent Garden (B) Reizendes Ambiente. Hervorragendes, erstklassiges Essen.

Le Gavroche: 43 Upper Brook St., W1Y. Tel. 408-0881. U-Bahnstation Marble Arch. (A) Sehr empfehlenswert. Erstklassiges Essen und ebensolche Bedienung.

Rue St. Jacques: 5 Charlotte St., W1P. Tel. 637-0222. U-Bahnstation Goodge St. (A) Hervorragende, traditionelle Gerichte in einem schönen Ambiente.

Pubs

Für viele Leute gehören die Public Houses, die kurz Pubs genannt werden, ebenso zu England wie der Buckingham Palace oder der Nachmittagstee. In London gibt es genügend Pubs, um auch die fanatischsten Trinker zufriedenzustellen.

In manchen Pubs werden Sie zwei getrennte Vordereingänge oder eine zweiflügelige Tür bemerken. Getrennte Eingänge waren einst in den Londoner Pubs gang und gäbe. Die Arbeiterklasse ging durch den einen Eingang und saß in einem bestimmten Teil, während der andere Teil für die Mittelschicht bestimmt war. Die zweiflügeligen Türen in anderen Pubs wurden zur Erinnerung an diese diskriminierenden Praktiken eingebaut.

Bier gehört zweifellos zu den häufigsten Bestellungen bei den Kellnern, Kellnerinnen und Barkeepern Londons. Wenn man sich erstmals in London ein Bier bestellt, gilt es, sich über einige grundlegende Punkte klarzuwerden. Es gibt zwar Hunderte Biersorten, doch werden in den Londoner Pubs vier verschiedene Arten von Bier ausgeschenkt. *Lager* hat einen sehr traditionellen Geschmack. *Bitter* hat einen bitteren Geschmack, *Guiness* ist ein starkes, dunkles Bier, das zumeist lauwarm serviert wird, und *Real Ale* ist ein Bier nach alter Tradition — ausschließlich aus Naturprodukten gebraut. Real Ale ist wesentlich stärker als die meisten anderen Biersorten. Es wird nicht in allen Pubs angeboten, doch es gibt einige, die darauf spezialisiert sind.

In einigen Pubs gibt es auch andere alkoholische Getränke und englische Speisen. Kinder unter 14 Jahren dürfen nicht in Pubs hinein und Jugendlichen unter 18 Jahren wird kein Alkohol ausgeschenkt.

Die Öffnungszeiten der Pubs variieren, doch die meisten sind von Montag bis Samstag von 10.00 bis 23.00 Uhr geöffnet. An Sonn- und Feiertagen sind sie von 12.00 bis 15.00 Uhr und von 19.00 bis 22.30 Uhr geöffnet.

Informationen über Pubtouren entnehmen Sie den wöchentlichen Zeitungen mit Veranstaltungskalendern. Nachfolgend finden Sie eine Auswahl all jener Pubs, die einen Besuch sicher wert sind.

Im Zentrum

Argyl-Arms: 18 Argyll St., WC1. Tel. 734-6117. Ein großes viktorianisches Pub mit einer Unmenge an Spiegeln.

De Hems: 11 Macclesfield St., W1. Tel. 437-2494. Ein viktorianisches Pub in der Nähe der Shaftesbury Ave. Die Wände sind mit Papiergeld aus aller Welt dekoriert.

Lamb and Flag: 33 Rose St., WC2E. Tel. 497-9504. Ein kleines Pub mit Eichtäfelung. Gutes Bier und gutes Essen. Nahe Covent Garden. Hier verkehrte Charles Dickens.

The Sun in Splendour: 7 Portobello Rd., W11. Tel. 727-6345. Im Herzen des Portobello Road Market. Ein nettes Lokal mit einem kleinen Garten. Hervorragende Küche.

Im Südwesten

Admiral Codrington: 17 Mossop St., SW3. Tel. 589-4603. In Chelsea. Enthält eine interessante Krugsammlung. Bei Schönwetter können Sie auf der Veranda sitzen. Französische Küche.

The Red Lion: 48 Parliament St., SW1. Tel. 930-5826. Eines der wenigen Lokale in Whitehall, wo man etwas zu essen und trinken erhält.

Im Osten

Dickens Inn by the Tower: St. Katherine's Way, E1. Tel. 488-2208. Im St. Katherine's Dock in der Nähe des Tower of London.

George and Vulture: 3 Castle Court, EC 3V. Tel. 626-9710. Wurde 1175 als Gasthaus eröffnet und zählt weltweit zu den ältesten Pubs. Daniel Defoe und Charles Dickens verkehrten in diesem Lokal.

Mayflower: 117 Rotherhithe St., SE16. Tel. 237-4088. Am Standort dieses Pubs gingen einst die Pilger an Bord des gleichnamigen Schiffs. Das ursprüngliche Pub wurde im Zweiten Weltkrieg zerstört. Die Einrichtung des heutigen Pubs entspricht seiner historischen Bedeutung.

Im Norden

Spaniards Inn: Spaniards Rd., Hampstead Heath, NW3. Tel. 081-455-3276. Ein nettes Plätzchen in der Nähe des Parks mit einem Rosengarten und exotischen Vögeln.

King's Head: 115 Upper St., N1. Tel. 226-1916. Ein hübsch eingerichtetes Pub mit Live-Musik und einem separaten Pubtheater. Interessantes Publikum.

Weinbars

Weinbars sind eine Mischung aus Pub und Restaurant, in denen es
eine reiche Auswahl an Wein und Bier gibt. Die Preise schwanken
und können manchmal recht hoch sein. Viele dieser Lokale sind ideal
für einen romantischen Abend. Weinbars haben normalerweise die
gleichen Öffnungszeiten wie Pubs.

Im Zentrum

Brahms & Liszt: 19 Russell St., WC2. Beliebte Lage in der Nähe von
Covent Garden.
Cork & Bottle: 44—46 Cranpourne St., WC2. Umfangreiche Weinkarte
und gutes Essen.
Gordon's Wine Bar: 47 Villiers St., WC2. Das Flair vergangener Tage in
einem Kellerlokal nahe des Adelphi.

Im Südwesten

The Ebury: 139 Ebury St., SW1. Dunkelgrüne Inneneinrichtung.
Gelegentlich Live-Darbietungen klassischer Musik.
Le Bouzy Rouge: 221 King's Rd., SW3. Intimer Rahmen. Interessante
internationale Gerichte, darunter äthiopische Gerichte und eine nicht
ganz so ausgefallene Weinkarte.
The Archduke: Concert Hall Approach, SE1. In der Nähe des South
Bank Arts Centre. Abends Live-Jazzdarbietungen.

Im Osten

El Vino: 47 Fleet St., EC4. Traditionelles Lokal mit Bekleidungsvorschriften. Gute Weinkarte.
The Pavilion: Finsbury Circus Gardens, EC2. Netter Blick auf die Parks
in der Umgebung.
Leadenhall Wine Bar: 27 Leadenhall Market, EC3. Elegantes Ambiente
direkt neben dem belebten Markt. Ansprechende und teure Weinkarte.

Im Norden

Boos: 1 Glentworth St., NW1. Renoviertes Kellerlokal mit einer
freundlichen Atmosphäre.

Kultur und Unterhaltung

Nach Sonnenuntergang beginnt der Puls Londons schneller zu schlagen und das Nachtleben der Stadt läßt den Stromverbrauch in die Höhe schnellen. Unzählige Bühnenarbeiter in der ganzen Stadt, besonders aber im West End, bereiten die Säle, Kulissen, Orchestergräben und Bühnenausstattung vor, während die Kulturliebhaber zu Dutzenden in die Theater, Kinos, Auditorien und Clubs strömen.

London bietet eine Fülle an Unterhaltung für jeden Geschmack: Theater und Oper, Ballett, Symphoniekonzerte, Popmusik, Kabaretts und Filme.

Nach Ihrer Ankunft in London sollten Sie sich eine der Wochenzeitungen mit dem Veranstaltungsprogramm kaufen. *Time Out, What's On & Where to go* und *City Limits* erscheinen jeden Mittwoch und enthalten eine Unmenge an Informationen über das Kulturangebot in der Stadt, einschließlich Theateraufführungen, Konzerte, Filme, Ausstellungen, Museen, Spaziergänge, Sportveranstaltungen und andere Ereignisse.

Nach Mitternacht verkehren keine öffentlichen Verkehrsmittel mehr; Sie werden also wahrscheinlich ein Taxi rufen müssen.

Theater

Theater im West End

London besitzt eine Vielzahl an Theatern. Viele klassische und weltberühmte Produktionen begannen ihre langen Touren als sichere Dauerbrenner hier auf den wichtigsten Bühnen des Theaterzentrums West End. Hier weisen die großartigen Theater Kuppeldecken, samtüberzogene Sitze und dicke, weiche Teppiche auf. Die Theaterbesucher im West End sind aufs Feinste herausgeputzt und tragen so das Ihre zu der eleganten Atmosphäre bei.

Zu den Dauerbrennern mit der längsten Laufzeit gehören *The Phantom of the Opera, Les Miserables, Cats* und *Starlight Express.*

Karten für die beliebtesten Stücke, besonders für Musicals, müssen oft Monate vorher reserviert werden. Wenn eine Produktion schon einige Zeit läuft, kann man Karten auch über Agenturen kaufen, doch sind diese zumeist teurer. Viele Theater bieten wochentags auch Matineevorstellungen zu günstigeren Preisen. Man kann aber eine Stunde vor Beginn der Aufführung zum Theater kommen und sich nach eventuellen Restkarten, die an das Kartenbüro zurückgegeben wurden, erkundigen. Eventuell kann man Ihnen auch an der Rezeption Ihres Hotels mit Informationen über Karten behilflich sein. Sonntags gibt es im allgemeinen keine Theatervorstellungen.

Wenn Sie Ihren Londonaufenthalt schon einige Monate im voraus planen, kann Ihnen auch Ihr Reisebüro oder die Theaterkasse (Berlin), Tel. 030-801-1652, bei der Beschaffung von Theaterkarten behilflich sein. Sie können diese aber auch bei einer Agentur, wie etwa *Keith Prowse*, Banda House, Cambridge Grove, Hammersmith, W6, Tel. 741-7441, bestellen.

Wenn Sie bereits in London sind, kann Ihnen *British Travel Centre* in 12 Lower Regent Street SW1, Tel. 839-3952 oder *Theatre Tonight*, Tel. 753-0333, bei der Beschaffung von Theaterkarten behilflich sein. Sie können Ihr Glück auch bei der Half Price Ticket Booth versuchen, die von der Society of West End Theaters betrieben wird. Sie befindet sich am Leicester Square und verkauft alle Restkarten für Vorstellungen am selben Tag zum halben Preis. Der Verkaufsstand ist für Matineen von Mo.—Sa. 12.00 bis 14.00 Uhr und für Abendvorstellungen von 14.30 bis 18.30 Uhr geöffnet. Telefonisch ist diese Kartenverkaufsstelle nicht erreichbar.

Kleinbühnen

Ein ganz anderes Theatererlebnis bieten Ihnen die sogenannten "fringe theaters", Kleinbühnen, die über die ganze Stadt verstreut sind und in alten Sälen und Gebäuden oder Pubs spielen. Die Kleinbühnen decken die gesamte Palette von konventionellen bis zum innovativen, mutigen oder verwegenen Theater, ab. Viele äußerst erfolgreiche Produktionen nehmen auf Londoner Kleinbühnen ihren Anfang und kommen ins West End, nachdem sie auf den Kleinbühnen gute Kritiken und die Begeisterung des Publikums gewinnen konnten.

Die Karten für die vielen Kleinbühnen sind zumeist billiger und — selbst am Tag der Vorstellung — leichter erhältlich. Sie können sie am Vorverkaufsschalter des jeweiligen Theaters oder dem zentralen Kartenbüro der Kleinbühnen, dem *Fringe Theater Box Office*, Duke of York Theatre, St. Martin's Lane, WC2, Tel. 379-6002, kaufen.

Pubtheater

Einige Kleinbühnen spielen in Pubs und verleihen dem Theatererlebnis damit auch noch eine Pubatmosphäre. Im Preis für diese kluge englische Erfindung ist das Bier während der gesamten Vorstellung und ein Abendessen vor der Aufführung eingeschlossen. In der Pause oder nach der Aufführung verlassen die Schauspieler die provisorische Bühne und mischen sich unter das Publikum (wundern Sie sich nicht, wenn berühmte Schauspieler mitwirken). Die Preise für das Kombinationsangebot von Abendessen und Theater sind nicht übermäßig hoch.

Freilufttheater

Im Regent's Park gibt es im Sommer bei entsprechendem Wetter Freiluftaufführungen. Detaillierte Informationen über dieses oder andere Freilufttheater entnehmen Sie den Wochenzeitungen mit den Veranstaltungskalendern.

Shakespeare-Theater

Die *Royal Shakespeare Company* spielt im *Barbican Theatre* im Barbican Centre, EC2. Kartenbüro: Tel. 628-8795. U-Bahnstation Moorgate oder Barbican. Stücke von Shakespeare oder andere Klassiker werden hier ebenso wie neuere Stücke — entweder von dieser Theatergruppe oder einer anderen — ständig aufgeführt. Die Royal Shakespeare Company hat auch ein Workshop-Theater im *The Pit* im Barbican Centre. Sie können auch an den Geburtsort Shakespeares nach Stratford-upon-Avon fahren und sich dort eines seiner Stücke im *Royal Shakespeare Theatre* ansehen. Es gibt Pauschalangebote, die die Anreise, Theaterkarten und Unterkunft einschließen. Informationen daüber erhalten Sie bei allen Touristenbüros.

Kinos

In London können Sie die meisten aktuellen und beliebten englischen und ausländischen Filme sehen. Ausländische Filme werden normalerweise in Originalfassung mit englischen Untertiteln oder synchronisiert gezeigt, was zumeist explizit angegeben ist.

Die Filme sind in folgende Kategorien eingeteilt:

18 — Jugendfrei ab 18 Jahren

15 — Jugendfrei ab 15 Jahren

PG — Jugendfrei, aber teilweise nicht für kleine Kinder geeignet

U — Jugendfrei

Von den beliebtesten Filmen im West End gibt es untertags meistens mehrere Vorstellungen, so daß Sie nicht bis zum Abend warten müssen.

Alte und neue Filme, internationale Verfilmungen und spezielle Vorschauen werden im *National Film Theatre* im South Bank Arts Centre gezeigt. Karten dafür erhalten Sie nur als Mitglied des Clubs. Es gibt jedoch gegen einen geringen Kostenbeitrag vorübergehende Mitgliedschaften. Das National Film Theater organisiert auch Vorträge von berühmten Regisseuren. Tel. 926-3232. U-Bahnstation Waterloo oder Embankment.

Oper

In London gibt es zwei Opernhäuser, die nur wenige Gehminuten voneinander entfernt sind.

Royal Opera House: Bow St., WC2, Covent Garden. Kartenbüro Tel. 240-1066. U-Bahnstation Covent Garden. Große Produktionen der weltweit besten Opern werden im Royal Opera House gezeigt, in dem auch das *Royal Ballet* zu Hause ist. Karten sollten im voraus bestellt werden, da es sonst fast unmöglich ist, noch welche zu bekommen. Probieren Sie Ihr Glück am Morgen der Aufführung oder zwei Stunden vor Beginn der Vorstellung.

London Coliseum: St. Martin's Lane, WC2, Covent Garden. Kartenbüro Tel. 836-3161. U Bahnstation Covent Garden. Die English National Opera bringt hier im riesigen Opernsaal Londons Opernaufführungen in englischer Sprache.

Ballett

Abgesehen vom *Royal Ballet*, (Tel. 240-1066) dessen Spielstätte im Royal Opera House ist, gibt es noch einige andere angesehene

Ballettgruppen in London. Das *London Festival Ballet* und das moderne *Ballet Rambert* treten üblicherweise gemeinsam mit ausländischen Gasttruppen im *Sadler's Wells Theatre*, Rosebery Ave., EC1, auf. Kartenbüro Tel. 278-8916. U-Bahnstation Angels.

Klassische Musik

In London gibt es fünf große Symphonieorchester. Das berühmteste ist das *London Symphony Orchestra*, das weltweit zu den besten zählt. Das Orchester spielt in der *Barbican Concert Hall* im Barbican Centre, EC2. Tel. 638-8891. U-Bahnstation Moorgate oder Barbican.

Andere Kammer- und Symphonieorchester und kleinere Ensembles treten an den folgenden Veranstaltungsorten auf:

Royal Albert Hall: Kensington Gore, SW7. Tel. 823-9998. U-Bahnstation Knightsbridge oder South Kensington. Hier wird neben anderen kulturellen Veranstaltungen auch eine reiche Vielfalt an klassischer Musik geboten. Jeden Sommer findet hier von Juli bis September die Henry Wood Promenade Konzertreihe statt. Während dieser Konzertreihe finden verschiedene Konzerte zu relativ günstigen Preisen statt. Karten dafür erhalten Sie vor dem Konzert am Kartenschalter. Es gibt auch Stehplätze zum halben Preis.

Royal Festival Hall, Queen Elizabeth Hall and Purcell Room: Belvedere Rd., SE1. Tel. 928-8800. U-Bahnstation Waterloo oder Embankment. Alle drei Säle befinden sich im South Bank Arts Centre. Pop- und Jazzkonzerte gelangen hier ebenso zur Aufführung wie klassische Musik.

Almeida Theatre: Almeida St., Islington, N1. Tel. 359-4404. U-Bahnstation Angel. Dieses Theater liegt im Norden Londons und bringt das ganze Jahr über Kammermusik, Kabaretts und verschiedene andere nationale und internationale Festivals.

Wigmore Hall: 36 Wigmore St., W1. Tel. 935-2141. U-Bahnstation Bond St. oder Oxford Circus. Die Wigmore Hall ist für ihre Aufführungen von Kammermusik, Streichquartette und Soloauftritte bekannt.

Konzerte finden auch in zahlreichen Kirchen in ganz London, wie z. B. in St. John's, Smith Sq., und St. Martin-in-the-Fields statt. Einige dieser Konzerte werden nachmittags gegeben. Nähere Informationen erhalten Sie bei der Guildhall unter Tel. 606-3030 oder bei jeder Touristeninformationsstelle.

Freiluftkonzerte finden üblicherweise im Sommer statt und werden in den Veranstaltungskalendern der zuvor erwähnten Wochenzeitungen angekündigt.

Jazz, Rock und Folk-Musik

In London sind alle Arten von Musik, von Folk- und Countrymusik bis hin zu Jazz, Soul, Reggae und Rock vertreten. Alle diese verschiedenen Rhythmen machen London zur wichtigsten Stadt der modernen Musik, die Sänger und Gruppen aus aller Welt anzieht. Diese spielen überall — in den dunklen, verrauchten Clubs in Soho ebenso wie in riesigen Sälen wie der Wembley Arena. Details darüber, wer in den Stadien oder unzähligen Clubs, Kabaretts und Discos, die die Stadt zum Beben bringen, spielt, entnehmen Sie den entsprechenden Unterhaltungszeitschriften, besonders **Time Out**. Die Auftritte der bekanntesten Sänger werden zumeist schon lange vorher angekündigt, sind aber normalerweise bereits kurz nachdem die Karten an die Kartenbüros zum Verkauf gekommen sind, ausverkauft.

Wenn Sie die Musik- und Clubszene gerne live erleben möchten, wird Ihnen die folgende Liste behilflich sein:

Rock

Ein Auftritt in einem der größeren Veranstaltungslokale ist ein Muß für alle wichtigen Künstler geworden.

Wembley Arena: Empire Way, Wembley, Middlesex. Tel. 081-900-1234. U-Bahnstation Wembley Park.
Hammersmith Apollo: Queen Caroline St., W6. Tel. 081-741-4868. U-Bahnstation Hammersmith.
Royal Albert Hall: Kensington Gore, SW7. Tel. 823-9998. U-Bahnstation Knightsbridge oder South Kensington.

Viele — hauptsächlich britische — Gruppen und Sänger treten lieber in kleinen Sälen und Clubs in einem intimeren Rahmen auf. Jeder Club hat eine eigene Geschichte und einen eigenen Stil und daher trifft man in den einzelnen Clubs unterschiedliches Publikum an. Die meisten Clubs sind bis spät in die Nacht geöffnet. Nachfolgend eine kleine Auswahl solcher Clubs:

Marquee: 90 Wardour St., W1. Tel. 437-6603. U-Bahnstation Piccadilly Circus. Einer der ersten Rockclubs; hier begann die Karriere vieler Gruppen in den 60er Jahren. Jeden Abend treten zwei verschiedene Gruppen auf.
Rock Garden: 6—7 The Piazza, Covent Garden, WC2. Tel. 240-3461. U-Bahnstation Covent Garden. Jeden Abend spielen zwei verschiedene Gruppen Jazz und Rock.
Limelight: 136 Shaftesbury Av., W1. Tel. 434-0572. U-Bahnstation Leicester Square. Rockgruppen treten hier mehrmals wöchentlich auf.
Dingwalls: Camden Lock, Camden High St., NW1. Tel. 267-4967. U-Bahnstation Chalk Farm oder Camden Town. Eine der berühmteren Musik-"Institutionen". Hier treten berühmte in- und ausländische Künstler auf. Samstags zu Mittag gibt es kostenlose Jazzkonzerte.
Camden Palace: 1A Camden High St., NW1. Tel. 387-0428. U-Bahnstation Camden Town oder Mornington Crescent. Das Programm variiert jeden Abend. Hier gibt es eine große Tanzfläche, modernste Ton- und Lichtanlagen und ein ausgeflipptes Publikum und ein Restaurant und eine Bar.
Electric Ballroom: 184 Camden High St., NW1. Tel. 435-9006. U-Bahnstationb Camden Town. Unter der Woche ein Rockclub und am Wochenende eine Disco.

Jazz und Folk

Ronnie Scott's: 47 Frith St., W1. Tel. 439-0747. U-Bahnstation Tottenham Court Rd. Dieser Club gilt als der beste Jazzclub der Stadt. Normalerweise spielen hauseigene Gruppen, manchmal gibt es aber auch Gastauftritte ausländischer Gruppen. Es empfiehlt sich, vorher anzurufen und sich zu versichern, daß das Konzert nicht nur Mitgliedern vorbehalten ist.

100 Club: 100 Oxford St., W1. Tel. 636-0933. U-Bahnstation Tottenham Court Rd. Hier wird Rock und klassische Musik gespielt.

Pizza Express: 10 Dean St., W1. Tel. 439-8722. U-Bahnstation Tottenham Court Rd. Der Jazzclub befindet sich unter dem Restaurant im Keller.

Town & Country Club: 9—17 Highgate Rd., NW5. Tel. 267-3334. U-Bahnstation Kentish Town. In diesem ehemaligen Kino spielen Rock-, Jazz- und Folkgruppen und -sänger aus aller Welt.

Diskotheken

In London gibt es Hunderte Discos. Einige von ihnen haben fantastische Bühnenshows und computergesteuerte Laseranlagen, Spezialeffekte mit Licht und Rauch und ausgeklügelte Soundsysteme. Andere wiederum sind nicht so aufwendig ausgestattet und in Szene gesetzt. Viele Rockclubs werden an den Wochenenden zu Discos mit Livemusik. Erkundigen Sie sich vorher telefonisch nach eventuell erforderlichen Mitgliedschaften, Bekleidungsvorschriften und Eintrittsgebühren. In manchen Lokalen wird Frauen an bestimmten Abenden kostenloser Eintritt gewährt.

Rheingold: 361 Oxford St., W1. Tel. 629-5343. U-Bahnstation Bond St. Ein Anziehungspunkt für Touristen. Reichhaltige Bar und Buffet.

Studio La Valbonne: 62 Kingly St., W1. Tel. 439-7242. U-Bahnstation Oxford Circus oder Piccadilly Circus. Außergewöhnliche Bühnenaufmachung. Entsprechende Kleidung ein Muß.

Les Elites: 253 Finchley Rd., NW3. Tel. 794-6628. U-Bahnstation Finchley Rd. Ein stilvoller Club, in dem man entsprechend gekleidet ist. Mindestalter 23 Jahre.

Purple Pussycat: 307 Finchley Rd., NW3. Tel. 794-2801. U-Bahnstation Finchley Rd. Hier ist hauptsächlich die Altersgruppe zwischen 20 und 35 Jahren vertreten. Geöffnet Sonntag abend.

Gullivers: 11 Down St., W1. Tel. 499-0760. U-Bahnstation Hyde Park. Hier gibt es Soulmusik und ausländische Gruppen.

Empire Ballroom: Leicester Sq., WC2. Tel. 437-1446. U-Bahnstation Leicester Sq. Jung und laut. Am Sonntag nachmittag wird die Tanzfläche zu einer Rollschuhdisco.

Casinos

In Casinos ist der Eintritt generell nur Mitgliedern oder Gästen in Begleitung eines Mitglieds vorbehalten. Oft können Sie auch unter Vorweis Ihres Reisepasses an Ort und Stelle eine Mitgliedschaft erwerben. Es ist verboten, Casinos in Reiseführern oder ähnlichen Publikationen namentlich anzuführen. Sie sollten aber an der Rezeption in den meisten Hotels entsprechende Informationen erhalten können. Erkundigen Sie sich im vorhinein nach Eintrittspreisen und Bekleidungsvorschriften.

Sport

London ist eine Stadt des Sports. Dementsprechend gibt es eine unglaubliche Vielfalt an Aktivitäten für den Sportfanatiker. Jedes Jahr finden hier neben regionalen Veranstaltungen auch zahlreiche internationale Sportveranstaltungen statt. Der englische Fußball (soccer) stößt sowohl wegen seines hohen Niveaus als auch wegen seiner fanatischen Zuschauer auf weltweites Interesse. Sportfanatiker finden in den Zeitungen eine Liste aller Sportveranstaltungen. Auch die Londoner Touristenbüros können Ihnen diesbezüglich weiterhelfen. Eintrittskarten für Sportveranstaltungen erhält man im voraus bei *Keith Prowse*, Banda House, Cambridge Grove, Hammersmith, W6. Tel. 741-7441.

Fußball (Soccer)

In England wurde der Fußball aus der Taufe gehoben; von hier machte der Fußball in unterschiedlicher Form den Weg in die Stadien der ganzen Welt. Die englischen Fußballmannschaften haben schon immer zu den erfolgreichsten Teams der Welt gehört. Das englische Publikum ist zweifellos das wildeste und unbeherrschteste von allen. Ein Großteil der mit dem Fußball verknüpften Aufregung geht eigentlich von den Zuschauertribünen aus; das Singen und Schreien gehört ebenso dazu wie die Publikumsspiele. Leider macht diese Aufregung nur allzu oft aus fanatischen Anhängern eine wilde Menge, die dann in gefährlichen Auseinandersetzungen aneinandergeraten.

In London gibt es eine ganze Menge Fußballklubs, die die unterschiedlichen Stadtteile vertreten. Die Teams mit der längsten und eindrucksvollsten Geschichte in der ersten Division sind Tottenham Hotspurs (Spurs) und Arsenal, zwei erbitterte Rivalen, Ein Match zwischen diesen beiden Teams darf sich kein Fußballfan, der nach London kommt, entgehen lassen. Die Fußballsaison geht von August bis Mai. Die Matches werden üblicherweise samstags und mittwochs ausgetragen.

Die wichtigsten Matches — das Cupfinale der Football Association (FA) und Länderspiele — werden im 100 000 Personen fassenden *Wembley Stadium* in Middlesex ausgetragen. Das Wembley Stadium ist ein modernes und bequemes Stadion; ein Match dort zu erleben, ist wirklich ein Erlebnis. (Tel. 081-900-1234.)

Vorverkaufskarten für Sportveranstaltungen erhalten Sie entweder einige Tage vor dem Spiel in den entsprechenden Clubbüros oder über ein Kartenbüro. Es empfiehlt sich, die Karten rechtzeitig vorher zu kaufen. Wenn Sie dies verabsäumt haben, können Sie auch wenige Stunden vor dem Anpfiff beim Kartenschalter des Spielorts versuchen, noch welche zu ergattern. Achtung vor Schwarzhändlern, die Ihnen einreden, daß es an den Kartenschaltern keine Karten mehr gibt.

Fast immer sind noch Stehplatzkarten zum halben Preis erhältlich. Doch diese Plätze sind nicht besonders anzuraten, da dort die fanatischsten Fans stehen und es fast unmöglich ist, das Match ungestört zu verfolgen.

Vergessen Sie nicht: Wenn Sie einen Aufnäher in der Farbe eines Teams tragen, sollten Sie die Sektoren mit den Sitzplätzen der gegnerischen Fans meiden.

Hier die wichtigsten Fußballclubs:

Arsenal: Arsenal Stadium, Highbury, N5. Tel. 226-0304.
Chelsea: Chelsea Football Ground, Stamford Bridge, Fulham Rd., SW6. Tel. 385-5545.
Crystal Palace: Selhurst Park, Whitehorse Lane, SE25. Tel. 081-771-8841.
Queens Park Rangers: Queens Park Rangers Stadium, Loftus Rd., W12. Tel. 081-743-0262.
Tottenham Hotspur: Tottenham Hotspur Football Ground, White Hart Lane, Tottenham, N17. Tel. 081-808-3030.
West Ham United: Green St., Upton Park, E13. Tel. 472-2740.
Wimbledon: Selhurst Park, SE25. Tel. 081-771-8841.

Rugby
Rugby ist ein rauher und harter Sport. Er ist zwar nicht so kompliziert wie American Football, das auf Rugby zurückgeht, aber das Spiel ist dennoch genauso aufregend und schneller als sein amerikanisches Pendant. Das Londoner Profiteam spielt im Wembley Stadium. Tel. 081-900-1234. Amateurmatches werden an Samstagnachmittagen von September bis Mai im Rugby Football Union Ground, Whitton Road, Twickenham ausgetragen. Tel. 081-892 8161.

Cricket
Dieser äußerst britische Sport hat sich nicht nur in ganz England, sondern auch in den Ländern des British Commonwealth durchgesetzt.

Die Cricketsaison läuft von April bis September. Die hochklassigeren Matches können sich auch über drei Tage erstrecken. Das Spiel ist etwas kompliziert, aber wenn Sie Geduld haben, sollten Sie es einmal versuchen. Die großen Matches werden an zwei Orten ausgetragen:

Lord's Cricket Ground: St. John's Wood Rd., NW8. Tel. 289-1611.
The Foster's Oval: Kennington Rd., SE11. Tel. 582-6660.

Tennis
London ist für die Tennismeisterschaften in Wimbledon berühmt, die alljährlich zwei Wochen im Juni und Juli im *All England Club* im Wimbledon Park, Church Rd. ausgetragen werden. Karten für Spiele am Centre Court und Court No. 1 können nur mittels Stimmzettel schriftlich über folgende Adresse bezogen werden: All England Lawn Tennis Championship Club, Ballot Office, Church Rd., Wimbledon, SW1. Es werden jedoch im Laufe der Meisterschaften auch auf den anderen sechzehn Rasenplätzen spannende Matches stattfinden, für die Sie zum Zeitpunkt des Matches noch Karten erhalten. Die Courts sind von Holzbänken umgeben und man kann leicht von einem Court zum anderen wechseln.

Pferderennen
Die Pferderennen sind ebenso beliebt wie die Tennismeisterschaften. Wenn Sie gerne über die Schnur hauen, können Sie Ihr Glück auf einer der großen Rennbahnen in der Umgebung von London versuchen. Die

prestigeträchtigsten Pferderennen finden in Epsom, Sandown und Ascot statt. Die tradtionellen Pferderennen finden von Mai bis September statt, während das Sprungreiten im Winter ausgetragen wird.

Rudern

Der Höhepunkt der Rudersaison wird alljährlich am Samstag vor Ostern zwischen der Universität Cambridge und der Universität Oxford ausgetragen. Tausende Londoner strömen an das Themseufer und verteilen sich am Ufer der gesamten Strecke zwischen der Putney Bridge, wo der Start erfolgt, und dem Mortlake Anglican Boathouse, wo sich die Ziellinie befindet. Sie werden dort sicherlich viele der alten Hasen sehen, die in Erinnerungen über vergangene Rennen schwelgen.

Informationen über Bootsvermietungen erhalten Sie bei Mark Edwards, Constables Boathouse, 15 Thames St., Hampton, Middlesex, TW1-2EW. Tel. 941-4858.

Einkaufen — was und wo

London ist ein wahres Paradies für alle, die gerne einkaufen gehen. Die Auswahl ist riesig, die Preise oft günstig und die Einkaufslust steigt zumeist noch mit dem Angebot.

In den Ladenketten der Bekleidungsbranche sind die Preise meistens unabhängig vom Stadtteil der jeweiligen Filiale fest angesetzt. Ausverkauf ist meist zwei bis viermal jährlich und die Preisnachlässe können dann bis zu 50% ausmachen. Der größte Ausverkauf erfolgt nach Weihnachten und im Juli.

In den meisten Geschäften erhalten Sie die Papiere für den mehrwertsteuerfreien Einkauf (siehe "Praktische Hinweise — Mehrwertsteuer (VAT) und Warenexport"), es empfiehlt sich aber, sich vor dem Kauf zu versichern.

Günstige Angebote findet man hauptsächlich auf Straßenmärkten und in kleineren Geschäften. Wenn Sie nur lange genug suchen, werden Sie sicherlich einige wahre Gelegenheitskäufe tätigen.

Warenhäuser

Die Londoner Warenhäuser sind weltberühmt, manchmal sogar noch mehr als die Londoner Paläste. Das international angesehene Warenhaus *Harrods* behauptet, alles nur Erdenkliche zu verkaufen. Es ist unbestritten ein einzigartiges Erlebnis, durch die zahlreichen überwältigenden Londoner Warenhäuser zu bummeln. Die meisten sind äußerst geschmackvoll eingerichtet, und einige sind auf bestimmte Waren spezialisiert. Wenn Sie nicht in Kauflaune sind, sehen Sie sich nur um, begutachten Sie das Angebot, und machen Sie sich so einen schönen Tag. Ganz besonders interessant sind die Lebensmittel und Kosmetikabteilungen. Nachstehend eine Liste der größten und bekanntesten Warenhäuser.

Debenhams: 334—338 Oxford St., W1. U-Bahnstation Oxford Circus. Hauptsächlich für Bekleidung.

John Lewis: Oxford St., W1. U-Bahnstation Oxford Circus. Auf Bekleidung, Haushaltswaren und Geschenke spezialisiert. Die Besitzer behaupten, die niedrigsten Preise zu haben, und wenn Sie Ihnen das Gegenteil beweisen, erhalten Sie den Differenzbetrag zurückerstattet.

Liberty: 210—222 Regent St., W1. U-Bahnstation Oxford Circus. Besonders bekannt für seine feinen Stoffe, die sogenannten "Liberty Prints".

Selfridges: 400 Oxford St., W1. U-Bahnstation Marble Arch. Hauptsächlich Kosmetika, Bekleidung und Lebensmittel.

Marks & Spencer: 173 Oxford St., W1. U-Bahnstation Oxford Circus. Bekleidung zu günstigen Preisen.

Simpson: 203 Piccadilly, W1. U-Bahnstation Piccadilly Circus. Bekleidung.

Fortnum & Mason: 181 Piccadilly, W1. U-Bahnstation Green Park oder Piccadilly Circus. Berühmt für seine Lebensmittelabteilung.

House of Fraser: 63 Kensington High St., W8. U-Bahnstation Kensington High St. Bekleidung und Haushaltsartikel.

Army & Navy Stores: 105 Victoria St., SW1. U-Bahnstation St. James's Park. Bekleidung.

Harrods: 87—135 Brompton Road, SW1. U-Bahnstation Knightsbridge. Berühmt dafür, alles zu führen, besonders aber erstklassige Bekleidung und Lebensmittel. Allgemein für seine hohen Preise bekannt.

Peter Jones: Sloane Square, SW1. U-Bahnstation Sloane Square. Bekleidung, Textilien und Haushaltswaren. Gehört zur John Lewis Gruppe.

Harvey Nichols: Knightsbridge, SW1. U-Bahnstation Knightsbridge. Bekleidung.

Einkaufs- und Geschäftszentren

Einkaufszentren im Stil der amerikanischen Shopping Malls gibt es in London noch nicht in großer Zahl. Tatsächlich gibt es erst zwei solcher Malls, die einen Besuch lohnen.

Brent Cross Shopping Centre: Brent Cross, NW4. U-Bahnstation Brent Cross. Dieses Einkaufszentrum ist besonders beliebt, obwohl die Auswahl in den hier befindlichen Filialen mit jener der Filialen im Zentrum Londons nicht mithalten kann. Von der U-Bahnstation fährt ein Bus zum Einkaufszentrum, und es ist ratsam, auf den Bus zu warten und nicht zu Fuß zu gehen.

Wood Green Shopping City: High Road, N22. U-Bahnstation Wood Green oder Turnpike Lane.

Zahlreiche, zumeist sehr teure Geschäfte sind an den folgenden Adressen unter einem Dach zusammengefaßt:

Covent Garden, WC2. U-Bahnstation Covent Garden.

Burlington Arcade, Piccadilly St., W1. U-Bahnstation Green Park oder Piccadilly Circus.

Knightsbridge, SW1. U-Bahnstation Knightsbridge.

Bond Street, W1. U-Bahnstation Bond St.

Kensington Market: 49—53 Kensington High Street, W8. U-Bahnstation Kensington High Street. Läden für junge Leute.

Damenmoden

Teure Geschäfte

Bond Street und Knightsbridge sind auf gut situierte Käufer ausgelegt. Es lohnt sich sicherlich, einen Blick in die dort ansässigen Geschäfte zu werfen, selbst wenn Sie nicht wirklich etwas kaufen wollen. Hier gibt es Geschäfte exklusiver Modedesigner, die teilweise auch in Boutiquen in den Warenhäusern *Harrods* und *Selfridges* vertreten sind.

St. Laurent: 113 New Bond St., W1. U-Bahnstation Bond St.

Valentino: 160 New Bond St., W1. U-Bahnstation Bond St.

Cacharel: 103 New Bond St., W1. U-Bahnstation Bond St.

Ungaro: 153A New Bond St., W1. U-Bahnstation Bond St.
Guy Laroche: 33 Brook St., W1. U-Bahnstation Bond St.
Georgio Armani: 123 New Bond St., W1. U-Bahnstation Bond St.
Chanel: 26 Old Bond St., W1. U-Bahnstation Green Park.

Günstige Geschäfte

Die Waren in den folgenden Geschäften sind nicht gerade billig, aber sicherlich für viele erschwinglich, und die Qualität der Waren rechtfertigt die Ausgabe. Die meisten dieser Geschäfte befinden sich in der Oxford Street, in Covent Garden und der King's Road, die schon immer das Zentrum der jungen Mode war.

Benetton: 522 Oxford St., W1. U-Bahnstation Bond St. Filialen dieser Ladenkette finden Sie in ganz London.
Austin Reed: 103—113 Regent St., W1, U-Bahnstation Piccadilly Circus.
Connections: 12 James St., WC2. U-Bahnstation Covent Garden.
Papier Mâché: 14 Endell St., WC2. U-Bahnstation Covent Garden.
Laura Ashley: 256—258 Regent St., W1. U-Bahnstation Oxford Circus. Filialen dieser Ladenkette finden Sie in ganz London.
Stefanel: 15 South Molton St., W1. U-Bahnstation Bond St. Filialen dieser Ladenkette finden Sie in ganz London.
Next: 33 Brompton Road, SW3. U-Bahnstation Oxford Circus.
Monsoon: 67 South Molton St., W1. U-Bahnstation Bond St.
Ashton's Designer Wear: 5 Gees Court, W1. U-Bahnstation Bond St.
Scottish Merchant: 16 New Row, WC2. U-Bahnstation Covent Garden.
Fenwick of Bond Street: 63 New Bond St., W1. U-Bahnstation Bond St.
Koko: 4 Garrick St., WC2E. U-Bahnstation Covent Garden.
Beau Monde: 43 Lexington St., W1. U-Bahnstation Oxford Circus.
Brown's: 23—27 South Molton St., W1. U-Bahnstation Bond St.
Dickins & Jones: 224—244 Regent St., W1. U-Bahnstation Oxford Circus.

Billige Geschäfte

Next to Nothing: 129—131 Oxford St., W1. U-Bahnstation Oxford Circus.
Top Shop/Top Man: Im Peter Robinson, Oxford Circus, W1. U-Bahnstation Oxford Circus.
C&A: 505 Oxford St., W1. U-Bahnstation Marble Arch. Filialen dieser Ladenkette finden Sie auch in anderen Londoner Stadtteilen.
Marks & Spencer: 173 Oxford St., W1. U-Bahnstation Oxford Circus. Filialen dieser Ladenkette finden Sie auch in anderen Londoner Stadtteilen.
Littlewoods: 207 Oxford St., W1. U-Bahnstation Marble Arch.
Chelsea Girl: 124 Kensington High St., W8. U-Bahnstation Kensington High St.

Übergrößen

Crispins: 28—30 Chiltern St., W1. U-Bahnstation Baker St.
Largess Fashions: 84 Marylebone High St., U-Bahnstation Baker St.

Herrenmode

London hat eine Vielzahl von Geschäften, die auf Herrenmode spezialisiert sind. Bekleidung von der Stange finden Sie in den Herrenabteilungen der großen Warenhäuser. Jeder Londoner, der es sich leisten kann, läßt sich seine Anzüge aber bei einem der angesehenen Schneider maßanfertigen. Die meisten dieser Geschäfte befinden sich in der Savile Row.

Connections for Men: 55—56 Long Acre, WC2. U-Bahnstation Covent Garden.

Moss Bros: 27 King St., WC2E. U-Bahnstation Covent Garden. Hier können Sie auch die entsprechende Garderobe für besondere Anlässe ausleihen.

Cecil Gee: 47 Long Acre, WC2. U-Bahnstation Covent Garden.

Austin Reed: 103-113 Regent St., W1. U-Bahnstation Oxford Circus.

Cerruti 1881: 76 New Bond St., W1Y. U-Bahnstation Bond St.

Jaeger: 200 Regent St., W1. U-Bahnstation Oxford Circus.

Top Shop/Top Man: Im Peter Robinson, Oxford Circus, W1. U-Bahnstation Oxford Circus.

Übergrößen

High & Mighty: 83 Knightsbridge. U-Bahnstation Knightsbridge.

Kaffee und Tee

Tee ist seit dem achtzehnten Jahrhundert das Nationalgetränk der Engländer und einige der Unternehmen, die heute Tee auf den Markt bringen, stammen noch aus dieser Zeit. Die berühmtesten Teegeschäfte sind:

Twining: 216 Strand, WC2.

Angelucci: 23B Frith St., W1.

Bücher

Unzählige Buchgeschäfte sind über die ganze Stadt verstreut. Viele Buchläden, die neue und gebrauchte Bücher verkaufen, befinden sich im Cecil Court, in der Umgebung der Charing Cross Rd., und in der Great Russell St.

Hier eine kleine Auswahl davon:

Foyles: 119 Charing Cross Rd., WC2. Ist nach eigener Aussage das größte und umfassendste Buchgeschäft auf der ganzen Welt. Es macht Spaß, das Chaos zu durchstöbern, wenn Sie aber etwas Bestimmtes suchen, ist das wahrlich ein frustrierendes Unterfangen.

*Penguin Booksho*p: 10 The Market, Covent Garden Piazza, WC2. Hier finden Sie alle im Penguin Verlag erschienenen Bücher plus Bücher von anderen Verlagen.

Probsthain and Co. Oriental Booksellers: 41 Great Russell St., WC1. Dieses Geschäft ist auf orientalische Literatur (besonders aus Asien) spezialisiert und bietet eine reiche Auswahl solcher Bücher für alle, die diese Art Literatur interessiert.

Dillons the Bookstore: 82 Gower St., WC1. Dies war einmal das größte Buchgeschäft der Welt, doch hat es schon bessere Zeiten erlebt.

Elektrogeräte

Die meisten dieser Geschäfte befinden sich in der Umgebung der Tottenham Court Road.

Fotografie

Die folgenden Geschäfte befinden sich ganz in der Nähe der Tottenham Court Road:

Keith Johnson & Pelling: 10 Backhill EC1R.
City Camera Exchange: 135 Victoria St. SW1E, mit Filialen in ganz London.

Spielzeug

Zwei Geschäfte aus einer großen Anzahl an Spielzeuggeschäften sind besonders empfehlenswert:

Hamleys: 188—196 Regent St., W1. Hamleys gilt als das größte Spielzeuggeschäft der Welt und lockt viele Besucher an.
Toys-R-Us: 78—80 High St., N22. In dieses riesige Gebäude im Norden von London kommen alle Touristen, die wissen, wonach sie suchen. Das Spielzeug ist unerreichbar in den Regalen ausgestellt, aber die Auswahl ist groß und die Preise verlockend. In der Nähe des Brent Cross Shopping Centre.

Haushaltswaren und Küchengeräte

Es gibt eine ganze Reihe großer und bekannter Geschäfte, die Haushaltsartikel führen, wie etwa Habitat in der Tottenham Court Rd., W1, und das Warenhaus *John Lewis* in der Oxford St. Die nachstehenden Geschäfte sind ebenfalls einen Besuch wert:

Laura Ashley Decorator Showroom: 71—73 Lower Sloane St., SW1.
The Design Centre: 28 Haymarket, SW1. Interessantes, modernes, britisches Design. Hier werden Waren verkauft, die vom British Design Council empfohlen wurden. Man erhält Informationen über Tausende in Großbritannien hergestellte Produkte.
Garrard: 112 Regent St., W1. Dieses im achtzehnten Jahrhundert gegründete Geschäft zählt viele Mitglieder der königlichen Familie, die hier Silberwaren und Eßbesteck kaufen, zu seinen Kunden.
Authentics: 42 Shelton St., WC2. Bietet eine schicke, stilvolle Auswahl an Möbeln und Haushaltsartikeln.

Kosmetikartikel

Zwei Ketten überbieten sich gegenseitig im Bereich der Kosmetik und Körperpflege.

Boots the Chemist im Brent Cross Shopping Centre, 137-139 High Rd., N22, und *Underwoods*, 7 Strand, WC1. Die Kosmetik und Parfumabteilungen in den großen Warenhäusern wie *Selfridges*, *Harrods* und *Debenhams* sind besonders exklusiv. *The Body Shop*, 32 Great Marlborough St., W1, ist eine beliebte Kosmetikkette für Naturprodukte zu erschwinglichen Preisen. Entnehmen Sie die Adressen der verschiedenen Filialen in ganz London dem Telefonbuch.

Schmuck
In der Oxford Street gibt es eine besonders große Auswahl an Juwelieren.

In der *Burlington Arcade* und in der Bond Street finden Sie exklusive Juweliergeschäfte wie *Cartier*, 175 New Bond St., W1. Auch ein Besuch im *London Diamond Centre*, 10 Hanover St., W1 ist lohnend.

Schallplatten
Virgin Records: Kensal House, Harrow Rd. W10.
Tower Records: 1 Piccadilly Circus, W1.
The Music Discount Centre: 29 Rathbone Place, W1.

Für Jazzfans:

Ray's Jazz: 180 Shaftesbury Avenue, WC2H.
58 Dean Street Records: 58 Dean St., WC2.

Straßenmärkte
Die Londoner Straßenmärkte sind ebenso beliebt wie die Londoner Museen. Ein Besuch eines Londoner Straßenmarktes ist für jeden Touristen ein großer Spaß und es findet sich sicherlich auch etwas für Ihren Geschmack. Passen Sie aber auf die modernen, geschickten Taschendiebe auf, die Sie vielleicht gerne um einiges erleichtern würden.

Nachfolgend eine Liste der wichtigsten Märkte:

Covent Garden Market: The Piazza, Covent Garden, WC2. U-Bahnstation Covent Garden. Dieser Markt ist einer der geschäftigsten in London. An fast allen Tagen wird hier eine Vielfalt an handgemachtem Schnickschnack und Souvenirs angeboten. Montags ist Antiquitätenmarkt. Auf dem Markt gibt es auch eine Reihe von Cafés und ständigen Geschäften. (Geöffnet Mo.—Sa. 9.00 bis 17.00 Uhr.)

Jubilee Market: WC2. U-Bahnstation Covent Garden. Der Jubilee Market grenzt an den Covent Garden Piazza und ist den Großteil der Woche über ein gemischter Markt mit Haushaltsartikeln und verschiedenen anderen Kleinigkeiten. Montags, wenn der Markt fließend in den Antiquitätenmarkt von Covent Garden übergeht, werden hier gebrauchte Bekleidung, Krimskrams und einige interessante Antiquitäten verkauft. (Antiquitätenmarkt geöffnet von Mo. 9.00 bis 17.00 Uhr, gemischter Markt geöffnet Di.—Sa. 9.00 bis 17.00 Uhr.)

Portobello Road Market: Portobello Rd., W11. U-Bahnstation Notting Hill Gate oder Ladbroke Grove. Dieser Markt ist wohl am besten für seine guten, teuren Antiquitäten bekannt. Wenn Sie Interesse haben, kommen Sie am Fr. oder Sa. hierher, denn dann machen angesehene Händler hier ihre Geschäfte. Es gibt dann auch andere Stände mit verbilligter Bekleidung und Kunsthandwerk. An den anderen Tagen wird hier Obst und Gemüse und teilweise auch Bekleidung verkauft. (Antiquitätenmarkt geöffnet Fr. 5.00 bis 15.00 Uhr, Sa. 8.00 bis 17.00 Uhr; Obst- und Gemüsemarkt geöffnet Mo.—Mi., Fr.—Sa. 8.00 bis 17.00 Uhr, Do. 8.00 bis 13.00 Uhr.)

Berwick Street Market: Berwick St., W1. U-Bahnstation Oxford Circus oder Piccadilly Circus. Dieser Markt ist der vielfältigste Gemüsemarkt von Soho, wo es auch Stände mit anderen Lebensmitteln gibt. (Geöffnet Mo.—Sa. 9.00 bis 17.00 Uhr.)

Petticoat Lane: Middlesex St., E1. U-Bahnstation Aldgate East oder Liverpool St. Dieser Markt ist einer der ältesten und beliebtesten Sonntagsmärkte Londons. Der Schwerpunkt liegt auf modernen Stoffen und Modeaccessoires. Darüber hinaus werden auch andere Textilien und einige Elektroniksachen verkauft. (Geöffnet So. 9.00 bis 14.00 Uhr.)

Leadenhall Market: Whittington Ave. in der Nähe der Gracechurch St., EC3. U-Bahnstation Bank. Wenn Sie im Zentrum Londons sind, schauen Sie auch beim Leadenhall Market vorbei. Die exklusiven Geschäfte in dieser reizenden Lebensmittelhalle verkaufen Delikatessen, Fleich, Geflügel, Käse und Wein. (Geöffnet Mo.—Fr. 7.00 bis 15.00 Uhr.)

Leather Lane Market: EC1. U-Bahnstation Chancery Lane. Dieser Markt deckt all Ihre Bedürfnisse ab, von Obst und Gemüse, Pflanzen und Modeaccessoires bis hin zu Haushaltsartikeln, Eisenwaren, Unterwäsche und vieles mehr. (Geöffnet Mo.—Fr. 12.00 bis 15.00 Uhr.)

Camden Lock Market: Camden High St., NW1. U-Bahnstation Camden Town oder Chalk Farm. Diese malerische Einkaufsgegend ist besonders bei den jungen Londonern äußerst beliebt. Auf diesem Straßenmarkt gibt es samstags und sonntags Antiquitäten, Kunsthandwerk, Schmuck, Bekleidung und ähnliches. (Geöffnet Sa.—So.)

Camden Passage: N1. U-Bahnstation Angel. Die Camden Passage ist ein geschäftiger und sehr angesehener Antiquitätenmarkt. Die Antiquitätenläden rund um den Markt machen diese Gegend zu einem wahren Paradies für Sammler. Um sensationelle Funde zu machen, sollten Sie aber zeitig hier sein. (Geöffnet Mi. und Sa. 8.30 bis 15.00 Uhr.)

Greenwich Market: Greenwich High Rd. und Covered Market Square, SE10. Mit *British Rail* nach New Gate Cross und Bus Nr. 117 oder einem direkten Bus nach Greenwich. Der beliebte Markt mit Antiquitäten, Handwerks und Gebrauchtgegenständen ist am Wochenende geöffnet. Die Qualität der Waren hier ist besser als auf den meisten anderen Märkten. Es gibt eine Fülle an Antiquitäten und Bekleidung aus zweiter Hand. Wochentags gibt es auch einen Obst und Gemüsemarkt. (Antiquitätenmarkt geöffnet Sa.—So. 9.00 bis 17.00 Uhr, Obst- und Gemüsemarkt Mo.—Fr. 9.00 bis 17.00 Uhr.)

New Caledonian Market (Bermondsey Market): Tower Bridge Rd., SE1. U-Bahnstation London Bridge. Der erfolgreiche Antiquitätenmarkt Londons ist nur einmal wöchentlich geöffnet, und zwar bei Tagesanbruch. Dieser Markt ist der bei Händlern und erfahrenen Sammlern beliebteste. Um Okkasionskäufe zu tätigen, sollten Sie zeitig aufstehen. (Geöffnet Fr. 4.30 bis 12.00 Uhr.)

Auktionshäuser

London ist die Hochburg der Auktionshäuser. Einige Auktionshäuser genießen weltweites Ansehen und sind in allen Erdteilen tätig. Sowohl in den beiden großen Auktionshäusern als auch in den kleineren regionalen Institutionen gibt es eine breite Palette an Waren, von antiken Münzen und alten Schuhen bis hin zu Oldtimern und legendären Schätzen. Die Preise variieren für die einzelnen Gegenstände.

Wenn Sie etwas kaufen wollen, sollten Sie sich vorher einen Katalog der Auktion besorgen. Die zu versteigernden Gegenstände werden üblicherweise auch am Vortag der Auktion ausgestellt. Selbst wenn Sie nicht vorhaben, die Juwelen der Herzogin von Windsor oder eine Brille von Elton John zu erstehen, ist eine Londoner Auktion dennoch ein einzigartiges Erlebnis.

Es liegt eine unglaubliche Spannung in der Luft und der Auktionator bewältigt die Geschäfte mit unglaublicher Geschwindigkeit.

Informationen über die Verkaufsgegenstände entnehmen Sie den Zeitungen *The Times* und *The Daily Telegraph.*

Die wichtigsten Auktionshäuser sind:

Bonham's Montpelier Galleries: Montpelier St., SW7. Tel. 584-9161. Das kleinste der vier. Auf Antiquitäten, Möbel und Kunstgegenstände spezialisiert.
Christies: 8 King St., SW1. Tel. 839-9060. Eine große Vielfalt an Gegenständen, teilweise zu recht günstigen Rufpreisen. Es gibt auch eine Filiale in 85 Old Brompton Rd., South Kensington, SW7. Tel. 581 7611.
Phillips: Blenstock House, 7 Blenheim St., W1. Tel. 629-6602. Eine riesige Auswahl an Kunstgegenständen, Sammelstücken, Bildern, Antiquitäten etc.
Sotheby's: 34—35 New Bond St., W1. Tel. 493-8080. Das größte und berühmteste Auktionshaus der Welt. Sotheby's ist auf Kunstgegenstände, Antiquitäten, Autos und eine Reihe von Sammelstücken aus aller Welt spezialisiert. Lassen Sie sich von dem Namen nicht abschrecken, es gibt hier Gegenstände für jede Geldbörse.

Wichtige Adressen und Telefonnummern

Im Notfall

Feuerwehr, Polizei und Rettung (gebührenfrei von allen Telefonen): Tel. 999

Pannendienst (rund um die Uhr): Automobile Association (AA) Pannendienst. Tel. 0800-887766. Pannendienst des Royal Automobile Club. Tel. 839-7050.

Fundgegenstände in Taxis: Metropolitan Police Lost Property Office, 15 Penton St., NW1. (Keine telefonischen Auskünfte möglich.)

Fundgegenstände in U-Bahnen oder Bussen: London Transport Lost Property Office, 200 Baker St., NW1. (Keine telefonischen Auskünfte möglich.)

Allgemeine Rufnummern

Information über innerstädtische öffentliche Verkehrsmittel (rund um die Uhr): Tel. 222-1234..

Babysitter: Childminders, Tel. 935-2049 oder 935-9763.

Auskunft für Adressen und Telefonnummern: Tel. 142 für Auskünfte innerhalb Londons und Tel. 192 für Auskünfte außerhalb Londons.

Vermittlung für R-Gespräche und internationale Vermittlung: Tel. 155

Zeitansage: Tel. 123

Wettervorhersage: Tel. 081-500470.

London für Kinder: Tel. 246-8007.

Sport: Tel. 246-8020.

Fremdenverkehr in Großbritannien: Tel. 730-3488.

Information von *Daily Telegraph*: Tel. 353-4252.

Flughafen Heathrow: Terminal 1: Tel. 081-745-7002.
       Terminal 2: Tel. 081-745-7115.
       Terminal 3: Tel. 081-745-7412.

Flughafen Gatwick: Tel. 0293-535353 oder 0293-531299.

Flughafen Luton: Tel. 0582-36061.

Flughafen Stansted: Tel. 0279-662379 oder 0279-680500.

London City Airport: Tel. 222-1234.

Botschaften und Vertretungen

Australian High Commission: Australia House, Strand, WC2. Tel. 438-8000.

Canadian High Commission: Canada House, Trafalgar Square, SW1. Tel. 629-9492.

Irish Embassy: 17 Grosvenor Place, SW1. Tel. 235-2171.

New Zealand High Commission: New Zealand House, 80 Haymarket, SW1. Tel. 930-8422.

United States of America Embassy: 24 Grosvenor Square, W1. Tel. 499-9000.

BRD Botschaft: 23 Belgrave Square, Southwest, 1X8PZ. Tel. 235-5033.

R EGISTER

*R*EGISTER

REGISTER

NOTIZEN

NOTIZEN

NOTIZEN

NOTIZEN

Pigeons, Peers, abstructing

Highway Code

Autobahn: 70 M / 112 km/h
~~Stadt~~ : 60 M / 96 km/h
Land str.
Stadt = 30 M / 48 km/h

Adapter - Stecker

S. Holmes

Tower

Rathaus

Sotheby's New Bond St. 34-35
Christies Kings St. 8

NOTIZEN

NOTIZEN

NOTIZEN